中國學術思想 研究輯刊

三二編

林慶彰 主編

第 8 冊

三禮禮器論叢

周聰俊 著

花木蘭文化事業有限公司

國家圖書館出版品預行編目資料

三禮禮器論叢／周聰俊 著 -- 初版 -- 新北市：花木蘭文化事
業有限公司，2020〔民 109〕
目 2+184 面；19×26 公分
（中國學術思想研究輯刊 三二編；第 8 冊）
ISBN 978-986-518-280-9（精裝）
1. 三禮 2. 禮器 3. 文集
030.8   109011240

ISBN-978-986-518-280-9

中國學術思想研究輯刊
三二編 第八冊   ISBN：978-986-518-280-9

三禮禮器論叢

作　　者　周聰俊
主　　編　林慶彰
總 編 輯　杜潔祥
副總編輯　楊嘉樂
編　　輯　許郁翎、張雅淋　美術編輯　陳逸婷
出　　版　花木蘭文化事業有限公司
發 行 人　高小娟
聯絡地址　235 新北市中和區中安街七二號十三樓
　　　　　電話：02-2923-1455／傳真：02-2923-1452
網　　址　http://www.huamulan.tw 信箱 hml810518@gmail.com
印　　刷　普羅文化出版廣告事業
封面設計　劉開工作室
初　　版　2020 年 9 月
全書字數　132871 字
定　　價　三二編 24 冊（精裝）新台幣 60,000 元

三禮禮器論叢

周聰俊　著

作者簡介

周聰俊，1939 年生，台灣台北人。1965 年台灣師範大學國文系畢業，1975 年及 1981 年兩度再進母校國文研究所深造，1978 年獲碩士學位，1988 年獲博士學位。主要學術研究領域為文字、先秦禮學以及三禮器物。曾任基隆高中、師大附中等校教師，台灣科技大學教授。著有《說文一曰研究》、《饗禮考辨》、《祼禮考辨》、《三禮禮器論叢》、《禮圖考略》等書。

提　要

　　本小冊選輯，乃筆者歷年來，發表於期刊或研討會有關三禮禮器之論文：一曰〈儀禮用鉶考辨〉（拙作《饗禮考辨》「鉶與陪鼎有別」乙節，即據本文修訂），二曰〈殷周禮制中醴及醴器研究〉，三曰〈卣器考〉（拙作《祼禮考辨》「祼禮相關禮器」，其中部分亦據本文修訂收入），四曰〈簠簋為黍稷圓器說質疑〉，五曰〈匡器辨〉，六曰〈兕觥辨〉，七曰〈再論簠簋異實說〉，都凡七篇。大抵悉徵諸經傳群籍，旁稽歷代師儒之說，並結合近代學者於考古學與古文字學之研究成果，對殷周醴、卣及其相關酒器，以及鉶、簠、簋、匡、兕觥諸器之形制功能，深入探討，並對前賢時修紛歧眾議，詳考慎辨，以決其從違，庶期得近其實象。另附錄二篇，曰〈禋祀實柴槱燎考〉，曰〈春秋之秋取象於蝗蟲說質疑〉。前篇旨在考述周人禋柴燎三祀之沿承、異同及其相關問題，後篇則在辨明春秋之秋，蓋取象於其時最著之物（蟋蟀），而非取象於蝗蟲。

目

次

弁 言

　　古者對於名物之辨，極為重視。《周禮》經文數言辨其名物，所謂辨其名物，即言辨析名物之名號、種類、用途及其形制之別也。《禮記·少儀》云：「衣服在躬，而不知其名為罔」，亦言名物之不可不知也。蓋禮制之行，必假於物，以見等衰，故先辨具體之物，然後能明所行之事，能明所行之事，乃悉行事之義，是故黃季剛《禮學略說》云：「凡吉凶禮樂，自非物曲，固不足以行之。是故祭有祭器，喪有喪器，射有射器，賓有賓器，及其辨等威，成節文，則宮室、車旗、衣服、飲食，皆禮之所寓。雖玉帛鐘鼓，非禮樂之至精，舍之則禮樂亦無所因而見。故曰德儉而有度，登降有數，文物以紀之，聲明以發之。知此義也，則《三禮》名物必當精究，辨是非而考異同，然後禮意可得而明也。」〔註1〕蓋由名物可以考見禮意，其精粗本末有相關聯者也。

　　三禮之名始於馬融、盧植〔註2〕，而確立於鄭玄。鄭氏集前人之成就，兼注《三禮》，又創為禮圖，存古遺制。戴震嘗言「鄭康成之學，盡在《三禮注》，當與《春秋三傳》並重」〔註3〕，可謂推崇備至。《周禮·凌人》賈疏云「叔孫通作《漢禮器制度》，多得古之周制，故鄭君依而用之。」惜鄭圖不傳，今世所傳有宋聶崇義《三禮圖》，採用鄭圖，而於鄭氏《三禮注》頗有不合。蓋名物去古已遠，書存其名，而實物未必可睹，圖象既已難明，說者勢必各出

〔註1〕　《黃季剛論學雜著·禮學略說》頁四六五，中華書局。
〔註2〕　《漢書·馬融傳》稱季長注《三禮》，《後漢書·盧植傳》稱子幹作《三禮解詁》。
〔註3〕　段玉裁〈戴東原先生年譜〉，《戴東原先生全集》，頁四五。大化書局。

—1—

己意，遂致異論歧出，終難齊壹。若犧尊、象尊，毛鄭從聲說之，王肅則以出土古器說之。各持己見，聚訟未已。其病即坐古物之不可復見耳。然參之近世出土彝器，王說蓋得其情實。惟以王肅工於作偽，曲傅私說，致學者疑焉。其實學貴實事求是，是非分明，不應因人而廢言也。夫古人制器尚象，命名取義，蓋必富有其深意者。名尊曰犧曰象，名彝曰雞曰鳥，則必有類乎犧象雞鳥之禮器在焉。所謂「先王制器，或遠取諸物，或近取諸身」〔註4〕，犧尊、象尊、雞彝、鳥彝遠取諸物者也。犧象雞鳥諸名，皆應釋為象犧象雞鳥諸形之物，徐中舒〈說尊彝〉〔註5〕論之詳矣。據出土實物，其形制象鳥獸形之酒尊，若牛羊象虎雞鳥諸形，見於箸錄者不下數十器，可為佐證。

夫鏤木為器，易致朽敗，範之以金，則可傳久。禮經所記禮樂諸器，雖漢世去周未遠，而漢儒箋注已不能無誤，殆緣但憑耳聞，未嘗目驗也。錢玄云：「古代器皿，其形制既異，而質料亦殊。同一器焉，或以金為之，或以瓦為之，或以木為之。而考其所以殊別者，依經注所言，則或曰夏、殷、周三代別也；或曰天子、君、士、大夫別也；或曰祭宗廟，祭天地別也。其說繁冗，難辨是非。更以舊說考之，器皿以木瓦製者為多。……是尊櫑豆簋等皆以木瓦為之，無以金為之者。今依經所言，器皿之以金為之者，惟鼎鍘釜之類也。而今所見出土諸器，以銅為主，有銅尊，有銅簋，有銅豆。蓋木瓦之器，不能傳久，易致壞朽。故不能以今所見皆銅器，而謂經傳所云瓦木皆非事實，而亦不能因經傳僅言木瓦之器，不言有銅器，而以今出土之銅豆銅簋皆為偽造。不能盡信書，亦不能盡信物，偏於一則不能通於彼者也。」〔註6〕其說可謂持平之論。

古人制器，本為實用。其初制或緣於某種用途，浸假而雜以他用，此本自然之情事。於是一器數用，載籍屢見不鮮，此則器用之擴大也。古者祭祀燕饗，皆有沃盥之禮，以昭其潔。盤匜相需為用，以匜沃水，以盤承之，二者並沃盥器也。然匜亦為酒漿器，見《禮記・內則》「敦牟卮匜，非餕莫敢用」鄭注；食器亦以盤，《左傳》云「乃饋盤飧，置璧焉」是也。又或以盤盛冰，《禮記・喪大記》「君設大盤，大夫設夷盤」，亦以盤盛血，《史記・平原君傳》「毛遂左手持盤血」，是也。又盆為水器，所以盛水，然亦以盛血，

〔註4〕 陳祥道語，見《禮書》卷九五頁五，北京，書目文獻出版社。
〔註5〕 見史語所集刊第七本第一分，頁七五。
〔註6〕 〈三禮名物圖表・總說〉，《國學論衡》第五期，頁五四。

見《周禮・牛人》「共其牛牲之互與其盆簝以待事」鄭注；亦以為炊器，見《禮記・禮器》「夫奧者，老婦之祭也，盛於盆，尊於瓶」注。盉為調味器，見諸《說文》〔註7〕。出土盉器多見，王國維以為和酒器。容庚以為兼溫酒之用，陳夢家、林　巳奈夫則以為和鬱於酒而煮之器〔註8〕。諸家各據實物，蓋以盉有三足或四足而言。按器有足，於其下適合加熱，此理之當然。然若必以有足之器皆為溫器，則有未必然。蓋出土盉器仍罕見有煙燻痕之例〔註9〕，以其為溫器，殆非其實。馬承源嘗於《中國青銅器》一書，云：「或以為盉有三足或四足，兼溫酒之用。這在初期的袋足盉或有此可能，而多數的盉足不過是器形的支承方式，多不作溫酒之用。」〔註10〕馬說多數盉足不過是器形的支承方式，非無見也。又如爵之為器，古器物學者，多據爵腹下或有煙炱痕，因歸之溫酒器，甚或有謂注酒器者〔註11〕，實則據考古資料，爵底有煙炱痕者，祇是少數，足見用為溫酒，蓋非其本有之功能。是據實物形制，或憑實物腹下有煙炱痕跡，而輒謂必為溫器，未必與文獻所載契合。由知探究禮器之用途，捨文獻資料而弗由，但依實物而論之，殆亦有未必可據信者也。

　　本小冊選輯發表於期刊或研討會有關禮器之論文，其中四篇原載《大陸雜誌》，一篇刊於《慶祝周一田先生七秩誕辰論文集》，兩篇為研討會論文，都凡七篇，彙而刊之，命之曰「三禮禮器論叢」。另附錄兩篇，一曰〈禮祀實柴槱燎考〉，一曰〈春秋之秋取象於蝗蟲說質疑〉，並刊登於《國立編譯館館刊》，承該刊惠允彙成發表，因取以殿焉。聰俊志學甚晚，益以才質駑弱，完成博士論文時年已屆知命矣。後執教上庠，知奮其愚鈍，勉成本冊所錄，其間疏謬之處，固知難免，淹雅君子，幸教正焉。

　　　　　　　　　　　　　2010 年夏周聰俊宜魯識於台北。

〔註7〕見宋董逌《廣川書跋》引《說文》「調味」下有「器」字。
〔註8〕王說見《觀堂集林》卷三。容說見《商周彝器通考》上冊，頁三八五。陳說見《海外中國青銅器圖錄》，頁二三。林說見《殷周時代青銅器の研究》，頁六六。
〔註9〕見《商周青銅酒器》，頁二二。國立故宮博物院。
〔註10〕《中國青銅器》，頁二四四。上海古籍出版社。
〔註11〕見《商周青銅酒器》，頁二一。

儀禮用鉶考辨

　　周人社會，有天子、諸侯、卿大夫、士與庶人之等級，隨其身份之不同，在衣食住行等各方面所適用之禮儀及器物，亦有顯著之差異，《左傳》所謂「名位不同，禮亦異數」（莊公十八年），即指此也。故由行禮之器物，即可知其身份等級，別其上下尊卑。周代禮食鼎制，據漢儒經說，有正鼎有牢鼎，據禮書所載，有陪鼎有羞鼎，亦有所謂鉶者。唐賈公彥以為鉶與陪鼎不異，清儒王引之、胡培翬、黃以周、孫詒讓等，力反此說，以賈說為非。十餘年前，北京大學俞偉超、高明兩位教授合撰〈周代用鼎制度研究〉〔註1〕一文，據文獻與考古資料，詳加論證，以賈說鉶即陪鼎為不誤。自此文發表以來，人多信從，幾成定論，惟細讀俞文，其中頗有可商之處。因不揣淺陋，試就文獻資料，多方論述，以見王引之《經義述聞》之駁賈疏，實有所據。敢請博雅君子，有以教正焉。

一、陪鼎或稱羞鼎

　　古人禮食，有正鼎陪鼎，以及鉶之別。正鼎亦稱牢鼎，陪鼎或稱羞鼎。考正鼎、牢鼎之名，經無明文，其稱蓋肇自鄭玄之注《周禮》。《周禮·膳夫》：「王日一舉，鼎十有二，物皆有俎。」鄭注云：

　　　鼎十有二，牢鼎九，陪鼎三。

〔註1〕俞偉超、高明，〈周代用鼎制度研究〉，《北京大學學報哲學社會科學版》一九七八年一、二期，一九七九年一期。（又收入《先秦兩漢考古學論集》，一九八五年，文物出版社出版。）

又〈秋官・掌客〉載：凡諸侯之禮，五等爵皆「鼎簋十有二」，鄭注云：

> 鼎十有二者，正鼎九，與陪鼎三，皆設于西階前。

鄭注〈膳夫〉言牢鼎九，陪鼎三，注〈掌客〉言正鼎九，陪鼎三，以牢鼎、正鼎與陪鼎對言，是牢鼎即正鼎也。所以稱牢鼎者，祭祀、賓客之牲禮曰牢，以其鼎實牲體，故謂之牢鼎。

陪鼎、羞鼎之名，初見於《儀禮》。〈聘禮〉賓致館設殮節：

> 飪一牢在西，鼎九，羞鼎三；腥一牢在東，鼎七。

又歸饗餼于賓節：

> 飪一牢，鼎九，設于西階前，陪鼎當內廉，東面北上，上當碑，南
> 陳：牛、羊、豕、魚、腊、腸胃同鼎，膚、鮮魚、鮮腊；設扃鼏。
> 腒、臑、膮，蓋陪牛、羊、豕。

據此而比勘之，陪鼎即羞鼎也。蓋羞謂有滋味者也，《周禮・膳夫》「凡王之饋食用六穀，羞用百二十品」，鄭注：「羞出於牲及禽獸，以備滋味，謂之庶羞。」是所謂羞鼎者，即所以盛放庶羞之鼎也。故鄭玄又於〈聘禮〉賓致館設殮節注云：「羞鼎則陪鼎也。以其實言之則曰羞，以其陳言之則曰陪。」《左傳》昭公五年「殮有陪鼎」句下，孔疏引服虔曰：「陪牛羊豕鼎，故云陪鼎。」[註2] 服義蓋亦本此。以其陳設在牛羊豕正鼎之後，故陳祥道《禮書》謂所以陪正鼎[註3]，其說是也。

至若所謂鉶者，本為羹器，而又以為羹有菜和者之名，其與羞鼎所盛，雖同為致五味者，但漢儒並不以羞鼎稱之。且禮食鉶設堂上，陪鼎設堂下，所以陪牛羊豕正鼎之後，是其與「陪鼎」亦迥然有別，固不得如《周禮》賈疏之率合為一也。

二、鉶為鼎屬

鉶為鼎屬，蓋始見於陸德明《經典釋文》引鄭玄說，在此之前則無可徵。許慎《說文》訓鉶為器（《玉篇》作羹器），其形制如何，則未嘗言。

> △ 《儀禮・聘禮》「六鉶繼之」，鄭注：「鉶，羹器也。」
>
> △ 《儀禮・公食大夫禮》「宰夫設鉶四于豆西」，鄭注：「鉶，菜和羹之器。」

〔註2〕 注疏本，頁七四六，藝文版。
〔註3〕 《四庫全書》本，卷九九，頁一〇。

△　《周禮・掌客》「凡諸侯之禮：上公鉶四十有二，壺四十，

鼎簋十有二」，鄭注：「鉶，羹器也。鼎，牲器也。」

　　鄭玄注經，以鼎為牲器，以鉶為羹器，二者之用，分別甚明，但鉶之形制，於其經注，則未有所見。逮唐陸德明撰集諸經音義而成《經典釋文》，其〈詩・采蘋釋文〉乃引鄭玄曰：

　　鉶，鄭云三足兩耳，有蓋，和羹之器〔註4〕。

又於〈禮記・禮運釋文〉云：

　　鉶，盛和羹器，形如小鼎〔註5〕。

按據《釋文》引鄭說，則鉶亦三足兩耳，徵之古器，惟鼎為似。是故陸氏於〈禮運釋文〉遂逕指其形如鼎。降及五代，周世宗時聶崇義受詔考正三禮舊圖，而成《三禮圖》二十卷，其書引舊圖云：

　　鉶，受一斗，兩耳三足，高二寸，有蓋。士以鐵為之，大夫已上以

銅為之，諸侯飾以白金，天子飾以黃金〔註6〕。

　　考禮之有圖，蓋肇自鄭玄〔註7〕，而阮諶繼之。現存禮圖以聶氏《三禮圖》為最早，其圖係博採六本三禮舊圖考校修訂而成。按之聶圖，唯雞彝及舟係遵據鄭圖，有明文可見，其他皆無從甄別。又鄭注《三禮》，但云：「鉶，羹器也」，或云：「鉶，菜和羹之器」，對鉶之形制則無說明，因此《釋文》所引，以及舊圖所言，後人未必盡信。是故清儒黃以周、孫詒讓輩，俱據鄭注，以鼎為牲器，以鉶為羹器，視鉶、鼎為兩種不同形制之禮器〔註8〕。按傳世禮器，不見鉶名，其形制如何，不得而說。徵之《說文》，鉶篆廁乎鑊

〔註4〕　《通志堂經解》，冊四〇，頁二二五九〇，大通版。

〔註5〕　《通志堂經解》，冊四〇，頁二二七一九。

〔註6〕　《通志堂經解》，冊二八，頁一五五八二。

〔註7〕　鄭玄有禮圖，但范曄《後漢書》本傳及《鄭志》均不言其書，唐史承節撰鄭君碑銘，歷敘鄭氏著述，亦不及禮圖，故有鄭氏未嘗作圖之說，以為其書殆習鄭氏學者之所為，《四庫全書總目提要》即持是說。然檢諸《魏書・李謐傳》，謐論明堂制度引鄭玄《禮圖》說虡制云：「縱廣八尺，畫斧文於其上，今之屏風也。」此明言鄭氏有禮圖也。又〈袁翻傳〉載翻議明堂辟雍，有云：「鄭玄之詁訓三禮，及釋《五經異義》，並盡思窮神，故得之遠矣。覽其《明堂圖義》，皆有悟人意，察察著明，確乎難奪，諒足以扶微闡幽，不墜周公之舊法。」翻謂「覽其《明堂圖義》」，則鄭有禮圖，殆無可置疑。本文初稿據《提要》說，以為禮圖始於後漢侍中阮諶，今不取焉。

〔註8〕　黃說見《禮書通故》下冊，頁一一一二至一一一三，華世版。

孫說見標點本《周禮正義》，冊一二，頁三〇七五，中華版。

鍑鏊鉹銼鑹與鎬鐪銚之間。許書通例，凡每部中字之先後，以義之相引為次〔註9〕，則其為釜屬，大致可以推知。考鼎本為炊器，初兼炊具與饗具二用，其後分化，有專作炊具之鑊，與專作饗具之鼎，《三禮》及鄭注言之甚明。延及漢世，由於炊竈發達，三足炊具率由無足之釜屬所取代〔註10〕，而學者遂以釜釋鑊，二者因是混同。玄應《一切經音義》卷二引《方言》云：「鍑，或謂之鑴。」又引郭璞注：「鍑，釜屬也。」〔註11〕《說文》鬲部䰜下云鍑屬也，其重文作釜，或从金父聲。金部鑴下云鑬也（鑬，《廣雅》云鼎也，《玉篇》云大鑴也），鏊下云鍑屬，鉹下云朝鮮謂釜曰鉹，銼下云鍑也，鑹下云銼鑹也。又鎬鐪銚三篆，《說文》並訓為溫器。鎬訓溫器，載籍無徵，朱駿聲《說文通訓定聲》疑即鐈字，其說近是。許說鐈似鼎而長足，《廣雅》云釜也。鐪，《廣雅》亦云釜也。銚，玄應《一切經音義》卷十四引云溫器也，似鬲，上有鐶〔註12〕（《說文》鬲云鼎屬也）。據上所述，知漢人已以鑊為釜屬，而銄亦當為釜屬也。《淮南子・說山篇》「嘗一臠肉，知一鑊之味」，高誘注云：「有足曰鼎，無足曰鑊。」〔註13〕此殆漢人鼎鑊區分最好之解釋。是就鼎制之分化演變而言，銄既為釜屬，則謂之為鼎之屬，亦未嘗不可。是故《說文》䏏篆下段注曰：「羹有實於鼎者，牛藿、羊苦、豕薇是也。有實於豆者，膷、臐、膮是也。」按牛藿、羊苦、豕薇者，實即牛銄、羊銄、豕銄，所謂羹中有菜以銄盛者也。段氏以銄羹實於鼎，則此鼎非銄器而何？

且自聶注禮圖，後之為禮圖者，率以是為宗，若明劉績《三禮圖》，以及清乾隆十三年敕撰之《欽定周官義疏》、《欽定儀禮義疏》、《欽定禮記義疏》諸書，其所繪銄器圖，並與聶書不異，悉為兩耳三足，有蓋〔註14〕。至若宋黃震《讀禮記日鈔》、元陳澔《禮記集說》、明郝敬《儀禮節解》及清朱彬《禮記訓纂》，亦並謂銄之形制如小鼎〔註15〕，蓋皆取〈禮運釋文〉為說也。

〔註9〕 《說文解字注》，卷一，頁一，文五重一下，藝文版。
〔註10〕 說見〈周代用鼎制度研究〉，《先秦兩漢考古學論集》，頁六四。
〔註11〕 《叢書集成簡編》本，卷二，頁七九，商務版。
〔註12〕 《叢書集成簡編》本，卷一四，頁六五七。
〔註13〕 影鈔北宋本，頁四九六，藝文版。
〔註14〕 劉績，《三禮圖》，卷四，頁四三；《欽定周官義疏》，卷四六，頁三〇；《欽定儀禮義疏》，卷四三，頁二二；《欽定禮記義疏》，卷八〇，頁三；以上並《四庫全書》本。
〔註15〕 郝說見盛世佐《儀禮集編》，卷一九，頁二七引，《四庫全書本》。
黃說見《黃氏日鈔》，卷一八，頁一四，中文出版社出版。

一九七二年長沙馬王堆一號漢墓出土遣策一批，俞偉超、高明兩位教授據以推論鉶為鼎屬。而於其合撰之「周代用鼎制度研究」一文（以下省稱「俞文」）曰：

> 近馬王堆M1所出遣冊，第27─29簡為：「牛苦羹一鼎」，「狗苦羹一鼎」，「一右方苦羹二鼎」。苦是苦荼，苦羹無疑是和以苦荼的鉶芼。又第19─22簡為：「狗巾羹一鼎」，「雁巾羹一鼎」，「鱅禺（藕）肉巾羹一鼎」，「一右方巾羹三鼎」。巾羹即菫羹，也是鉶芼。由此可知，鉶芼確係放在鼎內，賈疏是正確的。〈詩·召南·采蘋釋文〉引鄭玄說，又把鉶解釋為「三足兩耳，有蓋，和羹之器」，這除鼎屬以外，別無他物。〔註16〕

俞文引用馬王堆一號漢墓所出遣策，證鉶芼確係放在鼎內，以推論先秦載籍中所見之「鉶」，「除鼎屬以外，別無他物」，其說蓋有可採。由以上所述，可以推知兩漢經說，雖不見明說鉶為鼎屬之言，但陸氏《釋文》之引鄭說，聶氏書之引舊圖，蓋必有所據，則鉶為鼎屬，殆可無疑也。

三、鉶非陪鼎

鉶雖為鼎屬，但書傳言鉶，皆曰鉶，無稱鉶鼎者，漢儒經說亦然。考鉶鼎之名，蓋肇自賈公彥之誤解〈掌客〉注。《周禮·秋官·掌客》「上公五積皆眡殄牽」，鄭注云：「積皆視殄牽，謂所共如殄，而牽牲以往，不殺也。不殺，則無鉶、鼎、簠、簋之實。」賈疏云：「云不殺則無鉶鼎者，鉶鼎即陪鼎是也。但殺乃有鉶鼎，不殺則無鉶鼎可知。」〔註17〕細審鄭注，鉶鼎簠簋四器平列，賈公彥誤將鉶鼎二字連讀而以為一器，遂云鉶鼎即陪鼎。故又於《儀禮·公食大夫禮》「宰夫設鉶四于豆西」，疏云：

> 云鉶，菜和羹之器者，下記云牛藿，羊苦，豕薇，是菜和羹；以鉶盛此羹，故云之器也。據羹在鉶言之，謂之鉶羹；據器言之，謂之鉶鼎；正鼎之後設之，謂之陪鼎；據入庶羞言之，謂之羞鼎；其實一也。〔註18〕

陳說見頁一二三，中新書局出版。

朱說見卷九，頁四下引《釋文》，《四庫備要》本，中華版。

〔註16〕說見〈周代用鼎制度研究〉，《先秦兩漢考古學論集》，頁七五。

〔註17〕注疏本，頁五八四，藝文版。

〔註18〕注疏本，頁三〇三，藝文版。

自賈疏誤解鉶為陪鼎，而創為鉶鼎之名，宋聶崇義《三禮圖》、楊復《儀禮圖》、易祓《周官總義》、王與之《周禮訂義》、魏了翁《儀禮要義》、陳祥道《禮書》、明劉績《三禮圖》、清乾隆十三年《欽定儀禮義疏》、《欽定禮記義疏》、李光坡《儀禮述注》，以及林昌彝《三禮通釋》，皆沿襲之，並謂陪鼎即鉶鼎也〔註19〕。俞文更申此說，以為鄭玄注經，已經以羞鼎、陪鼎、鉶為一物。其言曰：

> 《周禮·掌客》記載「諸侯之禮」為上公、侯伯、子男皆用「鼎簋十有二」，鄭玄彼注更曰：「（牽牲以往）不殺，則無鉶、鼎」，明指鉶與鼎即「鼎十有二」中的羞鼎三與牢鼎九。細審《三禮》及鄭注，凡陳饌處有正鼎與羞鼎相配的，鄭玄即把羞鼎稱為陪鼎，單獨出現的羞鼎都稱之為鉶，而有時把與正鼎相陪的羞鼎也叫做鉶。鄭玄把羞鼎又叫做鉶是很清楚的。

又曰：

> 這種關係，唐人都很清楚，故賈公彥〈公食大夫禮〉疏曰：「據羹在鉶言之，謂之鉶羹；據器言之，謂之鉶鼎；正鼎之後設之，謂之陪鼎；據入庶羞言之，謂之羞鼎；其實一也。」直到聶崇義《三禮圖》和楊復《儀禮圖》，還都是這樣認識的。但清人卻搞亂這種關係，從王引之、胡培翬到孫詒讓，一直誇大「鉶」與「陪鼎」二名之別，誤以為「鉶」根本不是鼎。〔註20〕

綜觀俞文，其以鉶為鼎屬，是也。但鉶為鼎屬，猶不足以論定鉶即陪鼎。故其說雖較賈公彥誤解鉶鼎是一器為有見，但仍忽略〈掌客〉上下之文。按〈掌客〉「凡諸侯之禮」下云：「上公鉶四十有二，鼎簋十有二；侯伯鉶二十有八，鼎簋十有二；子男鉶十有八，鼎簋十有二」，鄭注云：「鉶，羹器也。鼎，牲器也。鼎十有二者，飪一牢，正鼎九，與陪鼎三。」經文鉶與鼎分列，鄭注鉶與鼎亦分開解釋。陪鼎既在鼎十有二之中，而俞文又同意鄭注，則以鉶為陪鼎，何異將鉶併入鼎數以計之。其不合鼎制甚明。實則鄭注「不殺則無鉶

〔註19〕易說見卷二五，頁八；王說見卷六九，頁一七引王氏詳說；魏說見卷二五，頁一三；陳說見卷九九，頁九；劉說見卷四，頁四四；《欽定儀禮義疏》，卷四二，頁二三；《欽定禮記義疏》，卷八○，頁三；李說見卷九，頁一三；以上並《四庫全書》本。
林說見卷一六五，頁五，清同治三年廣州刊本。
〔註20〕說見〈周代用鼎制度研究〉，《先秦兩漢考古學論集》，頁七四至七五。

鼎」之「鉶鼎」，鉶蓋指下文鉶四十有二，鼎指鼎十有二言，非指「鼎十有二」中之羞鼎三與牢鼎九也。考之經注，蓋昭然可知。王引之《經義述聞》卷九「鉶鼎」條，對賈說鉶鼎即陪鼎，辨之甚詳，茲錄於后：

> 賈疏曰：「不殺則無鉶鼎者，鉶鼎即陪鼎是也。」引之謹案：下文
> 飧五年，鉶四十有二，鼎簋十有二，是飧有鉶與鼎。飧五牢皆殺，
> 則必烹肉於鼎，盛汁於鉶，故有鉶鼎也。五積視飧，而不殺牲，
> 則無鉶鼎可知，故鄭云不殺則無鉶鼎。鉶鼎二器也。賈誤以鉶鼎
> 為一器，而云即陪鼎，其說之不可通者有三：下文鉶四十有二，
> 鼎簋十有二，注曰：「鼎十有二者，正鼎九，陪鼎三」，是陪鼎已
> 在鼎十有二之內，何得又以鉶為陪鼎，其不可通一也。〈郊特牲〉
> 曰「鼎俎奇而籩豆偶」，正鼎九，陪鼎三，正所謂鼎俎奇也。鉶數
> 偶而不奇，明與陪鼎非一物，而云鉶鼎即陪鼎，其不可通二也。〈聘
> 禮〉饗飪一牢，陪鼎設于西階前，當內廉，鉶設于堂上戶西及東
> 西夾，二者絕殊，而云鉶即陪鼎，其不可通三也。鄭注〈聘禮〉
> 曰：「羞鼎即陪鼎也，以其實言之則曰羞，以其陳言之則曰陪」，
> 未嘗以為鉶也。注〈掌客〉曰：「鉶，羹器也」；注〈公食大夫禮〉
> 曰：「鉶，菜和羹之器」；注〈士虞禮〉曰：「鉶，菜羹也」；注〈特
> 牲饋食禮〉曰：「鉶，肉汁之有菜和者」；〈召南・采蘋篇釋文〉引
> 鄭曰：「鉶，三足兩耳有蓋，和羹之器」，未嘗以為陪鼎也。賈氏
> 誤解〈掌客〉注之鉶鼎為陪鼎，又以解〈亨人〉之鉶羹，〈公食大
> 夫禮〉之設鉶，皆以為即陪鼎，是直不知鼎與鉶之有辯也，其失
> 甚矣。聶崇義〈三禮圖〉亦沿賈氏之誤。〔註21〕

按俞文對王氏駁斥賈疏不可通之三點，略無辨正，惟一味固守賈說而已。而復據顏師古羹臛無別，以證鉶與陪鼎所盛之物不分，作為鉶即陪鼎之佐證，其說皆非。且細味王說，其云「鄭云不殺則無鉶鼎，鉶鼎二器也，賈誤以鉶鼎為一器」，又云「直不知鼎與鉶之有辯」者，鉶指上公鉶四十有二（侯伯二十有八，子男十有八），鼎指鼎十有二。其意蓋謂禮食鉶與鼎有異（即指鉶非陪鼎），並未直指「鉶根本不是鼎」。其後胡培翬《儀禮正義》從其說，亦未有鉶非鼎屬之言〔註22〕。至黃以周《禮書通故》始謂鉶非鼎屬，

〔註21〕《皇清經解》，冊一七，頁一二七三五至一二七三六，復興版。
〔註22〕《皇清經解續編》，冊一一，頁八一〇三至八一〇四，藝文版。

而孫詒讓《周禮正義》因之〔註23〕。是知俞文「清人卻攪亂這種關係，從王引之、胡培翬到孫詒讓，一直誇大鉶與陪鼎二名之別，誤以為鉶根本不是鼎」，實牽合未當。蓋鉶與鼎是否為屬類，此一事也，而鉶是否即陪鼎，又一事也，二者不可混同為一。王、胡之說，但辨鉶非陪鼎，黃以周既本王、胡鉶非陪鼎說，又別出鉶非鼎屬之論。至《周禮正義》遂合二說以言矣〔註24〕。

又按宋儒雖多因襲賈疏鉶鼎即陪鼎之說，但不據從者有之，而別出說解，欲以調和鄭注賈疏者亦有之。易祓《周官總義》云：「鉶，羹器也。有鉶鼎，有鉶羹，所謂膷臐膮也，亦所謂藿苦薇也。羹熟于鼎而載之器。凡飪一牢，則正鼎九，陪鼎三。陪鼎，即鉶羹之鼎也。正鼎即牛、羊、豕、魚、腊、腸胃、倫膚，與夫鮮魚、鮮腊之鼎也。其數凡十有二、既言有鼎十二，又言上公鉶四十有二，侯伯鉶二十有八，子男鉶十有八，則鉶為鉶羹之器而已，非鼎也。鼎，牲器也。」〔註25〕王與之《周禮訂義》引王氏《詳說》亦云：「既言鼎十有二，又言鉶三十有八（按「鄭注云公鉶四十二，宜為三十八」，王氏據改），則鉶為鉶羹之器矣。此鉶鼎、鉶器之所以異也。」〔註26〕易、王二氏蓋皆有見於賈疏既以鼎十有二為正鼎九，與陪鼎三，而又以鉶即陪鼎，不合用鼎以十二為極之數，故以鉶羹盛於鉶器，以合鄭注，又以賈氏所創鉶鼎以盛牛臛、羊臛、豕臛，以符賈疏。惟易、王之說，猶未指出賈疏致誤之所在，故必待王引之《經義述聞》「鉶鼎」條出，而鉶非陪鼎說乃明，其後胡培翬、黃以周、孫詒讓繼起，而禮經鉶非陪鼎，遂為定論。

四、鉶與陪鼎所盛內容有別

俞文承漢儒之說，以鉶為器名，又為肉羹之有菜和者之名，是矣。然復據顏師古「羹之與臛，非係于菜」、「空菜不廢為臛，純肉亦得名羹」之言，以鉶芼與臛膷本一物，則說有可議。其言曰：

羞鼎出現的原因，在於升鼎（按古人謂之正鼎）所盛肉羹，往往淡而無味。《詩·閟宮》毛傳：「羹，大羹，鉶芼也。」《周禮·亨人》：

〔註23〕見《禮書通故》。黃以周云「：鉶為盛羹之器，大羹盛于登，鉶羹盛于鉶，鉶非鼎屬。《御覽》引舊圖，鉶有足，高一寸。聶氏誤以鉶為鼎，改云：『三足，高二寸』以合之，非也。」

〔註24〕標點本，冊一二，頁三〇七二，頁三〇七五。

〔註25〕《四庫全書》本，卷二五，頁八。

〔註26〕《四庫全書》本，卷六九，頁十七。

「祭祀，共大羹、鉶羹。賓客亦如之。」鄭司農注：「大羹，不致五味也。鉶羹，加鹽菜矣。」這種致五味的肉羹，又叫鉶芼，即〈公食大夫·記〉所云「鉶芼：牛藿、羊苦、豕薇，皆有滑」，〈士虞·記〉所云「鉶芼，用苦若薇，有滑，夏用葵，冬用荁」。藿是豆葉，苦是苦茶，薇是山菜，滑是用堇荁之屬的乾粉作芡（〈公食大夫·記〉鄭注、陸璣《毛詩草木鳥獸蟲魚疏·上》、《禮記·內則》孔疏）。用菜調和牲肉并加芡的羹，就是鉶芼，所以《禮記·內則》鄭注說：「芼，謂菜釀也。」所謂鉶，鄭玄注〈特牲饋食禮〉謂「肉味之有菜和者」，注〈公食大夫禮〉又說是「菜和羹之器」，它既是這種肉羹之名，也是盛放這種肉羹的器名。

又曰：

顏師古《匡謬正俗》卷八「羹臛」曾曰：「王叔師注《楚辭·招魂》云：有菜曰羹，無菜曰臛。案禮云：羹之有菜者用梜，其無菜者不用梜，又蘋藻二物，即是鉶羹之芼，安（俞文作案）在其無菜乎？羹之與臛，烹者以異齊，調和不同，非係于菜也。今之膳者，空菜不廢為臛，純肉亦得名羹，皆取于舊名耳。」但清人胡培翬卻以為顏說非，他說腳、臐、膮與鉶芼，正因有無菜而區別之。其實前引〈閟宮〉毛傳與〈亨人〉及鄭司農注，都以大羹與鉶羹并言，當時的肉羹顯然主要只分此二大類，鉶羹即鉶芼，也就是腳、臐、膮。顏師古去古未遠，其說還是可靠的。〔註27〕

按《爾雅·釋器》云「肉謂之羹」，《儀禮》每言羹定、羹飪，鄭注並云：「肉謂之羹」，蓋古者名肉汁為羹，《釋名》所謂肉有汁者是也。考之載籍，羹有致五味者與不致五味者之別，故《周禮·亨人》云：「祭祀，共大羹、鉶羹。賓客亦如之。」大羹不致五味，鉶羹則致五味。徵之禮經，鉶既為器名，又為肉汁有菜和者之名，〈亨人〉名之曰鉶羹，鄭司農注：「鉶羹，加鹽菜」者是矣。以其肉羹中加菜，故亦謂之鉶芼。芼者菜也，《儀禮·特牲》、〈少牢〉、《禮記·內則》諸篇，鄭注並云「芼，菜也」〔註28〕，其說不誤。其芼，則牛用藿，羊用苦，豕用薇。故〈公食大夫·記〉云：「鉶芼：牛藿、

〔註27〕說見〈周代用鼎制度研究〉，《先秦兩漢考古學論集》，頁七三，頁七四。

〔註28〕〈特牲饋食禮〉：「及兩鉶芼設于豆南」注；〈少牢饋食禮〉：「上佐食受，坐設于羊鉶之南。皆芼，皆有柶」注；《禮記·內則》：「酒、醴、芼、羹」注。

羊苦、豕薇,皆有滑」〔註29〕,而遂有羊鉶、豕鉶之名,亦即羊鉶中所加之菜為苦,豕鉶中所加之菜為薇,見〈少牢饋食禮〉。

致五味之羹,據禮書所載,尚有膷臐膮之目,《禮記‧內則》云「膳:膷、臐、膮」是也。陸德明《釋文》:「膷,牛臛也;臐,羊臛也;膮,豕臛也。」羹臛並為肉汁之名,故《爾雅‧釋器》郭注:「羹,肉臛也。」《說文》臛作膗,云:「肉羹也。」《太平御覽》卷八百六十一引《爾雅舊注》云:「肉有汁曰羹。」〔註30〕膷、臐、膮,亦見〈聘禮〉,所謂陪鼎三牲臛是也。歸饔餼于賓介節:「膷、臐、膮,蓋陪牛、羊、豕」,鄭注:「陪鼎,三牲臛,膷、臐、膮陪之,庶羞加也。」又鄭注〈公食大夫禮〉云:「膷、臐、膮,今時臛。牛曰膷,羊曰臐,豕曰膮,皆香美之名也。」是則膷、臐、膮皆陪鼎所盛肉羹之名,致五味者也。羹臛之作法,最早見諸《左傳》,昭公二十年載晏子論「和」,以作羹為喻,曰:

> 和如羹焉,水、火、醯、醢、鹽、梅,以烹魚肉,燀之以薪,宰夫
> 和之,齊之以味,濟其不及,以洩其過。

孔疏云:「醯,酢也(按酢即醋字)。醢,肉醬也。梅,果實似杏而醋,《尚書‧說命》云:『若作和羹,爾惟鹽梅。』」〔註31〕是據晏子之言,此羹之作,惟調以五味,而不以菜和,與前述鉶羹有異,其為臛類,蓋可推知。

按之禮經,鉶羹特別強調有芼,漢唐經說亦然,而臛則否。顏氏《匡謬正俗》謂「羹之於臛,非係于菜」,苟如其言,則「鉶芼:牛藿,羊苦,豕薇」,實無須特別標明,其與陪鼎所盛內容有別,即此可見。考許書臛訓肉羹,玄應《一切經音義》卷十二引,於「肉羹也」下有「謂有菜曰羹,無菜曰臛也」十字〔註32〕。《楚辭‧招魂》:「露雞臛蠵」,王逸注亦云:「有菜曰羹,無菜曰臛。」〔註33〕徐堅《初學記》卷二十六「羹」條下引劉楨《毛詩義問》:「鉶羹,有菜鹽豉其中,菜為其形象可食,因以鉶為名。」〔註34〕〈內則〉「芼羹」,孔疏云:「用菜雜肉為羹」〔註35〕。是知羹之與臛,雖均為肉

〔註29〕按藿為豆葉,苦為苦荼,滑為堇草之屬,見鄭注。薇為山菜,見《詩‧草蟲》,陸璣《毛詩草木鳥獸蟲魚疏》,卷上,頁三。
〔註30〕《太平御覽》,冊六,頁四三三九,明倫出版社。
〔註31〕注疏本,頁八五八,藝文版。
〔註32〕《叢書集成簡編》本,卷十二,頁五三九。
〔註33〕《楚辭補注》,頁三四三,藝文版。
〔註34〕標點本,下冊,頁六四〇,鼎文書局。
〔註35〕注疏本,頁五一八。

汁之名，但又以有菜無菜別其異。羹中有菜，以鉶盛，此即《周禮·亨人》所謂鉶羹，鄭司農所云加鹽菜者是也。鄭、王、劉世當漢魏，其視顏師古猶為近古。孔顏並世，顏說羹臛無別，蓋以唐制況周制，所以不合禮經也。

　　夫以鉶羹有芼，故禮經除有扱醴之柶外，亦有扱鉶菜之柶。〈公食大夫禮〉云：「挽手，扱上鉶以柶。」〈士虞·記〉云：「鉶芼，用苦，若薇，有滑。夏用葵，冬用荁，有柶。」〈少牢饋食禮〉云：「上佐食羞兩鉶，皆芼，皆有柶。尸扱以柶，祭羊鉶，遂以祭豕鉶。」〈有司徹〉云：「尸坐，以羊鉶之柶挹羊鉶，遂以挹豕鉶。」是扱鉶之器謂之柶。柶所以施於醴，亦施於鉶者，蓋醴有糟，鉶有菜，故皆以柶扱之。鄭注〈公食大夫禮〉云：「扱以柶，扱其鉶菜也」，是矣。但陪鼎三牲臛：牛臛、羊臛、豕臛，皆未有柶，亦即禮經凡言羞鼎處，皆無設柶之文。蓋以陪鼎所盛雖為肉汁，但不用菜芼之，柶於臛腳無所施用，故不設。鉶臛有別，據設柶與否，亦甚明白。

　　且自賈疏之混同鉶與陪鼎，後儒對二者所盛之內容，遂少有分辨，蓋皆沿賈氏之誤也。惟明郝敬於其《儀禮節解》云：「腳，牛臛、羊臛、豕臛。有菜曰羹，無菜曰臛。即陪鼎之實也。」〔註36〕其說雖本漢儒，但不可謂非具卓識。迄乎有清一代，許學大盛，段玉裁、王筠、朱駿聲號稱大家，對臛篆說解，悉引《楚辭》王注，以求合乎本義。《說文》臛篆段注曰：

> 弼部曰「鬻，五味盉羹也」，〈釋器〉曰「肉謂之羹」，羹有二：實於鉶者用菜芼之，謂之羹；實於庶羞之豆者不芼，亦謂之羹。禮經牛腳、羊臛、豕臛，鄭云今時臛也。是今謂之臛，古謂之羹。臛字不見於古經，而見於〈招魂〉，王逸曰：「有菜曰羹，無菜曰臛」，王說與禮合。許不云羹也，而云肉羹也者，亦無菜之謂。《匡謬正俗》駁叔師說，其言甚誤。〔註37〕

王筠《說文句讀》於「肉羹也」下，依玄應引補「謂有菜曰羹，無菜曰臛也」十字，且云：

> 〈釋器〉「肉謂之羹」，郭注：「肉臛也」，許君析言。〔註38〕

朱駿聲《說文通訓定聲》說「臛」云：

> 字亦作臛，此羹之實於豆者，不以菜芼之，其質較乾，《禮記·內則》：

〔註36〕盛世佐，《儀禮集編》，卷一七，頁七引，《四庫全書》本。

〔註37〕《說文解字詁林》，冊五，頁一八〇四。

〔註38〕《說文解字詁林》，頁一八〇五。

　　「腳、臑、膮」是也，與實鉶之羹異。《楚辭‧招魂》「露雞臛蠵」，

　　注：「無菜曰臛」〔註39〕。

段謂〈招魂〉王注「說與禮合，許云肉羹亦無菜之謂」，王書引補「謂有菜曰羹，無菜曰臛也」，朱云「臛與實鉶之羹異」，蓋皆以用菜與否，而分別羹（鉶）與臛也。錢坫《說文解字斠詮》亦引王逸《楚辭》注「有菜曰羹，無菜曰臛」以說〔註40〕，是其以羹（鉶）臛有別，亦與段、王說同。按《說文》一書，蓋以據形說字為主。其說義也，必求契符其形，與諸儒注經，隨文求義者，自有不同。雖云文字之作，邈哉邈矣，由於使用日繁，致義訓亦每或遞變，許氏既世當東漢，其中難免有隨俗訓釋者，但許書究竟旨在推明古人制字之原由，故其對臛篆之訓釋，以及後世大儒之研究所得，仍不失為可以取資之佐證。

　　至若大羹者，《周禮‧亨人》鄭注：「大羹，肉湆。」（湆，汁也）又引鄭司農云：「大羹不致五味也」。大羹，《儀禮》謂之大羹湆，見〈士昏禮〉、〈公食大夫禮〉及〈特牲饋食禮〉。〈士虞禮〉則作泰羹湆。其與羹之差別：羹者調以五味，《詩‧烈祖》「亦有和羹」，孔疏云：「羹者，五味調和」〔註41〕，是矣。而大羹湆則不調，故鄭司農云不致五味，蓋猶今之純汁肉湯。此二者之別也。至於所調五味，合前所引《左傳》昭公二十年文，與《儀禮‧特牲‧記》：「鉶芼，用苦，若薇，皆有滑；夏葵、冬荁」而觀之，則芼及醯醢鹽梅荁萱等物，皆其五味調和之佐料也。

五、結　語

　　古之羹蓋有兩大類：大羹為一類，鄭司農所謂不致五味者是也；臛與鉶為一類，許叔重所謂五味和羹者是也。但臛之於鉶，大同之中猶有小異。鉶則羹中有菜，臛則羹中無菜，故《儀禮》凡羊鉶、豕鉶，均有鉶柶之設，而腳臑膮三陪鼎則無之。顏氏《匡謬正俗》駁王逸〈招魂〉注，其言蓋有待商榷。賈公彥誤解〈掌客〉注之鉶鼎為一物，以為即陪鼎，俞文又誤以〈掌客〉鄭注「不殺則無鉶鼎」之鉶鼎，即指「鼎十有二」中之羞鼎三與牢鼎九，且據顏說，遂有「王引之，胡培翬、孫詒讓一直誇大鉶與陪鼎二名之別」之論。

〔註39〕《說文解字詁林》，頁一八〇五。

〔註40〕《說文解字詁林》，頁一八〇五。

〔註41〕注疏本，頁七九一，藝文版。

其實陪鼎三牲臛，膷、臐、膮，與夫鉶芼，牛藿、羊苦、豕薇，前儒別為兩類。鉶為堂上之器，鼎為堂下之器，不容相混，則鉶非陪鼎，昭然顯見。以俞文後出，恐其以訛傳訛，因不憚煩而加辨正焉〔註42〕。

附　記

本文初稿原為筆者博士論文《饗禮考辨》之乙節，後經增訂，刊載於《大陸雜誌》第八十三卷第四期，一九九一年一〇月出版。

〔註42〕　本文撰成後，得裘錫圭先生惠贈影印吉林大學林澐教授所撰〈周代用鼎制度商榷〉一文（《史學集刊》，一九九〇年，第三期）。林教授以為俞文所引文獻資料雖然詳盡，考證亦頗有見地，但仍有不少可商之處。謂俞文有三個需要重新商討之問題，「鉶究竟是不是羞鼎」，即為其中之一。文中有云：「俞文引用馬王堆一號墓遣冊，只能據以推論先秦文獻中的鉶，也可能是鼎形的，并不能因而把鉶和陪鼎混為一談。」說與愚見相同，因錄其說於此，並向裘先生致謝意。

殷周禮制中醴及醴器研究

一、前　言

　　周禮所載有關先秦之飲料，有「五齊」（泛齊、醴齊、盎齊、緹齊、沈齊）、「三酒」（事酒、昔酒、清酒）、「四飲」（清、醫、漿、酏）及「六清」（亦謂之六飲，即水、漿、醴、涼、醫、酏）之目，其中尤以醴為重要。舉凡祭祀、待賓、賞賜，抑或日常飲用，壹皆用醴，誠貴為天子，下至士庶，所不可或缺者也。明堂位云「殷尚醴」，今從甲骨刻辭徵之，即可印證其說可信。迨乎姬周之世，醴酒之用，尤為複雜繁富，徵諸三禮以及後世經說，則可見其梗概。凡此種種，為治經學禮者所不可忽略者也。今嘗試利用晚近出土之實物資料，與傳世之文獻資料，彼此整合，相互印證，以探索古醴之真相及其相關問題，以見醴於殷周禮制中之作用及其所涵之意義。

二、豐醴為古今字

　　說文酉部云：

　　　醴，酒一宿孰也。从酉，豐聲。

又豐部云：

　　　豐，行禮之器也。从豆，象形。讀與禮同。

　　醴字，始見於西周彝銘，師遽方彝作 <!--glyph-->，穆公設作 <!--glyph-->，大鼎作 <!--glyph-->，觴仲多壺作 <!--glyph-->，鄭楙叔賓父壺作 <!--glyph-->、白公父壺作 <!--glyph-->，曾白陭壺从皿作 <!--glyph-->，三年瘋壺作 <!--glyph--> 若 <!--glyph--> 〔註1〕。上述諸文，其形符悉从「酉」作，並象酒尊之形，

〔註1〕 師遽方彝，見三代一一、三七、二；大鼎，見三代四、三二、二；觴仲多壺，見

上象頸及口緣，下象其腹、腹上橫畫，則其紋飾。其聲符從「豐」作，揆諸字體，已多變化不一，大抵可別為三類，茲條陳如后：

1. 曾白陭壺之「醴」字，從豐作 🔯，與許書篆體近同，其下從豆作，殆無可疑。

2. 師遽方彝之「醴」字，從豐作 🔯，三年瘷壺之「醴」，從豐作 🔯，其豆上有一豎貫通凵體，而連接上（凵）下（豆）兩體，與許篆有異。

3. 穆公設、大鼎、觴仲多壺、鄭楙叔賓父壺、白公父壺之「醴」字，則訛變成 🔯、🔯、🔯、🔯、🔯 諸形，其所從之豐，僅存彷彿。審其結體，大致與上述第二類為近，與第一類差遠。

彝銘中酒醴之「醴」字，亦或不從酉作，而止作豐，長冉盉「鄉醴」作 🔯 〔註2〕，亦即許書訓「行禮之器」之「豐」，於此則讀為「醴」。揆其形體，實與三年瘷壺之「醴」字所從相同。

由姬周彝銘，上溯殷商卜辭，「醴」字之不從酉作，學者無異辭，惟其說形，多率於許書，迄今猶爭論不休。卜辭有 🔯、🔯、🔯、🔯、🔯 諸字〔註3〕，自羅振玉以降，研契之學者，率以為即許書訓「行禮之器」之「豐」字，或讀為「醴」。羅振玉增訂殷虛書契考釋云：

> 說文解字：「豐，行禮之器也，從豆，象形」，卜辭從 🔯，與許書同，或從 🔯 或從珏。案：卜辭玉字作 王，亦作 丰，象三玉連貫之。作 羊 者，殆亦二玉連貫之形。卜辭殆從珏也，古者行禮以玉帛，故從珏 〔註4〕。

羅說「豐」字從二玉及其所以從之之由，殆不可易。試觀周禮典瑞之所職掌，以祀天地、日月、星辰、山川，以肆先王，以恤凶荒，以起軍旅，以治兵守，以斂以含，以朝覲宗遇會同于王，諸侯以相見，以結好，以聘女，蓋王禮莫不寓焉，其貴且重如此。孔子云：「禮云禮云，玉帛云乎哉」〔註5〕者，蓋有以也。卜辭玉字亦作 羊（乙七八〇八）、羊（前六、六五、二），其

三代一二、七、五；鄭楙叔賓父壺，見三代一二、一五、一；曾白陭壺，見三代一二、二六；明倫出版社。穆公設，見考古與文物一九八一、四；白公父壺，見文物一九七八、一一；三年瘷壺，見文物一九七八、三。

〔註2〕 見商周金文錄遺，二九三，明倫出版社。

〔註3〕 校正甲骨文編，頁二二二至二二三，藝文版。

〔註4〕 增訂殷虛書契考釋，卷中，頁三八，藝文版。

〔註5〕 見論語陽貨。

上作✓若✓者，蓋象貫玉之頭緒也。以彼律此，由知🔣字所從之林，其下作🔣者亦然。又王國維說豐云：

> 古玤珏同字，卜辭珏字作丰丰丰三體，則豐即豐矣。……此字象二玉在器之形。古者行禮以玉，故說文曰：「豊，行禮之器」，其說古矣。惟許君不知玤字即珏字，故但以從豆象形解之，實則豊從珏在凵中，從豆，乃會意字，而非象形字也。盛玉以奉神人之器，謂之「豊」。推之，而奉神人之酒醴，亦謂之「醴」。又推之，而奉神人之事，通謂之「禮」，其初當皆用「豊」字，其分化為醴禮二字，蓋稍後矣〔註6〕。

王說卜辭「豊」即許書豊字是矣，但謂以「豊」從珏在凵中，從豆，蓋合「珏」「凵」「豆」三文以會其意，則仍拘泥於許書說解，恐不然矣。蓋刻辭豊作🔣，不作豊，其說不合先民造字取象，較然明白。羅氏雖止云豊從珏，但推考其意，蓋亦以凵為器。以是觀之，羅說與王說不異。

考許書豊字，從豆象形。解析字形，其下從豆作，歷代文字學家率多信從；至若其上之🔣形構，後之學者則或補足許說，或別出新解。若唐玄度九經字樣謂從冊，徐灝說文解字注箋謂「🔣象器中有物」，饒炯說文解字部首訂謂「凵者器也，玤者實也，即禮所謂鉶芼，從二丰者，用芼非一物」，阮元🔣字瓦拓本跋謂「凵象形，玤聲」（玤，古拜切），章太炎文始引或說謂「從凵丰聲，並二丰者，蓋籀文繁重」，曹松葉釋豊引顧鐵僧謂「上象蛤蜊形」，王棻謂豊從二丰，且云「豊從二丰，丰讀若介，義與界同。從二丰者，象茅翦樹地為纂位之形，所謂藖也；從凵者象茅索營之，為習禮儀之界，所謂緜也，皆習禮之地也。習禮之地，在野外而緜索纂位，故以茅草，故許君訓丰為艸蔡也」〔註7〕。按許氏說豊字從豆象形，但止順小篆形體以為之說，其後許學者，雖或有所發明，然亦皆據篆體立說，並非字之古形古義。知者，由小篆而金文，由金文而甲文，豊固非從豆作也。考卜辭有「豆」字，多作🔣、🔣、🔣等形，與「豊」字之所從，殊有差異〔註8〕。故自羅振玉以後，古文字學者雖多從許書，但別立新說者，並非無人。如

〔註6〕 海寧王靜安先生遺書，冊一，頁二七八至二七九，釋豊。商務版。

〔註7〕 唐說見古經解彙函，冊七，頁三五四八，中新書局。
阮說見皇清經解，冊一五，揅經室集，頁一一三七九，復興版。
徐饒章顧諸說見說文詁林，冊六，頁二〇八八至二〇八九。商務版。
王說見海寧王靜安先生遺書，冊一五，頁三一四。

〔註8〕 校正甲骨文編頁二二一。

瞿潤緡曰：

> 說文豐字豐滿者也，从豆象形，金文作 ᛈ、ᛈ、ᛈ，甲文有 ᛈ、ᛈ、ᛈ，王靜安先生以為豐字，余以為豐字。視其形，皆从壴而不从豆，蓋豆為空器，壴為實豆，豐字從此，上形之 ||、⯊、⯊、⯊、⯊、⯊，示豐滿意，為象形兼指事〔註9〕。

瞿氏以上出金文、甲文為「豐」字，不論其說解是否允當，但主豐从壴不从豆，蓋言前人之所未言，殊具卓見。一九七九年，北京大學裘錫圭先生發表「甲骨文中的幾種樂器名稱」一文，以為「豐」本是一種鼓之名稱，古文字「豐」「豐」二字原本不分，「豐」字應該分析為从ᛈ从珏，與豆無關〔註10〕。張日昇亦於金文詁林「豐」字下按語謂金文「豐」、「豐」一字，豐从壴䶵聲（䶵，謂即說文訓艸盛丰丰之丰之籀文）〔註11〕，林澐曾撰豐豐辨一文，以為「豐」字从珏从壴〔註12〕。

綜合諸家之說，驗諸甲骨文編所錄「豆」、「壴」二文及从豆壴之字，卜辭「豐」字蓋合珏壴二文以成字，似為可信。其所以从珏之故，前引羅說，已述及之矣。从壴者，蓋以壴為鼓之初文〔註13〕，而鼓為古人行禮時之重要樂器，舉凡祀天神，祭地祇，享宗廟，軍旅，田役，大喪，莫不具備焉〔註14〕。故字从珏从壴以表達行禮之義。豐本从壴，而至小篆訛變為从豆者，其遞變之跡，蓋亦較然可尋。由甲文之 ᛈ、ᛈ、ᛈ 諸形，下及西周金文長由盉「鄉醴」之醴字作 ᛈ，師遽方彝之醴所从作 ᛈ，其从壴字作，皆清晰可辨。三年瘐壺之醴所从作 ᛈ，其上形正中一豎已與鼓體脫離，分開成為二體。而曾白陭壺之醴所从作 ᛈ，上形正中一豎已省略不可復見，與說文所錄秦篆無大差別。此器製作時代，容庚商周彝器通考與馬承源主編之商周青銅器銘文選並列在西周晚期〔註15〕。若其斷代為可信，則「豐」字之从壴而訛變為从豆，蓋至西周晚期已然，而其端倪則在三年瘐壺銘已隱

〔註9〕見金文詁林，冊六，頁三〇五二引，香港中文大學。
〔註10〕見中華文史論輯二輯，一九八〇年，頁七一至七二。裘先生以為豐字所从之ᛈ，與鼓之初文「壴」有區別，應是豐字之簡體。
〔註11〕見金文詁林，冊六，頁三一一八。
〔註12〕古文字研究，第十二輯，頁一八三，北京中華書局。
〔註13〕壴為鼓之初文，說者無異辭。卜辭作ᛈ、ᛈ，上象崇牙，中象鼓身，下象建鼓之虡。說詳甲骨文字集釋第五，頁一六四九至一六五四。
〔註14〕見周禮鼓人。
〔註15〕容說見商周彝器通考，頁四三七，哈佛燕京學社。
馬說見商周青銅器銘文選，頁三三三，文物出版社。

然可見。迄乎戰國，所見豊字蓋皆从豆以構形，若鄂君啟節水名「沇澧」之澧，从豊作𧮫〔註16〕，中山王𰯰方壺「不用禮宜」之禮作𧮫（从口），「上下之體」之體，从豊作𧮫〔註17〕，古璽「豊𧮫」之豊作𧮫〔註18〕，此與古璽「韓豎」之豎作𧮫〔註19〕，並皆从豆作者無異。

至若三體石經尚書君奭豊作𧮫〔註20〕，汗簡豊作𧮫〔註21〕諸形，則又自前者而加以省變也。

從上所述，豊字从玨从壴以會「行禮」之意，進而奉神祇之酒醴謂之醴，奉神祇之事謂之禮，初始皆用豊字，其後則分化為「醴」、「禮」二字，然則豊為古醴字，殆可無疑。

若夫劉心源以為「古刻豊豐篆形無別」〔註22〕，自劉氏斯說一出，而古文字學者多據從。但依前述，由許書所錄篆體，上溯兩周彝銘，殷商刻辭，「豊」字之从玨作，每有足徵。且夫甲文𧮫、𧮫二字，是否與𧮫為一字，就目前資料而言，仍缺乏充分之證據。故持異議者，亦不乏其人。林澐以為先秦古文字中，豊豐二字起源有別，迄今尚未發現先秦時代有以豊為豐，或以豐為豊之可靠實例以破之〔註23〕。說頗詳審，茲不贅述。

三、醴有清糟之別

說文酉部：「醴，酒一宿孰也。」釋名釋飲食：「醴齊，釀之一宿而成，醴有酒味而已。」〔註24〕鄭玄注周禮酒正亦曰：「醴，猶體也。成而汁滓相將，如今恬酒矣。」〔註25〕由此可知，醴為速釀而成之甜酒，以其一宿而熟，故汁與滓猶和合而未分，許、劉言醴成之速，而鄭則言醴之濁。高誘注呂覽重己「其為飲食酏醴也」，云「醴濁而甜」〔註26〕，則合二者於一矣。據文獻資料所見，醴本為用穀釀造之酒類，可以兼用稻、黍、粱三米，故醴

〔註16〕見文物參考資料，一九五八年第四期。
〔註17〕張守中，中山王𰯰器文字編，頁一一三，北京中華書局。
〔註18〕羅福頤，古璽彙編，頁一九一，北京文物出版社。
〔註19〕羅福頤，古璽彙編，頁二二九。
〔註20〕徐中舒，漢語古文字字形表，頁一八四，北京中華書局。
〔註21〕郭忠恕，汗簡，卷上之二，頁一四，藝文版。
〔註22〕見金文詁林，冊六，頁三〇九一引。
〔註23〕古文字研究，第十二輯，頁一八五。
〔註24〕王先謙，釋名疏證補，頁九二，鼎文版。
〔註25〕注疏本，頁七六，藝文版。
〔註26〕呂氏春秋，頁三三，藝文版。

記內則有稻醴、黍醴、粱醴之目〔註27〕，其作法，凌純聲於匕鬯與醴柶考
一文中，論說頗為簡明，茲錄於后：

> 鬯與醴的釀製，即以穀米先蒸熟，加入麴糵，盛以口器，使之發
> 酵，釀成尚是「眾粒各自分也」。即如今之酒釀，鬯稱鬱齊，醴曰
> 醴齊〔註28〕。

按醴齊之名，始見於周禮酒正、司尊彝。徵諸載籍，醴齊又有清糟之別，
沛者為清，未沛而雜者為糟。禮記內則：

> 飲：重醴，稻醴清糟，黍醴清糟，粱醴清糟。

鄭注云：

> 重，陪也。糟，醇也。清，沛也。致飲有醇者，有沛者，陪設之也。

孔疏云：

> 此稻黍粱三醴，各有清糟，以清糟相配重設，故云重醴〔註29〕。

蓋古者飲料種類非一，醴有清者，亦有糟者，隨人愛好而取用，故清糟
二者兼而有之，是之謂重醴也。說文米部云：「糟，酒滓也。」糟者為滓，
清者為汁，蓋醴齊釀成之時，並汁滓相將，未經過濾，謂之糟，亦即有滓未
沛之酒也，此者入酒正五齊之中。若沛而去其滓，則別為醴清，入四飲、六
飲內，不為齊也。據酒正四飲，一曰清。鄭注云：清謂醴之沛者。又漿入六
飲，水漿醴涼醫酏。鄭注云：醴，醴清也〔註30〕。從此可知，六飲自水而外，
並有清有糟，而飲又以清為主，故膳夫亦謂之六清〔註31〕。是清糟之辨，蓋
係於醴之過濾與否而已。

若夫縮酒之法，徵諸載記舊說，蓋亦較然可見。周禮司尊彝：

> 醴齊縮酌。

鄭注云：

> 醴齊尤濁，和以明酌，沛之以茅，縮去其滓也。

又禮記郊特牲：

> 縮酌用茅，明酌也。

鄭注云：

〔註27〕注疏本，頁五二三，藝文版。
〔註28〕中研院民族學研究所集刊，第十二期，頁一八二。
〔註29〕注疏本，頁五二三、五二四，藝文版。
〔註30〕注疏本，頁八〇，藝文版。
〔註31〕注疏本，頁五七，藝文版。

謂沛醴以明酌也。司尊彝曰「醴齊縮酌」，五齊醴尤濁，和之以明酌，沛之以茅，縮去滓也。明酌者，事酒之上也。名曰明者，神明之也。事酒，今之醳酒，皆新成也。春秋傳曰：「爾貢包茅不入，王祭不共，無以縮酒。」

孔疏云：

縮，沛也；酌，是斟酌。謂醴齊既濁，沛而後可斟酌，故云縮酌也。……明酌也者，謂事酒之上，酒色清明，謂之明酌。言欲沛醴齊時，先用明酌和此醴齊，然後用茅沛之〔註32〕。

據此，知縮之義，蓋謂以茅艸濾去酒之糟滓，而此種濾酒之方法，是以澄清之事酒和入醴齊中，然後用茅草沛之。故鄭注甸師逴謂縮酒為沛酒。惟清儒江永不從鄭義，其於周禮疑義舉要曰：

盎齊涗酌，謂以所酌之明水涗之，記言「明水涗齊，新之」是也，非謂三酒之清酒為涗也〔註33〕。

按依江說，則涗齊以明水，義亦可通。又詩小雅伐木：

釃酒有藇。

又云：

有酒湑我。

毛傳云：

以筐曰釃，以藪曰湑。湑，茜之也。

孔疏云：

筐，竹器也。藪，草也。漉酒者，或用筐，或用草。用草者，用茅也〔註34〕。

是依毛、孔說，縮酒時，又須用筐筥之器，孫希旦謂「用茅藉沛酒之器，謂之縮」〔註35〕，其說是矣。

縮酒一事，亦見於左傳。僖公四年傳云：「爾貢包茅不入，王祭不共，無以縮酒。」杜預集解云：「束茅而灌之以酒為縮酒。」〔註36〕按周禮甸師「祭祀，共蕭茅」，鄭大夫曰：「蕭字或為茜，茜讀為縮。束茅立之祭前，沃

〔註32〕注疏本，頁五〇八，頁五一一，藝文版。
〔註33〕皇清經解，冊四，頁二五八六，復興版。
〔註34〕注疏本，頁三二八，藝文版。
〔註35〕禮記集解，頁三五六，蘭臺書局。
〔註36〕注疏本，頁二〇二，藝文版。

酒其上，酒滲下去，若神飲之，故謂之縮。縮，浚也。故齊桓公責楚不貢苞茅，王祭不共，無以縮酒。」〔註37〕杜解左傳，蓋即用鄭興之說。許慎說文（酉部）亦引左傳此文，惟字作「茜」，從酉從艸，且釋其義云：

> 禮祭，束茅加于裸圭而灌鬯酒，是為茜，象神歆之也。

許氏訓義，蓋亦本之鄭興，此說與鄭義異。按：祭以茅茜酒與醴齊以茅去滓，蓋為二事，不可牽合。一則用茅濾以去其滓，一則當祭神之時，束茅立之，以酒自上澆灌而下，酒汁漸漸滲透下流，象神飲之也。李淳群經識小「縮酒」條下云：

> 案鄭云「茅以共祭之苴，亦以縮酒，苴以藉祭。縮酒，泲酒也。醴齊縮酌。」如後鄭說，則茅有兩用，縮酒亦必兼二義乃備。一取其歆，一取其潔。郊特牲曰：「縮酌用茅」，則泲酒之用尤大，杜專用鄭大夫說，遺卻泲酒一層，於義未備〔註38〕。

按李氏引鄭玄說乃周禮甸師「祭祀，共蕭茅」下注。彼謂縮酒亦必兼二義乃備，說蓋是也。惟猶有可辨者，據典籍及前賢之說，藉祭者率為白茅，縮酒者則為菁茅，統言之屬類雖同，析言之則各異。易大過：「初六，藉用白茅，无咎。象曰：『藉用白茅』，柔在下也。」繫辭上傳：「孔子曰：『苟錯諸地而可矣，藉之用茅，何咎之有？慎之至也。夫茅之為物薄，而用可重也。』」此是取白茅以藉祭之例也。蓋白茅柔順潔白，可以呈現祭者誠敬之心。故王安石周官新義云：「藉何所不可而必以茅，則其為體順理直柔而潔白，承祭祀之德當如此。」〔註39〕若夫縮酒之茅，則禹貢所謂荊州「包匭菁茅」者是也。偽孔傳以菁與茅別，謂菁以為菹，茅以縮酒；史記夏本紀裴駰集解引鄭玄書注云：「菁茅，茅有毛刺者，給宗廟縮酒。」〔註40〕鄭氏則以菁茅為一物，此說是矣。又按：管子輕重丁：「江淮之間有一茅而三脊，名之曰菁茅」〔註41〕，由此則知菁茅為一物。至若左傳「爾貢包茅不入，王祭不共，無以縮酒」，杜注：「茅，菁茅。」穀梁傳則作「菁茅」，范注曰：「菁茅，香草，所以縮酒，楚之職貢。」〔註42〕凡此，是亦均以菁茅為一物

〔註37〕注疏本，頁六四，藝文版。

〔註38〕皇清經解，冊一二，頁八四四一，復興版。

〔註39〕周官新義，卷三，頁一二，經宛本，大通書局。

〔註40〕史記，頁四八、四九，藝文版。

〔註41〕管子校正，頁四〇八，世界書局。

〔註42〕注疏本，頁七三，藝文版。

也。菁茅，一名香茅：吳錄地理志云：「零陵、泉陵有香茅，古貢之縮酒。」
王隱晉書地道志云：「零陵縣有香茅，氣甚芬香，古貢之以縮酒。」盛弘之
荊州記云：「零陵郡有香茅，桓公所以責楚。」〔註43〕李時珍本草綱目卷十
三白茅條下，考之尤詳，其言曰：

> 茅有白茅、菅茅、黃茅、香茅、芭茅數種。葉皆相似。白茅短小，
> 三、四月開白花，成穗，結細實，其根甚長，白軟如筋而有節，味
> 甘，俗呼絲茅，可以苫蓋及供祭祀苞苴之用。……香茅，一名菁茅，
> 一名璚茅，生湖南及江淮間。葉有三脊，其氣香芬，可以包藉及縮
> 酒，禹貢所謂荊州苞匭菁茅是也〔註44〕。

據此則知醴沛係用菁茅，而不以他物代之者，蓋不特藉以去滓取清，且取其
物性芬芳，使酒味益為香醇甘美也。

縮酒之法及其用物，約如上述所考。據許氏說文，知「茜」為茜酒之正
字，義取以酒灌艸，會意。「縮」乃同音假借。卜辭有 𓏬、𓏬 諸字，王國維
以為即說文茜字之初文，象手奉束于酒旁〔註45〕，卜辭云「癸未，貞：醸豊？
更屮酒用？十二月。」（後下八、二）即其例。然則縮酒之禮，至遲在殷商時
代已行之矣。

四、容醴之具

古代飲酒之禮器，就其用途而言，大抵可以別為三類：一曰盛酒之器，
二曰挹酒之器，三曰飲酒之器。醴酒所用之禮器種類亦然。茲依次略述於
后：

（一）盛醴之器

殷商酒器，品類不少，徵之刻辭，亦多見盛鬯之卣，惟盛醴之器，迄今
尚無明文可循。惟其可確指者，蓋肇自姬周。徵諸彝銘，則已見有稱作「醴
壺」者：

1. 觴仲多壺：「觴仲多乍醴壺。」（三代一二、七、五）
2. 伯庶父壺：「伯庶父乍醴壺。」（三代一二、一一、三）
3. 鄭榦叔賓父壺：「鄭榦叔賓父乍醴壺。」（三代一二、一五、一）

〔註43〕並見太平御覽，卷九九六，頁五、六引，粹文堂。
〔註44〕見頁四七二，鼎文版。
〔註45〕李孝定，殷虛文字集釋，第十四，頁四四〇三引。

4. 白公父壺：「白公父乍叔姬醴壺。」（文物一九七八、一一）

以上諸銘，悉自名曰「醴壺」，自銘義而言，其以壺盛醴則可知。按尊為盛酒之器，故周禮小宗伯、司尊彝稱六種盛酒漿之器皿為六尊，壺尊即其中之一也。蓋以壺為尊，故名。見司尊彝鄭注。壺字之作，即象盛酒器形，卜辭作🔣（前五、五、五），金文作🔣（番菊生壺），上象蓋，旁有兩耳，中象腹，下為圈足。其器亦以盛水，周禮夏官敘官挈壺氏下，鄭注云：「壺，盛水器也」，是也。詩豳風「八月斷壺」，毛傳云：「壺，瓠也。」莊子逍遙遊：「今子有五石之瓠，何不慮以為大樽而浮乎江湖？」釋文：「本亦作尊。」又引司馬彪云：「樽如酒器。」〔註46〕楚辭招魂「玄蠭若壺些」，王注云：「壺，乾瓠也。」〔註47〕是知古者有以瓠實為酒器，而壺之器制，蓋即仿自瓠實也。故黃伯思東觀餘論曰：「壺之象如瓜壺之壺，豳詩所謂八月斷壺，蓋瓜壺也。上古之時，窪尊而抔飲，蕢桴而土鼓，因壺以為壺。後世彌文，或陶或鑄，皆取象焉。然形模大致近之，不必全體若真物也。」〔註48〕容庚商周彝器通考圖七八〇至七八三，所錄四器俱為瓠形壺，即其著例。惟壺之形狀，因時代不同變化頗大，大抵為長頸、鼓腹、圈足、貫耳，或有蓋。馬承源中國青銅器一書中，對壺器自殷商以迄戰國晚期，各種形式變化，述之頗詳〔註49〕，茲不贅述。

盛醴之器，其見於文獻資料者，有以下諸例，茲條陳論述於后：

或盛以甒：

　　△ 儀禮士冠禮：「側尊一甒醴。」

　　△ 儀禮士昏禮：「側尊甒醴于房中。」

　　△ 儀禮士喪禮：「東方之饌，兩瓦甒，其實醴酒。」

　　△ 儀禮既夕禮：「甒二醴酒。」

　　△ 儀禮士虞禮：「兩甒醴酒。」

或盛以瓦大：

　　△ 儀禮聘禮記：「醴尊于東廂，瓦大一，有豐。」

〔註46〕通志堂經解，冊四，頁二二九〇七，大通版。
〔註47〕楚辭補注，頁三三〇，藝文版。
〔註48〕卷上，頁七八、七九，漢象形壺說條，四庫全書本，商務版。
〔註49〕馬承源，中國青銅器，頁二〇六至二二〇，上海古籍出版社。

燕禮:「公尊瓦大」,鄭注曰:「瓦大,有虞氏之尊也。」禮記禮器:「君尊瓦甒」,鄭注曰:「瓦甒,五斗。」孔疏:「瓦甒,五斗者,漢禮器制度文也。此瓦甒即燕禮公尊瓦大也。按禮圖,瓦大,受五斗,口徑尺,頸高二寸,徑尺,大中,身銳,下平,瓦甒與瓦大同。」〔註50〕聶崇義三禮圖引舊圖說醴甒,與孔疏同〔註51〕。是依孔、聶二家之說,則「瓦大」即「瓦甒」,斯為一器之異稱,其形制容受皆同。然考諸禮經,士用瓦甒,而君尊或謂之瓦大,則二者又似當有別異。黃以周禮書通故則據太平御覽卷七百五十八引三禮圖「禮甒徑一尺」下,補「六寸」二字,以為與瓦大徑尺異,而謂「瓦甒之形與瓦大相似」〔註52〕,蓋亦有以也。

禮記明堂位「泰,有虞氏之尊也」,釋文作「大」,云「本又作泰」。周禮司尊彝「凡四時之閒祀、追享、朝享,其朝踐用兩大尊」,鄭注云:「大尊,大古之瓦尊」,且引明堂位文為說。又鄭注燕禮云「瓦大,有虞氏之尊也」,則鄭康成以瓦大、泰、大尊本為一器,蓋亦明矣。聶崇義三禮圖說大尊云:「口圓徑一尺,脰高三寸,中橫徑九寸,脰下大橫徑一尺二寸,底徑八寸,腹上下空徑一尺五分,厚半寸,脣寸,底平,厚寸,受五斗,與瓦甒形制容受皆同。」〔註53〕但據聶圖,瓦大為有蓋之器,大尊則否。大尊脛高三寸,而瓦大止二寸,是二物大同之中猶有小異也。陳祥道禮書大尊圖小口而有流,黃以周禮書通故又合周禮鬯人之大罍與大尊為一物〔註54〕,說又有異。

按大尊、瓦大、瓦甒,以今言之,蓋皆陶製之酒壺也。其形制相似,但未必即為一器。蓋周人社會,有天子、諸侯、卿大夫、士與庶人之等級,隨其身分之不同,在衣食住行等各方面所適用之禮儀及器物,亦有顯著之差異。據司尊彝,天子春夏用犧尊、象尊,秋冬用著尊、壺尊,追享、朝享用大尊、山尊,是六尊為天子之器也,諸侯唯用當代之尊。明堂位雖云「凡四代之服器官,魯兼用之」,但「四代之尊,魯用犧象山罍而已;三代之爵,魯用玉琖、仍雕而已;三代之灌尊,魯用黃目而已;其餘未嘗用也」。魯以侯國而行天子之禮者,蓋以周公之故,而獲成王特賜,事見禮記祭統、明堂

<hr>

〔註50〕注疏本,頁四五五,藝文版。
〔註51〕通志堂經解,冊二八,頁一五五七五,大通版。
〔註52〕見頁一二九七,華世出版社。
〔註53〕通志堂經解,冊二八,頁一五五八九,大通版。
〔註54〕陳說見禮書,卷九五,頁六,四庫全書本,商務版。
　　　黃說見禮書通故,頁一二九三,華世版。

位。大尊之器，魯猶未嘗用之，則其非諸侯所宜有者，蓋亦可知矣。燕禮云「公尊瓦大」，聘禮記亦云「醴尊于東廂，瓦大一」，則知瓦大為諸侯所用，蓋無可疑也。士冠、士昏、士喪、既夕、士虞諸篇所云甒、瓦甒者，蓋為士所專用。禮記喪大記「士容甒」，孔疏云：「甒，盛酒之器，士所用」，是矣。然則天子用大尊，諸侯用瓦大，士用甒，左傳云「名位不同，禮亦異數」（魯莊公十八年），即此之謂也。準此而論，大尊、瓦大與甒三物，依使用者之身分等級，而知其形制即使相似，而實必有其彼此殊異者存焉。特以古物不傳，無從取徵耳。惟不可解者，大射云「膳尊兩甒」，禮器亦云「君尊瓦甒」，豈侯國間亦或用甒歟？又據儀禮少牢饋食禮，卿大夫亦用瓦甒，與士同。

或盛以著尊：

△ 周禮酒正：「辨五齊之名，一曰泛齊，二曰醴齊，三曰盎齊，四曰緹齊，五曰沈齊。凡祭祀，以泲共王五齊三酒，以實八尊。」賈疏：「五齊五尊，三酒三尊，故云以實八尊。」孫詒讓周禮正義：「此云實八尊者，以崔、孔所推大祫禮言之，則一著尊盛泛齊，一著尊盛醴齊，一壺尊盛盎齊，一壺尊盛緹齊，以上四尊，皆陳於堂上。一壺尊盛沈齊，一罍尊盛事酒，一罍尊盛昔酒，一罍尊盛清酒，以上四尊，皆陳於堂下。此並據五齊三酒之正尊言之，不數鬱鬯及明水、玄酒等尊也。」〔註55〕

△ 周禮司尊彝：「秋嘗冬烝，其朝獻用兩著尊，其饋食用兩壺尊。」鄭注：「朝踐謂薦血，酌醴，始行祭事。其變朝踐為朝獻者，尊相因也。」

據上所引，知泛齊、醴齊，各以著尊盛之也。禮記明堂位：「著尊，殷尊也」，鄭注云：「著尊，無足。」是著尊者，蓋為一種無足之酒壺，孔疏所謂「無足而底著地」者是也〔註56〕。聶崇義三禮圖：「著尊，受五斗，漆赤中。口圓徑一尺二寸，底徑八寸，上下空徑一尺五分，與獻尊象尊形制容受並同，但無足及飾耳。」陳祥道禮書著尊大尊皆小口而別有流〔註57〕，與

〔註55〕標點本周禮正義，冊二，頁三五五，北京中華版。
〔註56〕注疏本，頁五八一，藝文版。
〔註57〕聶說見通志堂經解，冊二八，頁一五五八九，大通版。
　　　　陳說見禮書，卷九五，頁六，四庫全書本，商務版。

矗圖全殊。按傳世器物中，無足而著地之尊少見。殷周青銅器求真一書，著錄殷著尊一件。是器於一九三〇年出自殷虛，著地而無足，蓋如鄭康成之所言也。黃伯思東觀餘論云：「宋內府古器中有周之著尊，文飾華巧，足皆著地。」又皇祐中，得二器，並「有脰無足」，黃氏云：「此二尊形模古質，殊無蟲鏤。第以獸飾腹，以雙耳挾肩，比周物為樸，正商代之著尊也。」〔註58〕檢諸考古圖，其卷四著錄壺尊一件，云：「此器有脰無文飾，腹為獸面，挾肩兩耳，著地無足。據有脰則可名為壺尊，著地無足，則可名著尊。」此蓋黃氏所謂「以獸飾腹，以雙耳挾肩，比周物為樸，正商代之著尊也」者是也。又博古圖卷七，著錄周著尊二件，此即黃氏所謂內府古器中有周之著尊者是也。惟按之二書圖象，其形制與尊器殊不類。據傳世尋常之尊，大抵皆為圈足式，侈口無流，亦無兩耳。陳書謂小口有流，與古物差遠，清林昌彝三禮通釋著尊圖，即沿其誤。明劉績三禮圖著尊有兩耳，亦與古器不合〔註59〕。

　　或盛以犧尊：

　　　　△ 禮記明堂位：「季夏六月，以禘禮祀周公於大廟，牲用白牡，尊用犧象，山罍。」孔疏：「犧，犧尊也。周禮春夏之祭，朝踐堂上薦血腥時，用以盛醴齊。」〔註60〕

　　　　△ 周禮司尊彝：「春祠夏禴，其朝踐用兩獻尊。」鄭注：「朝踐，謂薦血腥，酌醴，始行祭事。……鄭司農云：獻讀為犧。」

　　按犧尊一物，除見於司尊彝作獻尊外，見諸他書者甚夥。如詩魯頌閟宮：「犧尊將將」；禮記禮器：「犧尊疏布鼏」、「犧尊在西」。或與象尊連言而曰犧象，如：左傳定公十年：「犧象不出門」；國語周語中：「奉其犧象」；禮記明堂位除上文所引者外，又云「犧象，周尊也」，是也。尊以犧為名，其取義自與尋常之尊有別。綜合先儒舊說，約可歸納其義為三：

　　其一謂刻畫鳳凰之形於尊　斯說首見於閟宮毛傳，其言曰：「犧尊有沙飾也。」〔註61〕其後鄭司農注周禮司尊彝「獻尊」，謂「獻讀為犧，犧尊飾以翡

〔註58〕見卷上，頁六三，四庫全書本，商務版。
〔註59〕三禮通釋，卷二六五，頁一四，中研院藏書。
　　　　劉績，三禮圖，卷四，頁四，四庫全書本，商務版。
〔註60〕注疏本，頁五七八，藝文版。
〔註61〕注疏本，頁七七八，藝文版。

翠」；禮記明堂位「尊用犧象」，鄭注云：「犧尊以沙羽為畫飾。」毛傳言沙飾與鄭司農飾以翡翠意同，蓋皆讀犧為沙，而沙又讀為娑娑之義，謂刻畫鳳皇之象於尊上，其形娑娑然也。

其二謂畫一牛之形於尊腹之上　詩閟宮「犧尊將將」，孔疏引阮諶禮圖云：「犧尊，飾以牛，象尊，飾以象，於尊腹之上，畫為牛象之形。」〔註62〕左傳定公十年「犧象不出門」疏同〔註63〕。周語「奉其犧象」，韋注云：「犧尊，飾以犧牛。」莊子馬蹄「孰為犧尊」，司馬彪注云：「畫犧牛象以飾樽也。」〔註64〕

其三謂為犧牛之形，鑿其背以為尊　禮記明堂位「尊用犧象」，孔疏引王肅禮器注云：「為犧牛及象之形，鑿其背以為尊，故謂之犧象。」（左傳定公十年「犧象不出門」，孔疏引則謂王肅以為犧尊象尊，為牛象之形，背上負尊。）又詩閟宮孔疏引王肅云：「太和中，魯郡於地中得齊大夫子尾送女器，有犧尊，以犧牛為尊。」〔註65〕

以上三說，以阮說見諸圖象，故宋元明三代言禮器制度者多從其說。如蘇轍詩集傳云：「尊之以牛飾者也」；朱熹詩集傳釋犧尊亦以阮說為主，而別著王說於後。元劉瑾詩經通釋、朱公遷詩經疏義會通、明胡廣詩傳大全，並同朱說。又嚴粲詩緝云：「尊腹之上，飾畫犧牛」；方愨禮記解義云：「飾以犧則曰犧尊」〔註66〕；無復以犧尊為刻象沙羽之飾。及乾嘉之際，漢學獨盛，於是王念孫廣雅疏證乃特伸毛鄭而駁斥阮王之說，其言之不足為據，徐中舒於說尊彝一文中辯析甚詳〔註67〕，茲不贅述。考梁書劉杳傳載：晉永嘉賊曹嶷於青州發齊景公冢，得犧尊二，形為牛象，宋宣和博古圖所寫犧尊亦作犧牛形〔註68〕，並合王肅之說。故洪邁容齋三筆亦據以為說，謂「鄭司農諸人

〔註62〕注疏本，頁七八〇，藝文版。

〔註63〕注疏本，頁九七七，藝文版。

〔註64〕見通志堂經解，冊四〇，頁二二九二〇，釋文引，大通版。

〔註65〕禮記明堂位孔疏引，見頁五七九；左傳定公十年孔疏引，見頁九七七；詩閟宮孔疏引，見頁七八〇；並注疏本，藝文版。

〔註66〕蘇說見卷一九，頁一二；劉說見卷二〇，頁一七；朱（公遷）說見卷二〇，頁一四；胡說見卷二〇，頁一七；以上皆四庫全書本，商務版。朱（熹）說見卷八，頁一六四，中新書局。嚴說見卷三五，頁二〇，廣文書局出版。方說見通志堂經解，冊三一，頁一七七一四，大通版。

〔註67〕王說見卷七下，頁八五二，鼎文版。徐說見史語所集刊第七本第一分，頁七三至七五。

〔註68〕標點本梁書，卷五十，頁七一五，鼎文版。
重修宣和博古圖，卷七，頁五、六，四庫全書本，商務版。

所云，殊與古製不類」，乃是「目所未睹，而臆為之說」〔註69〕者也。此皆得之目驗，不同於耳聞也。晚季地不愛寶，古物間出，犧尊亦時或可見。故宮博物院藏有犧尊九件，見於故宮銅器圖錄著錄者有八（圖上一一七、圖下二二九至二三五），悉作犧牛之形。一九五五年，陝西郿縣李村出土西周犧尊一件；一九七四年，河北平山三汲中山王墓六西庫出土戰國晚期犧尊二件，亦皆全作牛形，鑿背受酒〔註70〕，與魏晉所出實物正同。是驗諸古器，足知王肅之說，為得其實也。蓋古人制器尚象，命名取義，必富有深意，名尊曰犧，必有類乎犧之禮器在焉。是故徐中舒曰：

> 按器物之以雕鏤繪飾為名者，如琱戈琱戟畫輔畫輻（見於金文）敦弓鏤簋，初不必縷舉其雕鏤繪畫之物。其以雕鏤繪飾之物為名者，如旗幟有鳥隼龜蛇龍象及狼頭纛等，貨幣有龍幣馬幣龍洋鷹洋之類，皆必須資其雕鏤繪飾以為識別之物。至普通用具，如龍勺虎符魚鑰龍舟龜鈕獸環，大致皆就其所象之形而言。故此尊彝中犧象雞鳥諸名，皆應釋為象犧象雞鳥諸形之物〔註71〕。

徐說犧尊為象犧之器之由，較然明白，因錄其說於此，備採擇焉。

（二）挹醴之器

儀禮士冠禮「有篚實勺觶」，鄭注曰：「勺，尊斗，所以剌酒也。」考工記梓人「梓人為飲器，勺一升」，鄭注亦曰：「勺，尊斗也。」〔註72〕說文勺部：「勺，挹取也。」蓋勺之為用，所以挹酒於尊，而注之爵也。醴既有清糟二種，則其酌取之具以及飲食之法、或亦因此而有殊異。楚辭漁父云：「眾人皆醉，何不餔其糟而歠其醨」，王逸注：「餔，食也；歠，飲也。」〔註73〕醨為去糟取清之意。由此可知，古代之酒，有可食可飲二法。糟者多滓，清者為汁；汁者可飲，滓者宜食。糟者滓多，故酌醴用柶；清者已濾去其滓，故酌醴用勺。蓋以其物有異，而所以酌之者亦自不同也。周禮漿人「清醴醫酏糟而奉之」，鄭注：「物有清有糟，飲醴用柶者糟也，不用柶者清也。」其說是矣。檢覈儀禮，其醴清者用勺，亦有例可得徵焉：

〔註69〕見卷一三，頁三，四庫全書本，商務版。

〔註70〕見文物參考資料，一九五七年第四期，頁五；文物，一九七九年第一期，頁一一。

〔註71〕徐說見說尊彝，史語所集刊第七本第一分，頁七五。

〔註72〕注疏本，頁六三八，藝文版。

〔註73〕楚辭補注，頁二九六，藝文版。

　　　△ 士冠禮：「側尊一甒醴，有篚實勺觶角柶。」

　　　△ 士虞禮：「兩甒醴酒，加勺。」

　　按士冠篚中既實勺又實角柶者，勺以酌醴之清者，若下經云「乃醴賓以壹獻之禮」，是也。若夫醴有糟者，蓋猶今之酒釀，無法用勺酌之，故食時必須有醴柶之陳設，便於扱取也。

　　　△ 士冠禮：「側尊一甒醴，有篚實勺觶角柶。」

　　　△ 士昏禮：「贊者酌醴，加角柶。」

　　　△ 聘禮：「宰夫實觶以醴，加柶于觶。」

　　　△ 士喪禮：「其實醴酒，角觶木柶。」

　　　△ 既夕禮：「兩甒醴酒，……實角觶四，木柶二。」

夫以醴有糟，故禮經除有扱釃菜之柶外，亦有扱醴之柶。鄭注士冠禮「乃醴賓以壹獻之禮」，云：「醴賓不用柶，沛其醴」，蓋以經無用柶之文，故知此醴實為已沛之醴也。然則醴濁者用柶，蓋亦明矣。復據禮經，醴柶所用材料，又有角有木之不同。以角為之者，所以取其滑也，見士冠禮鄭注。士喪禮醴柶皆用木，或木質於角也。周禮玉府大喪共角柶，士喪楔齒用角柶者，或角貴於木也。聘禮醴柶不言其材質，蓋亦以角為之歟？若夫柶之形制，鄭玄云：「柶狀如匕」〔註74〕，是柶匕為二物，而說文則以匕訓柶，蓋二物亦通名，其說詳見凌純聲匕鬯與醴柶考一文，茲不贅述。

（三）飲醴之器

　　古人稱飲酒之器皆曰爵，猶之盛酒之器皆曰尊也。若就其專名言之，則爵止為飲酒器之一種，此外尚有觚、觶、角、散諸禮器。飲醴之器，見諸禮經者，則用觶：

　　　△ 士冠禮：「側尊一甒醴，有篚實勺觶角柶。」

　　　△ 士昏禮：「賓即筵坐，左執觶，……啐醴，建柶，興，坐奠觶。」

　　　△ 聘禮：「宰夫實觶以醴，加柶于觶。」

　　　△ 士喪禮：「東方之饌，兩瓦甒，其實醴酒，角觶、木柶。」

──────────

〔註74〕見儀禮士冠禮「有篚實勺觶角柶」下注。

△ 既夕禮：「兩甒醴酒，篚在東，實角觶四、木柶二。」

△ 士虞禮：「祝酌醴，命佐食啟會，……祝奠觶于鉶南。」

據禮經，凡醴皆用觶，不卒爵，但啐（嘗也）之而已。夏炘學禮管釋云：「凡飲酒用爵，醴獨用觶，凡飲皆有酬酢，醴無酬酢（惟士冠醴賓以一獻之禮，鄭云有酬酢，不在此例），皆所以尚質也。」〔註75〕是知醴用觶，不用爵者，蓋醴事本質故也。儀禮士冠禮賈疏引韓詩外傳云：「一升曰爵，二升曰觚，三升曰觶，四升曰角，五升曰散。」〔註76〕禮記禮器「尊者舉觶」，鄭注：「三升曰觶」，蓋即襲自韓詩說。許慎說文觶篆下引禮曰：「一人洗舉觶，觶受四升。」（角部）不論觶受三升或四升，均與傳世青銅觶容量不合。蓋今所見，其容量俱不如是之大也。觶之名稱，乃定自宋人，銘文亦不稱器名。清光緒年間，江西高安附近出土邾王義楚器三，器形與觶同，而銘文一曰鍴，其二皆曰耑。王國維以為說文觶、觗、卮、𤮼、𣂁五字實是一字，鍴、耑即說文之𤮼，亦即禮經之觶，詳見觀堂集林卷六釋觶觗卮𤮼𣂁一文。其形制似盛酒之尊而小，多半為圓腹，侈口，圈足，而且有蓋。亦或無蓋，亦或腹口均作橢圓形者。說詳馬承源中國青銅器，茲不贅述。

見於後世經說者，有玉爵，有瑤爵：

△ 周禮司尊彝：「其朝踐用兩獻尊。」鄭注：「朝踐，謂薦血腥，酌醴，始行祭事。」賈疏：「王以玉爵酌醴齊以獻尸，后亦以玉爵酌醴齊以獻尸。」〔註77〕

△ 周禮內宰：「大祭祀，后裸獻，則贊，瑤爵亦如之。」鄭注：「獻謂王薦腥薦孰，后亦從後獻也。瑤爵，謂尸卒食，王既酳尸，后亞獻之，其爵以瑤為飾。」賈疏：「王以玉爵酌醴齊以獻尸，后亦以玉爵酌醴齊以獻尸也。尸食後，王以玉爵酌朝踐醴齊以酳尸，謂之朝獻。后亦於後以瑤爵酌饋獻時盎齊以酳尸，謂之再獻，故云后亞獻也。」〔註78〕

周禮大宰「贊玉几玉爵」，鄭注云：「宗廟獻用玉爵。」按宗廟九獻，王獻用玉爵實醴齊，說者無異辭，鄭氏以后獻至八獻始用瑤爵，崔靈恩以為

〔註75〕皇清經解續編，冊一四，頁一〇八〇七，藝文版。
〔註76〕見儀禮士冠禮「有篚實勺角柶」下注。
〔註77〕注疏本，頁三〇六，藝文版。
〔註78〕注疏本，頁一一一，藝文版。

凡后獻皆用瑤爵不用玉爵，後儒如鄭鶚、江永、金榜、孫詒讓諸人皆從其說〔註79〕。至於爵之形制，驗諸傳世器物，大抵為深腹，前有傾酒之流，後有尖銳狀尾，一側有耳（亦名鋬，即提梁），器口上有二柱，下有三高尖足，說文鬯部所謂「象爵（即雀也）之形」也。惟玉燭寶典引周禮圖云：「爵受一升，高二寸，尾長六寸，博二寸。傅假翼。兌下，方足。畫三周其身。大夫飾以赤雲氣黃畫，諸侯加飾口足以象骨，天子以玉。」〔註80〕太平御覽卷七六〇引阮諶三禮圖亦云：「爵受一升，尾長六寸，博二寸，傅翼，兌下，方足，漆赤雲氣。」禮圖說爵制，與今所見殊異，且爵之名，定自宋人，銅器中無載其自名為爵者，故馬承源於中國青銅器云：「前人以為商周之爵是否即儀禮記載中所用之爵，尚未可知。」〔註81〕但依禮圖說，則玉爵亦刻木為之，而飾以玉；若內宰「瑤爵」，鄭注亦謂「以瑤為飾」，是也。惟明劉績三禮圖云：「玉爵，天子所用也，以金為之飾；以玉曰瑤爵，后與諸侯所用也。內宰后祼獻則贊瑤爵，是也。」而清末桑宣禮器釋名則謂「玉爵，玉為之也」〔註82〕，其說又異。以無可徵，姑備錄於此，待考。

五、醴之為用

（一）從殷商卜辭看醴之用

古人利用穀物釀酒，當以醴為最古。禮記明堂位云：「殷尚醴」，可見醴在殷商已為主要酒類。卜辭中關於醴之記載為數不少，茲舉數例於后，俾供參考：

1. 貞其乍豊，乎伊禦。（粹五四〇）
2. 癸未卜，貞：醆豊？叀出酒用？十二月。（後下八、二）
3. 丙戌卜，叀新豊用？叀舊豊用？（粹二三二）
4. 叀絲豊用，王受祐？「弜」用「絲」豊？（佚二四一）
5. 丙午卜，戊亞其尃其豊？（南明四四三）

上引諸豊字，研治殷契之學者，多讀為醴。依據斯說，則知「作豊」，即今之釀酒也。醆字，王國維以為即說文茜字之初文，作雙手奉束茅於酒尊

〔註79〕標點本周禮正義，冊二，頁五一八至五一九，北京中華版。
〔註80〕隋杜臺卿，玉燭寶典，卷一，頁九，藝文版（古逸叢書所收）。
〔註81〕馬承源，中國青銅器，頁一七二。
〔註82〕劉績三禮圖，卷三，頁七九，四庫全書本，商務版。
　　　　桑宣禮器釋名，卷一一，頁二，光緒辛丑鋳研齋刻本（中研院藏）。

之旁（甲文或从收），表示過濾之意（參見前節）。新醴即新釀之醴，舊醴即所謂陳酒也。胡厚宣於卜辭中所見之殷代農業以及張秉權殷代的農業與氣象二文中，於上列諸卜辭文例曾有徵引，並以為即用醴之祭，蓋此等祭典所用祭物，為由農作物釀造之產品〔註83〕，其義與登嘗之祭，大致相同。至於殷代是否以醴待賓客，則以卜辭簡約，莫由詳考。若以資於事人以事神之說繩之，宜當有之。

（二）從兩周彝銘看醴之用

西周彝銘關於醴之記載亦多見，但悉用之於宴饗，其與祭祀無涉：

1. 三年𤼈壺：「隹三年九月丁巳，王才奠，鄉醴，……己丑，王才句陵，饗逆酒。」

2. 大鼎：「隹十又五年三月既霸丁亥，王才𤔲侲宮，大以厥友守，王鄉醴。」

3. 穆公𣪘：「隹王初女𣲑，迺自商𠂤复還，至于周。王夕鄉醴于大室。」

4. 長由盉：「隹三月初吉丁亥，穆王在下減居。穆王鄉醴。」

5. 師遽方彝：「隹正月既生霸丁酉，王才周康寢，鄉醴。」

就筆者目力所及，姬周彝銘記王鄉醴者凡此五見。所謂鄉醴，蓋謂以醴饗之之禮，亦即設盛禮以飲賓，其所供飲料為醴也。斯與鄉酒謂以酒饗之者不同。左氏莊公十八年傳楊伯峻注曰：「饗時用醴不用酒」〔註84〕是也。穆公𣪘、大鼎、師遽方彝及三年𤼈壺四器，其年代各家之說容或不同，而長由盉銘中明載生王稱號，則屬穆王時代器，或無可疑。是據彝銘所載，饗用醴酒，至晚在西周穆王時已實行此種禮儀，蓋可確定。至其源於何時，文獻無徵，弗敢妄論。又從銘文中，雖不易考定所饗對象身分，但據文獻資料考之，則知饗醴並非通常之禮。詩小雅吉日：「以御賓客，且以酌醴」，毛傳云：「饗醴，天子之飲酒也。」鄭箋曰：「御賓客者，給賓客之御也。賓客，謂諸侯也。酌醴，酌而飲群臣以為俎實也。」〔註85〕醴為酒正五齊之一，又入於六飲，而與漿酏為類，蓋為天子饗諸侯所用，是故毛傳云「饗醴，

〔註83〕胡說見甲骨學商史論叢，頁二〇一至二〇二；張說見中國上古史（待定稿）第二本殷商編，頁二六九至二七〇，史語所出版。

〔註84〕春秋左傳注，冊一，頁二〇七，北京中華版。

〔註85〕注疏本，頁三七〇，藝文版。

天子之飲酒也」。是饗醴者，蓋以飲之醴為名，為天子宴饗諸侯之禮，說與左傳所載合。

1. 左氏莊公十八年傳：「春，虢公、晉侯朝王。王饗醴，命之宥，皆賜玉五瑴，馬三匹。」

按魯莊公十五年，曲沃武公伐晉侯緡，滅之，以寶器獻周，周釐王使虢公命曲沃武公為晉侯。於是盡併晉地。武公代晉二年卒，子獻公詭諸立，時魯莊公十七年也。是年，釐王亦崩，子惠王閬立。明年春，虢公與晉獻公相率朝王，竹書紀年云「惠王元年，晉獻公朝」是也。故王特禮之。

2. 左氏僖公二十五年傳：「夏四月戊午，晉侯朝王，王饗醴，命之宥。」

按僖公二十四年秋，狄師伐周，大敗周師，王出適鄭。冬，王使簡父告于晉，晉文公勤王。明年夏四月丁巳，送襄王入于王城，故有是饗。

3. 左氏僖公二十八年傳：「五月丁未，（晉侯）獻楚俘于王，……己酉，王享醴，命晉侯宥。」

按是年晉楚戰於城濮，楚師敗績，晉文公獻楚俘於王，襄王錫晉侯命稱伯。

上引三文，悉為王饗諸侯之例，揆其作用，二饗有功，一饗即位而朝。據此而言，則饗醴為姬周重禮，亦可知矣。曾白陭壺云：

佳曾白陭迺用吉金鐈鋚，用乍醴壺，用鄉賓客，為德無叚。用孝用亯，用匄眉壽，子子孫孫，用受大福無疆。

此器製作時代，容庚、馬承源並以為西周晚期。銘云「用作醴壺，用鄉賓客」，則壺以盛醴，且以之招待賓客，昭然可知。然則西周諸侯或卿大夫以醴宴饗賓客，蓋有明徵。

（三）從先秦文獻看醴之用

醴為五齊之一，又為六飲之一，用於祭祀，用於宴賓，殷虛卜辭、姬周彝銘，已見其大略。若就文獻資料考之，其用尤為繁瑣，大抵可歸納為以下數途：

1. 日常飲用

△ 周禮膳夫：「掌王之食飲膳羞，……飲用六清。」鄭注：「六

清：水、漿、醴、**酴**、醫、酏。」

△ 周禮酒正：「掌酒之政令，以式法授酒材。……辨五齊之名，
一曰泛齊，二曰醴齊，三曰盎齊，四曰緹齊，五曰沈齊。
辨四飲之物，一曰清，二曰醫，三曰漿，四曰酏。掌其厚
薄之齊，以共王之四飲三酒之饌，及后世子之飲與其酒。」
鄭注：「清謂醴之泲者。五齊止用醴為飲者，取醴恬，與酒
味異也。其餘四齊，味皆似酒。」

△ 周禮漿人：「掌共王之六飲：水、漿、醴、涼、醫、酏，入
于酒府。」

△ 禮記內則：「婦事舅姑，如事父母。……及所，下氣怡聲，
問所欲而敬進之，饘、酏、酒、醴、芼、羹。」

　　周禮王設膳夫掌王之食飲膳羞，設酒正掌酒之令，設漿人掌供王之六飲。
六飲者，水漿醴涼醫酏是也，六者悉為王平日之飲物。六飲自水而外，並有
清有糟，而飲以清為主，故膳夫亦謂之六清，已見前述。內則載子事父母，
婦事舅姑，晨進饘酏酒醴芼羹諸物〔註86〕，據此可以推知，醴之清者，為
周代社會各不同身分等級之人日常珍貴之飲料，蓋無可疑也。

2. 饗宴賓客

△ 周禮酒正：「掌酒之政令，……辨五齊之名，一曰泛齊，二
曰醴齊，三曰盎齊，四曰緹齊，五曰沈齊。辨四飲之物，一
曰清，二曰醫，三曰漿，四曰酏。共賓客之禮酒，共后之致
飲于賓客之禮，醫酏糟皆使其士奉之。」鄭注：「清謂醴之
泲者。五齊止用醴為飲者，取醴恬，與酒味異也。其餘四齊，
味皆似酒。」

△ 周禮酒人：「掌為五齊三酒，共賓客之禮酒、飲酒而奉之。」

△ 周禮漿人：「掌共王之六飲，……共賓客之稍禮，共夫人致
飲于賓客之禮，清醴醫酏糟而奉之，凡飲共之。」鄭注：「禮
飲醴，用柶者糟也，不用柶者清也。」

〔註86〕王夢鷗先生以為饘酏酒醴芼羹五者，為早晨食物。說見禮記今注今譯，頁四
四四，商務版。

△ 周禮小宗伯：「辨六尊之名物，以待祭祀賓客。」鄭注：「六
尊，獻尊、象尊、壺尊、著尊、大尊、山尊。」賈疏：「案
司尊彝唯為祭祀陳六彝六尊，不見為賓客陳六尊，此兼言賓
客，則在廟饗賓客時陳六尊，亦依祭禮四時所用。」〔註87〕

「共賓客之禮酒」者，賈疏云：「謂王有故，不親饗燕，傳人致酒於客
館。」按古人以醴飲賓，周禮並有明文。詩小雅吉日，美天子田獵之詩，
詩序以天子為宣王。魏源詩古微云：「吉日，田獵獲禽，宣王飲酒，以告嘉
功。」〔註88〕宣王飲群臣以醴，故詩云「以御賓客，且以酌醴」。左傳莊公
十八年春，虢公、晉獻公朝王，惠王以醴饗之。僖公二十五年夏，晉文公
朝王，襄王以醴饗之，國語晉語四亦載其事。僖公二十八年夏，晉文公獻
楚俘于王，襄王亦以醴饗之。凡此，悉為以醴待賓之實例，已見前說，茲
不贅述。國語周語上載虢文公諫宣王不籍千畝，有云：

王乃淳濯饗醴，及期，鬱人薦鬯，犧人薦醴，王祼鬯，饗醴乃行，

百吏、庶民畢從〔註89〕。

據此可知，耕籍之禮，在行禮之前，必先行饗醴，蓋王以醴酒飲群臣也。韋
昭曰：「灌鬯，飲醴，皆所以自香潔也。」其說或然。

按諸儀禮諸篇，有「禮（醴）賓」之節。凌廷堪禮經釋例卷六云：「賓
主人行禮既畢，必有禮賓，所以申主人之敬也。」又云：「凡賓主人行禮畢，
主人待賓用醴，則謂之禮。不用醴則謂之儐。」〔註90〕然則所謂「禮（醴）
賓」者，乃行禮既畢，主人待賓之禮，而用醴也。士冠禮既字之後，「請醴
賓」、「乃醴賓」，此主人禮賓也；士昏禮納采問名禮畢，「請醴賓」，此女父
禮賓也；聘禮聘享禮畢，「請醴賓」，此主國之君禮賓也。又士冠禮三加畢，
有「賓醴冠者」；士昏禮婦見舅姑畢，有舅姑使贊者醴婦；若舅姑既沒，三
月廟見後，有「老醴婦如舅姑醴婦之禮」，亦大略如禮賓之禮；其所用酒類
皆為醴。是故夏炘學禮管釋曰：「以醴敬賓謂之醴」〔註91〕，蓋皆以用醴而
以「醴」為名也。

〔註87〕注疏本，頁二九二，藝文版。
〔註88〕皇清經解續編，冊一九，頁一四七六七，藝文版。
〔註89〕標點本國語，頁一八，九思出版公司。
〔註90〕皇清經解，冊一二，頁八九四〇，復興版。
〔註91〕皇清經解續編，冊一四，頁一〇八〇七，藝文版。

3. 供作祭享

△ 周禮酒正：「掌酒之政令，……辨五齊之名，一曰泛齊，
二曰醴齊，三曰盎齊，四曰緹齊，五曰沈齊。辨四飲之物，
一曰清，二曰醫，三曰漿，四曰酏。凡祭祀，以灣共五齊
三酒，以實八尊。」鄭注：「清謂醴之泲者。」又云：「五
齊止用醴為飲者，取醴恬，與酒味異也。其餘四齊，味皆
似酒。」

△ 周禮酒人：「掌為五齊三酒，祭祀則共奉之，以役世婦。
共賓客之禮酒、飲酒而奉之。」

△ 周禮小宗伯：「辨六尊之名物，以待祭祀賓客。」鄭注：「六
尊，獻尊、象尊、壺尊、著尊、大尊、山尊。」賈疏：「案
司尊彝唯為祭祀陳六彝六尊，不見為賓客陳六尊，此兼言
賓客，則在廟饗賓客時陳六尊，亦依祭禮四時所用。」

酒正言凡祭祀，則含指天地、宗廟、社稷諸神之祭，皆有五齊三酒。禮
記禮運孔疏引崔靈恩說用酒之法云：

> 周禮，大祫於大廟，則備五齊三酒。朝踐，王酌泛齊，后酌醴齊。……
> 大禘則用四齊三酒者，醴齊以下悉用之，故禮運云玄酒在室，醴醆
> 在戶，粢醍在堂，澄酒在下。用四齊者，朝踐，王酌醴齊，后酌盎
> 齊；饋食，王酌醍齊，后酌沈齊；朝獻，王酌醴齊，再獻，后還酌
> 沈齊，亦尊相因也。……四時之祭唯二齊三酒，則自祫禘以下至四
> 時祭皆通用也。二齊，醴、盎也。故鄭注司尊彝四時祭法，但云醴
> 盎而已。用二齊者，朝踐，王酌醴齊，后亦酌醴齊；饋食，王酌盎
> 齊，后亦酌盎齊；朝獻，王還用醴齊，再獻后還用盎齊，亦尊相因
> 也〔註92〕。

是據崔說，祫備五齊，禘備四齊，時祭備二齊，醴齊俱與焉。又禮記郊
特牲孔疏引皇侃說，謂圜丘祭天備五齊，與宗廟祫祭同；祭感生帝用醴齊以
下四齊，與宗廟禘祭同；五時迎氣用醴盎二齊，與宗廟時祭同〔註93〕。是據
皇說，圜丘祭天，祭感生帝，五時迎氣，亦並用醴齊，不可或缺也。

〔註92〕注疏本，頁四一八，藝文版。
〔註93〕注疏本，頁四八一，藝文版。

至於士喪、既夕、士虞諸篇，亦皆有醴之用，惟特牲、少牢，則不用醴。究其緣由，陳祥道以為「禮之質者尚醴，文者尚酒。冠禮醴子，昏禮醴婦、禮賓，厚其親也；聘禮醴賓，厚其私覿也；士喪及虞醴神，存其養也；非此無所事醴，則用酒而已。」〔註 94〕其說或然。按醴與酒之用，有輕重貴賤之分，此由左傳所載王饗諸侯用醴例，可得而知。又儀禮冠、昏、聘、喪諸篇，皆設醴不設酒，旨在禮之質者尚醴，文者貴酒，亦為明證。禮運云：「玄酒在室，醴醆在戶，粢醍在堂，澄酒在下」，澄酒者，清酒也，人所飲者也。粢醍者，乃較恬酒更成熟之渾酒也。醴醆者，初釀成之酒也。玄酒者，水也；上古無酒，以水當之，因其色玄，故名。禮運所陳諸酒，蓋依時代先後立言。玄酒最古，澄酒最後。室為廟中鬼神所在之處，地位最尊，戶為由室至堂上之通道，地位次於室，堂之地位又次之，下指堂下，地位最卑。祭祀時，以最古之玄酒置之最尊處，而將最後釀成之澄酒設於最卑處，所謂報本還始，皆從其朔是也。鄭玄曰：「祭祀必用五齊者，至敬不尚味而貴多品。」〔註 95〕蓋以至敬不尚味，故祭祀用味薄之五齊；以三酒味厚，故為人所飲也。醴之貴於酒者，於此亦可知矣。

4. 用於賞賜

夫賞賜之事，蓋遠自殷商時代即已有之，其事除見於銅器銘文外，甲骨刻辭亦有紀錄。殷周彝銘中，記載頒賜鬯卣或卣者，屢見不鮮，而於醴則無所見，文獻資料亦未有明文。惟周禮酒正云：「掌酒之賜頒，皆有灋以行之。」酒正既掌酒之賜頒，則醴或為其中之一，蓋亦可得而說也。

六、結　語

說文解說醴从酉豐聲，豐从豆象形。由許書所錄篆體，上溯古器款識，殷虛卜辭，彼此對照，而知其說殆非古義。林澐謂「字以玉鼓之形以表達禮這一概念」〔註 96〕，說蓋可從。其字从玨从壴（鼓）以會「行禮」意，進而奉神祇之酒醴謂之醴，奉神祇之事謂之禮，初皆用豐，其後分化而為醴禮二字，各有專字可役。醴之為物，有清有糟。糟者為滓，即汁滓相將不分，未經過濾者也；清者為汁，即禮記郊特牲所謂「縮酌用茅」者是也；一入五齊，

〔註94〕禮書，卷八四，頁一二，四庫全書本，商務版。
〔註95〕見周禮酒正「凡祭祀，以灋共五齊三酒，以實八尊」下注。
〔註96〕古文字研究，第十二輯，頁一八三，北京中華書局。

一入六飲,所以供祭祀,待賓客也。

其物或盛以壺,或盛以犧尊著尊,或盛以甒瓦大;或酌以勺,或扱以柶。所以或用勺或用柶者,蓋以清糟而別也。或實以觶,或實以玉爵瑤爵;稽之三禮及相關文獻資料,每有定則可尋。醴之為用,則舉凡祭祀、待賓,賞賜,抑或日常飲用,皆有可徵。三年瘐壺「鄉醴」、「鄉酒」共存並見,由知醴與酒之用,有輕重貴賤之分,較然可見。檢諸禮文,亦多可為佐證者。儀禮冠、昏、聘、喪諸篇,皆設醴不設酒者,旨在禮之質者尚醴,文者貴酒是也。禮運云:「玄酒在室,醴醆在戶,粢醍在堂,澄酒在下」,諸酒所以如此陳列,蓋依其時代先後立言。所謂報本還始,皆從其朔是也。左傳言及饗醴者三見,悉為王饗諸侯之例,其中二饗有功,一饗即位而朝,則知饗醴為異常之禮,以醴重於酒,故漢書匡衡傳云:「適子冠于阼,禮之用醴,眾子不得與列,所以貴正體而明嫌疑也。」〔註97〕此皆醴貴於酒之明證。

附　記

一、本文初稿發表於一九九二年三月第三屆中國文字學國際學術研討會,後經增訂,且改為本題,載於《大陸雜誌》八十六卷第四期,一九九三年四月出版。

二、魯實先先生有《增訂轉注釋義》一文(一九七七年修訂,一九九二年十二月出版),謂甲文之豐,從壴從玨以構體,其說視諸家為早。本文撰成,始得先生文章,謹附識之。

三、本文獲得國科會八十一學年度第二期甲種研究獎助,謹此誌謝。

〔註97〕漢書補注,頁一四五八,藝文版。

鬯器考

壹、前　言

　　酒器之起源，當與人類開始釀酒有關。中國開始釀酒，李仰松以為始於仰韶文化，方揚以為始於龍山文化，李健民以為始於大汶口文化之早期〔註1〕，三說雖各有所據，然據出土酒器以言，至晚在大汶口早期已開始，當無疑義。蓋酒既製作，則伴隨貯藏、酌飲等需求之酒器，乃應之而產生，亦必然之事也。近百年來，地下古物大量出土，酒器之研究亦極一時之盛。惟治斯學者，多致力於器物之類別、名稱、形制、演變以及風格之發展，對酒器在殷周時之功能，鮮有專文討論。且殷周酒類，大別有三，曰鬯，曰醴，曰酒，各類所用之容器，據文獻資料所載，在大同之中亦有小異，且又每有定則，不容混淆。此者又須賴博稽經傳群籍，而始能竟其功，非止憑出土實物資料，即可得其真相者也。因嘗試利用晚近出土之實物資料，與傳世之文獻資料，就有關殷周鬯酒之容器及其相關問題，詳作探討，且命之曰「鬯器考」。

貳、擣鬯（鬱）之器

　　鬱鬯所用之鬱草，漢儒或稱為鬯草，說詳拙作「說鬯」一文〔註2〕。鬱草所用之部分，經無明文。據文獻資料所見，以用葉說為最早。此說始見於鄭司農之注周禮。春官鬱人：

〔註1〕　李仰松，對我國釀酒起源的探討，考古，一九六二、一，頁四一至四四。
　　　　方揚，我國釀酒當始於龍山文化，考古，一九六四、二，頁四一至四四。
　　　　李健民，大汶口墓葬出土的酒器，考古與文物，一九八四、六，頁六四。
〔註2〕　見第四屆中國文字學全國學術研討會論文集，大安出版社。

凡祭祀、賓客之祼事，和鬱鬯以實彝而陳之。

鄭注引鄭司農云：

鬱，草名。十葉為貫，百二十貫為築，以煮之鐎中，停於祭前。鬱
為草若蘭。

許慎說文鬱篆義訓同此。鬯部云：

鬱，芳艸也。十葉為貫，百廿貫築以煮之為鬯。

段玉裁以為周禮今本注「百二十貫」之下衍為字，其說是也。根據先鄭之說，
和鬯酒所用之鬱草，其數量有定，乃以千二百葉之鬱葉為之。其作法，是先
將百二十貫之鬱葉擣碎，然後置於鐎中烹煮，而成鬱汁，以為和鬯酒之用。
鬱葉既須經過築擣，則必當有築擣之器。

按鬱鬯所用，除用鬱葉一說之外，尚有用其華，與用其根莖二說。據前
儒對詩大雅旱麓「黃流」一詞之詮釋，以及歷代本草與現代植物學者之研究，
典籍「鬱鬯」，其製作所用之鬱草，係其根莖，非鬱葉，亦非鬱華。說詳拙作
「說鬱」鬯酒用鬱當用其根乙節，茲不贅述。

據典籍所見，築擣之器，則有臼、有杵。禮記雜記：

暢，臼以椈，杵以梧。

鄭注云：

所以擣鬱也。椈，柏也。

孔疏云：

暢謂鬱鬯也。臼以椈，杵以梧者，謂擣鬯所用也。椈，柏也。梧，
桐也。謂以柏為臼，以桐為杵，擣鬱鬯用柏臼桐杵，為柏香桐潔白，
於神為宜。〔註3〕

陸德明禮記釋文云「鬯，本亦作暢」〔註4〕。按鬯暢古通用，爾雅釋木「柏
椈」，郭注引此文正作鬯。漢儒或稱鬱為鬯，此鬯即謂鬱草，非謂鬱鬯也。
擣鬱之臼，以柏木為之；擣鬱之杵，以梧桐木為之。所以必用柏梧者，孔穎
達謂「柏香桐潔白，於神為宜。」按柏有脂而香，其性堅緻，材理最美。陸
佃埤雅云：「柏，一名椈，雜記所謂暢臼以椈是也。柏性堅緻，有脂而香，
故古人破為暢臼，用以擣鬱。」〔註5〕孔、陸說用柏臼桐杵以擣鬱之故，理

〔註3〕 禮記注疏，頁七二四。藝文印書館。
〔註4〕 陸德明，經典釋文，通志堂經解本，冊四，頁二二七三七。大通書局。
〔註5〕 陸佃，埤雅，卷十四頁五。商務印書館。

或然也。

又據周禮所載，宗廟祭祀，用以灌神之鬱鬯，其和鬯所用之鬱汁，並非在祭前一日即已築煮完成，而是於將行祼禮之際，始行擣煮者也。其禮賓客所用亦然。羅願爾雅翼云：

> 先王以鬱為香物，久則失其芬芳，故至時旋取以和鬱，則色香俱新潔芬香調達。故肆師職言「及祼，築煮」，「大賓客涖筵几，築煮」，則祭之入鬱，在臨祼之時，而賓客入鬱，在已陳筵几之後，其序可見矣。此亦新尊絜之之義也〔註6〕。

羅說祭之入鬱，在臨祼之時，而賓客入鬱在已陳筵几之後，蓋可採信。禮記郊特牲云：「周人尚臭，灌用鬯臭。鬱合鬯。」臭者，謂香氣也，亦即謂鬱也。尚臭者，蓋據祭時言，若於祭前一日，則不合尚臭之義〔註7〕。

築煮之職，則由禮官之屬肆師所掌。周禮春官肆師云：

> 大祭祀，……祭之日，表齋盛，告潔。展器陳，告備。及果，築鬻。

又云：

> 大賓客，涖筵几，築鬻。

果為祼之假借。孫詒讓周禮正義云：「及果，築鬻者，謂當有祼者，此官則築鬱煮之，以授鬱人，使以和鬯而實彝也。」〔註8〕是擣鬱然後置於鐎中烹煮，而成鬱汁者，蓋肆師之職也。

參、煮鬱及盛鬱之器

一、煮鬱之器

煮鬯（鬱）之器具，其可考見者，蓋以鄭司農之說為最早。周禮鬱人鄭注引鄭司農云：

> 鬱，草名，十葉為貫，百二十貫為築以煮之鐎中，停於祭前。

先鄭說鐎可用為煮鬱，經傳無明文，且殷周青銅器中，亦未有自名曰鐎之器。容庚殷周青銅器通論以為博古圖三螭盉以下八器，雖然稱之為盉，但與著盉名之盉不甚相似。因據目驗，以漢富平侯家溫酒鐎之形制，與諸器相類，故改稱為鐎，以別于盉〔註9〕。又商周彝器通考著錄戰國時期鐎器四

〔註6〕 羅願，爾雅翼，卷一，頁一七、一八。
〔註7〕 參見黃以周禮書通故，頁四四六。
〔註8〕 孫詒讓，周禮正義（標點本），冊六，頁一四七三。北京中華書局。
〔註9〕 容庚、張維持，殷周青銅器通論，頁四七。文物出版社。

件，一件無提梁，餘皆三足，有流，有提梁，有蓋，容氏以為其用乃以溫酒〔註10〕。

　　按說文金部：「鐎，鐎斗也。」史記李將軍傳作刁斗，玄應一切經音義卷十五引聲類、廣韻四宵鐎字下〔註11〕，亦並以鐎為刁斗。是鐎、鐎斗、刁斗三者，蓋為一物之異名也。司馬貞史記索隱引埤倉云：「鐎，溫器，有柄，斗似銚，無緣。」〔註12〕梁顧野王玉篇卷十八：「鐎，溫器，有柄也。」廣韻四蕭云：「鐎，溫器，三足而有柄。」一切經音義卷十五引聲類云：「鐎，溫器也，有柄。」引字林云：「鐎，容一斗，似銚，無緣。」〔註13〕又引韻集云：「鐎，溫器也，三足，有柄。」〔註14〕據上所引，則知鐎斗為一種溫器，斗下用三足架空，可以加火以烹煮食物。宣和博古圖著錄漢熊足鐎斗、龍首鐎斗二件〔註15〕，前者有蓋，皆三足而有流，有柄。三足有柄，正與載籍所言合。有流，所以便以傾倒流汁也。又陶齋吉金錄箸錄有漢中尚方鐎斗一器，銘文云：「建始二年六月十六日，中尚方造鐎斗，重三斤九兩，容一斗。」〔註16〕此器自名為鐎斗，亦有柄有流三足，此乃傳世鐎斗，名實可徵驗者也。

　　宋趙希鵠洞天清錄「刁斗鐎斗」條下云：「大抵刁斗如世所用有柄銚子，宜可炊一人食，即古之刁斗。若鐎斗（按四庫本鐎誤作鐎）亦如今有柄斗，而加三足。蓋刁鐎皆有柄，故皆謂之斗。刁無足，而鐎有足爾。」〔註17〕趙說刁斗無足，鐎斗有足，此以足之有無而分別，說又有異。

　　考古學報一九九二年第四期載儀徵張集團山西墓一號墓，出土鐎盉一件，扁球形腹，腹中部有一道凸棱，直口，有蓋，盉身一側出一獸頭流，與流夾角呈九十度處有一長柄。盉下有三矮蹄足〔註18〕。錄以存參。

〔註10〕容庚，商周彝器通考，上冊，頁三九〇，下冊附圖四八九至四九二。哈佛燕京學社。

〔註11〕玄應，一切經音義，冊四，頁七一一，叢書集成簡編本。商務印書館。廣韻，頁一四八。藝文印書館。

〔註12〕司馬遷，史記，卷一〇九，頁三。

〔註13〕一切經音義引字林，見頁七一一。

〔註14〕一切經音義引韻集，見頁七二六。

〔註15〕宣和博古圖，卷二〇，頁六、七，四庫全書本。商務印書館。

〔註16〕陶齋吉金錄，頁一三。

〔註17〕趙希鵠，洞天清錄，頁二五，四庫全書本。商務印書館。

〔註18〕考古學報，一九九二年，第四期，頁四八九。

二、盛鬱之器

搗煮後之鬱汁，盛於何種容器，經無明文。周禮但言肆師築鬱，鬱人和鬯實於彝，而漢儒亦未有說。稽之西周金文，則知鬱汁盛以卣，或盛以壺：

> 叔趯父卣：「余兄為女絲小鬱彝。」（考古一九七九、一）
> 孟載父鬱壺：「孟載父乍鬱壺。」（三代一二、八、一）

鬱彝者，盛鬱（汁）之彝器也；鬱壺者，盛鬱（汁）之壺也。此猶觴仲多壺、伯庶父壺、鄭楙叔賓父壺、白公父壺、曾白陭壺諸器所云之「醴壺」，謂用以盛醴酒之壺也。蓋鬱為草名，而築以煮之之鬱汁，亦以「鬱」名焉。器既自名鬱壺，鬱彝，則其為容盛鬱汁之器，亦較然可知。彝者，禮器之總名，故卣亦以彝稱，此所以叔趯父卣，其器為卣，而銘云彝也。

肆、和鬱鬯之器

周禮鬯人、鬱人別為二職，鬯人掌未和鬱之秬鬯，鬱人則和之以肆師所築煮之鬱汁，是為鬱鬯。考之典籍，以及漢儒經說，鬱人用以和鬱與鬯之器，皆無明文。傳世殷周禮器中，有不見於禮經，而自名曰盉者，宋人雖知盉為器名，但拘於許書之言，而不知其為酒器也。

說文皿部：「盉，調味也。从皿禾聲」。宋董逌廣川書跋引說文「調味」下有「器」字，且謂禮經改盉為鑊，盉即煮薦體之器。盉中肉熟，則自盉以升於鼎。說詳盉銘條〔註19〕。呂大臨考古圖箸錄盉器四件（前二件並題曰鬲），且說其用云：「蓋整和五味以共調。」按廣韻八戈盉下云「調五味器」，呂說或即本此。宣和博古圖卷一九箸錄商周盉器一十四件，云盉為盛五味之器，又引說文以為調味之器。除此而外，續考古圖亦箸錄二件，惟不言其器用。是知宋人雖明白盉為器類，然皆泥於說文說解，以其為調味之器。

端方嘗得銅禁於陝西寶雞，上列諸酒器，有尊一、卣二、爵一、觚一、觶四、角一、斝一、盉、勺二，不雜他器。王國維據以撰「說盉」一文，以為若盉為調味之器，則宜與鼎鬲同列，不當廁於尊卣諸酒器中，且據禮經設尊之法，以及周禮司尊彝所言沛酒之事，詳加論證，因謂「盉者蓋用以和水之器，自其形制言之，其有梁或鋬者，所以持而蕩滌之也。其有蓋及細長之喙者，所以使蕩滌時酒不泛溢也。其有喙者所以注酒於爵也。然則盉之為用，在受尊中之酒與玄酒而和之，而注之於爵。若以為調味之器，則失之遠矣。」

〔註19〕董逌，廣川書跋，卷二，頁一一，四庫全書本。

（詳見觀堂集林卷三）王說盉為調和玄酒與酒之器，用以節制酒之濃淡者也。容庚商周彝器通考據引王說，而又有補充，以為盉有三足或四足，又兼溫酒之用〔註20〕。日人林　巳奈夫則以為盉是煮鬱器，將鬱金煮汁，再與鬯酒混合所使用之器皿〔註21〕。

　　夫古器一物數用，檢諸典籍，不乏例證。蓋每一種器物之製作，固有其主要用途，但施用日久，亦不妨有借為他用之時，此為器用之擴大也。是故盆以盛水，而亦所以盛血，見周禮牛人「共其牛牲之互與其盆簝以待事」注；亦以為炊器，見禮記禮器「夫奧者，老婦之祭也，盛於盆，尊於瓶」注。匜為沃盥器，而亦為酒漿器，見禮記內則「敦牟卮匜，非餕莫敢用」注。是知盉器之為用，兼有數種功能，當無疑義。容氏以為又兼溫酒器，林氏以為盉為煮鬱器，蓋據盉有三足或四足以言。器有足，於其下適合加熱，此理之當然。然若必以有足之器皆為溫，則是有未必然也。若爵之為器，研治銅器之學者，多列之溫器類中，然載籍所見，爵者為酌酒而飲之器，其為溫酒之用者，未獲一覯，即為明證。是故馬承源於中國青銅器一書，云：

　　　或以為盉有三足或四足，兼溫酒之用。這在初期的袋足盉或有此可能，而多數的盉足不過是器形的支承方式，多不作溫酒之用〔註22〕。

馬說「多數盉足不過是器形的支承方式」，誠為中肯之論。是凡酒器之三足或四足者，其足有專為支承器體者，蓋亦可以推知也。

　　許書盉訓調味，此為調盉五味之盉，䰜部鬻下云「五味盉羹也」，通作「和」，說文鼎下云和五味之寶器，詩商頌烈祖「亦有和羹」，是其例。今則和行而盉廢矣。說文段注：「調味必於器中，故從皿。古器有名盉者，因其可以盉羹而名之也。」段說器所以取名為盉之故，甚為明白。實則盉器用於調味，自亦可用於調酒之厚薄，亦可用於和鬱與鬯。盉之為用，固以調和為其主要功能，此蓋塙然可知。至於西周中、早期以後至戰國期間，盉與盤相配，而為注水之器〔註23〕，此亦為兼具之功能，蓋隨時代而施用有異也。盉之形制，大抵為碩腹而斂口，前有流，後有鋬，上有蓋，下有三足或四足。就其造型設計而言，正適合搖晃液體，而為調和之器。然則周禮鬱人用以調

〔註20〕容庚，商周彝器通考，上冊，頁三八五。

〔註21〕林　巳奈夫，殷周時代青銅器の研究，頁六六。

〔註22〕馬承源，中國青銅器，頁二四四。

〔註23〕見張臨生，說盉與匜——青銅彝器中的水器，故宮季刊一七、一，頁二五至四〇。

和鬱汁與秬鬯之器，其為酒器中之盉，蓋憭然而無疑也。中國青銅器一書綜合商代早期以迄戰國早期之盉型器，據其基本形式，凡析分為二十九類，詳見其書，茲不贅述。

伍、盛鬯及承彝之器

一、盛鬯之器

甲、盛鬱鬯之器

（一）雞　彝

周禮春官司尊彝：

> 春祠夏禴，祼用雞彝、鳥彝，皆有舟。秋嘗冬烝，祼用斝彝、黃彝，皆有舟。凡四時之閒祀追享朝享，祼用虎彝、蜼彝，皆有舟。

鄭注云：

> 雞彝、鳥彝，謂刻而畫之為雞鳳皇之形。

按禮記明堂位云：「灌尊，夏后氏以雞彝，殷以斝，周以黃目。」（斝即斝彝，黃目即黃彝），而司尊彝謂周用雞彝、斝彝，是周人宗廟祭祀，兼用夏商之灌尊也。

孫詒讓周禮正義云：「刻謂刻木也。凡此經彝尊，依鄭義皆刻木為之而加畫飾。唯大尊為瓦尊，無畫飾，與諸尊異。」〔註24〕孫說是也。鄭云蓋謂刻而畫之為雞形、鳳皇之形，著於尊腹之上，是乃刻畫之文，非彝形肖雞、肖鳳皇也。聶崇義三禮圖云：「雞彝，受三斗，口圓徑九寸，底徑七寸，其腹上下空徑高一尺，足高二寸，下徑八寸。其六彝所飾，各畫本象，雖別其形制，容受皆同。」〔註25〕據聶圖，六彝形制所異者，乃其所飾本象之不同，容受則無異焉。

按魏太和中，魯郡於地中得齊大夫子尾送女器，有犧尊，作犧牛形，王肅據以說犧尊、象尊為象犧牛及象之形。晉永嘉賊曹嶷於青州發齊景公冢，又得二尊，形亦為牛象；宋宣和博古圖所寫犧尊亦作犧牛形，並合王肅之說。故洪邁容齋三筆亦據以為說，且謂「鄭司農諸人所云，殊與古製不類」，乃是「目所未睹，而臆為之說」也。此蓋皆得之目驗，不同於耳聞。說詳拙作殷周禮制中醴及醴器研究一文。惟雞彝、鳥彝之說，學者多宗鄭玄刻而畫之為

〔註24〕孫詒讓，周禮正義（標點本），冊六，頁一五二五。北京中華書局。
〔註25〕聶崇義三禮圖，卷一四，頁一。通志堂經解本。

雞、鳳皇之形，而無異辭。晚近古物相繼出土，銅器研究極一時之盛，古器飾以雞鳳皇之形者，乃普遍之繪飾，非祼尊所獨有。遂疑鄭玄或因未見其物，或雖見其物而不識，故有斯說。徐中舒說尊彝一文，於司尊彝六彝鄭注嘗有徵引，而云：

> 按此所釋與現存銅器多不合。蓋刻畫諸形之飾如雞鳳皇形，舊圖中多稱為夔鳳紋，虺形舊多稱為蟠虺紋或夔龍紋，皆為銅器中最普遍之繪飾，並非祼用之彝所獨有。故就銅器言之，除黃彝斝彝外，與其以為象刻畫之飾，不如謂象全體之形。以遺物言，銅器中有雞鳥虎蜼諸形之器。此三方面既如是相一致，此即雞鳥虎蜼諸彝象此諸物之形之最可依據之佐證〔註26〕。

按實物有雞鳥諸形之器，雞鳥形飾乃銅器普遍之紋飾，徐氏據此以論雞彝、鳥彝宜為象雞或象鳥形之物，其說是也。徐氏又云：

> 按器物之以雕鏤繪飾為名者，如琱戈琱戟畫轉畫輵（見於金文）敦弓鏤簋，初不必縷舉其雕鏤繪畫之物。其以雕鏤繪飾之物為名者，如旗幟有鳥隼龜蛇龍象及狼頭纛等，貨幣有龍幣馬幣龍洋鷹洋之類，皆必須資其雕鏤繪飾以為識別之物。至普通用具，如龍勺虎符魚鑰龍舟龜鈕獸環，大致皆就其所象之形而言。故此尊彝中犧象雞鳥諸名，皆應釋為象犧象雞鳥諸形之物〔註27〕。

按古人制器尚象，命名取義，必富有深意，名尊曰犧曰象，名彝曰雞曰鳥，則必有類乎犧象雞鳥之禮器在焉。所謂「先王制器，或遠取諸物，或近取諸身」（陳祥道禮書語），犧尊、象尊、雞彝、鳥彝遠取諸物也。徐說尊彝中犧象雞鳥諸名，皆應釋為象犧象雞鳥諸形之物之緣由，較然明白。據出土實物，其形制象鳥獸形之酒尊，若牛羊象虎雞鳥諸形，見於箸錄者不下數十器，可為佐證。

　　鄒衡在夏商周考古學論文集「試論夏文化」一篇中，根據地下出土材料，對「雞彝」一物之出現及其演變情形，考證論述甚詳。以為雞彝此種灌尊，便是夏文化中常見之封口盉，「像一只黑色或灰色的雄雞」，亦即龍山文化中常見之紅陶鬶，「像一只伸頸昂首，佇立將鳴的紅色雄雞」，「它們可能都是由共同的祖型大汶口文化的雞彝發展來的」。在早商文化中，雖不見有陶雞彝，

〔註26〕徐中舒，說尊彝，史語所集刊第七本第一分，頁七六至七七。
〔註27〕徐中舒，說尊彝，史語所集刊第七本第一分，頁七五。

但銅雞彝仍然存在，形制則悉仿自夏文化之封口陶盉。〔註28〕其後黃士強先生撰中國新石器時代的鬹與盉一文，對鬹與盉之發生、演變以及二者之關係討論尤為詳盡〔註29〕。

按由鬹而盉，其演變發展過程，鄒、黃二氏論述甚為清楚，蓋可據信。惟鄒氏所謂銅雞彝，實即盛行於殷商晚期至西周之「盉」器，是周禮司尊彝所云灌尊之雞彝，是否即為酒器中之「盉」，蓋大有可疑。據上所述，實物中有雞鳥諸形之器，而犧尊象尊既為象犧象之形，虎彝蜼彝亦為象虎蜼之形，則雞鳥亦當為象雞鳥之形，蓋非無據也。

周世宗廟祭祀，祼獻必用彝尊，所用不同，則其名亦異。故宋儒說經，皆以為周人四時祭祀，所用彝，各有其義。鄭鍔曰：「祼獻必用彝尊，非苟以為盛彝齊之器而已。各因時而用之，時不同則器不同，各因時以明義也。」〔註30〕鄭說以為尊彝之所用，蓋因時與事以致其義，意甚明白。春祠所以用雞彝為灌尊者，王昭禹周禮詳解云：

> 春者，時之始，而雞以其司晨而木之屬，故用雞彝。

又云：

> 春夏者用動之時也，故皆象以動物，秋冬者靜之時也，故皆象以靜物，祫禘則有合四時之義，故一以靜物也。」

陳祥道禮書云：

> 先王制器，或遠取諸物，或近取諸身，其取之也有義，其用之也以類。雞鳥虎蜼之彝，取諸物也。斝耳黃目，取諸身也。春祠夏禴，彝以雞鳥，以雞鳥均羽物也。秋嘗冬烝，彝以耳目，以耳目均人體也。追享朝享，彝以虎蜼，以虎蜼均毛物也。夫雞東方之物也，仁也。鳥南方之物，禮也。此王者所以用祠禴也〔註31〕。

按王、陳說春祠用雞彝之義，是否符合周人之初意，固難揣知。蓋六彝形制，漢儒箋注，既已不能無誤，則後人據其說，而欲窺其究竟，其不易亦可知之矣。

〔註28〕參見鄒衡夏商周考古學論文集，頁一四九至一五二。文物出版社。
〔註29〕黃士強，中國新石器時代的鬹與盉，臺灣大學文史哲學報，第二六期（一九七七、一二）。
〔註30〕鄭說見王與之周禮訂義卷三四頁三引。四庫全書本。
〔註31〕王昭禹，周禮詳解，卷一八，頁一九、二〇。四庫全書本。
　　　　陳祥道，禮書，卷九五，頁一二、一三。四庫全書本。

（二）鳥　彝

周禮春官司尊彝：

　　春祠夏禴，祼用雞彝、鳥彝，皆有舟。

鄭注云：

　　雞彝、鳥彝，謂刻而畫之為雞鳳皇之形。

賈疏云：

　　案尚書「鳴鳥之不聞」，彼鳴鳥是鳳皇，則此鳥亦是鳳皇也

　　〔註32〕。

　　據鄭注，鳥彝者，蓋刻畫鳳皇形於尊上以為飾。聶崇義三禮圖畫彝腹為鳳皇之形，且於雞彝圖下云：「雞彝，受三斗。口圓徑九寸，底徑七寸，其腹上下空徑高一尺，足高二寸，下徑八寸。其六彝所飾，各畫本象，雖別其形制，容受皆同。」是鳥彝之制度容受一同雞彝，惟所飾有異耳。按鄭康成謂雞彝刻雞形，鳥彝刻鳳皇形，其說之不足以據，已論於前，茲不更述。聶氏禮圖因之，於尊彝之形制，亦未能分別，但以所繪雞鳥虎蜼而異其名。後之學者固守鄭說，以為「此為刻畫之文，非彝形肖雞、鳳皇也」（黃以周禮書通故語）。今據出土實物以驗，乃知其說非其實，而後儒憑箋注以臆定器物之形狀者，亦可賴以訂正焉。

　　若夫夏禴之彝，所以飾以鳥者，王昭禹周禮詳解云：「夏以五行為火，而鳥火屬也，故用鳥彝。」又云：「春夏者，用動之時也，故皆象以動物。」陳祥道禮書云：「鳥，南方之物，禮也。此王者所以用禴也。」鄭鍔以為「鳥，鳳也。夏為文明，而鳳具五色，文明之禽也。」〔註33〕。姑述之於此，以備參考。

（三）斝　彝

周禮春官司尊彝：

　　秋嘗冬烝，祼用斝彝、黃彝，皆有舟。

鄭注引鄭司農云：

　　斝讀為稼。稼彝，畫禾稼也。

賈疏云：

〔註32〕周禮注疏，頁三〇七。

〔註33〕王說見周禮詳解卷一八頁一九，陳說見禮書卷九五頁一二，鄭說見王與之周禮訂義卷三四頁三引，並四庫全書本。

斝讀為稼，稼彝，畫禾稼也者，以諸尊皆物為飾，今云斝於義無取，
故破從稼也。

禮記明堂位曰：「爵，夏后氏以璇，殷以斝，周以爵。」又曰：「灌尊，
夏后氏以雞夷（彝），殷以斝，周以黃目。」按明堂位爵，殷以斝，灌尊，殷
以斝，則斝為尊名，而亦以為爵名，是一名而異制也。若詩大雅行葦所謂奠
斝者，爵也，為飲酒器；司尊彝所謂斝彝者，尊也，為盛酒器，亦即明堂位
所云灌尊之斝。故段玉裁周禮漢讀考云：

明堂位：「爵，夏后氏以璇，殷以斝，周以爵。」又曰：「灌尊，夏
后氏以雞彝，殷以斝，周以黃目。」大鄭嫌尊與爵同名，故易其字
曰稼，釋之曰畫禾稼也。說文斗部曰：「斝，玉爵也。夏曰璇，殷曰
斝，周曰爵。從斗門，象形，與爵同意。或說斝受六升。」或說蓋
謂斝彝也。爵受一升。說文系部引周禮作斝彝〔註34〕。

段說許書斝篆或說斝受六升，蓋謂斝彝，斝爵則受一升，其說是也。明堂位
「斝爵」，鄭注亦云「斝，畫禾稼也」。然則司尊彝斝彝為祼尊，與斝爵雖殊
器，而畫禾稼則一。蓋二者或以所受容量不同而殊其器也。

先鄭謂斝讀為稼，稼彝，畫禾稼也者，蓋以斝為稼之假借，謂畫嘉禾於
尊，因以為尊名。後之為禮圖者篤守其說，莫之或易。然驗之實物，則殷周
之斝，其紋飾多見饕餮雲雷，夔龍鳳鳥，以及幾何紋樣，未見嘉禾為飾。蓋
以斝稼同音，故爾謬為曲說。而鄭玄或因未見其物，或雖見其物而不識，乃
襲先鄭之誤說。

斝之名屢見於三禮，但遺器中並無自名為斝者。今日通稱之斝，其形制
與甲骨文字形相似。字於卜辭作𣂏，或从𠬞作𣂏，象手持之之形。就出土及
傳世實物言之，斝似爵而體高大，口圓而侈，無流及尾，此異於爵。上有兩
柱，下具三足（亦有四足者），中有一鋬，平底，甲文正象其形。說文斝篆從
門者，乃𠬞形之訛，從斗者，當是後世所增。陳祥道據左傳昭公七年燕人以
斝耳賂齊，因謂斝有耳〔註35〕，其說不誤。斝耳即斝也。所謂斝有耳者，蓋
指其一鋬言，非指其兩柱也。黃以周禮書通故云「斝，左傳謂之斝耳」，是矣。
然又云「斝有兩耳，其形如斗」，則未得其實也〔註36〕。

〔註34〕段玉裁，周禮漢讀考，皇清經解，冊九，頁六八八四。
〔註35〕陳祥道，禮書，卷九五，頁一一。
〔註36〕黃以周，禮書通故，下冊，頁一〇九七。華世出版社。

禮經言及酒器，每以散與角連文，或斝與角連文。五經異義引韓詩說五
爵，有爵、觚、觶、角、散而無斝（見詩周南卷耳疏）。今傳世古酒器，唯有
斝而無散，是以羅振玉據殷虛刻辭以訂正許書斝篆說解，及經典散字之形誤。
其言曰：

> 古散字作𣂅，與𢼜字形頗相近，故後人誤認斝為散。韓詩說諸飲器
> 有散無斝，今傳世古酒器有斝無散，大於角者惟斝而已。諸經中散
> 字，疑皆斝之訛〔註37〕。

王國維據其說，更驗以端方藏禁上有此三足、兩柱，有鋬器，必為酒器，並
列舉五證以說明三禮中之散即為斝，故知斝、散實為一器。其言詳見說斝一
文，茲不贅述。其後容庚商周彝器通考復申其說，於是斝為酒器，而諸經所
載飲器之「散」，皆為「斝」字之訛，乃為學者所據從。惟容氏以為「斝有三
足，且多中空，其用處是以溫酒，與角、爵同」〔註38〕，其說殆有斟酌商搉
之處。蓋三足或四足器，適宜置火於其下以烹煮，其理或然。惟據文獻資料
所見，斝（散）但用為盛酒之器，或用為飲酒之器。是據其形制，或憑實物
腹下有煙炱痕跡，輒謂必為溫器，蓋未必符合文獻之所載也。

（四）黃　彝

周禮春官司尊彝：

> 秋嘗冬烝，祼用斝彝、黃彝，皆有舟。

鄭注：

> 鄭司農云：「黃彝，黃目尊也。明堂位曰：『夏后氏以雞彝，殷以
> 斝，周以黃目。』」玄謂黃目，以黃金為目。郊特牲曰：「黃目，
> 鬱氣之上尊也。黃者中也，目者氣之清明者也。言酌於中而清明
> 於外。」

先鄭云黃彝謂黃目尊，蓋依禮記明堂位文。明堂位曰：「灌尊，周以黃
目」，是黃彝即黃目也。而郊特牲「黃目」，鄭注亦云黃彝也。後鄭釋黃目
云「以黃金為目」者，郊特牲孔穎達疏云：「以黃金鏤其外以為目，因取名
也。」〔註39〕引郊特牲文，即所以解黃為目之義。聶崇義三禮圖以為六彝形
制容受皆同，惟所飾各畫本象為異耳。故其黃彝圖畫人目於尊腹，而通漆以金

〔註37〕羅振玉，增訂殷虛書契考釋，卷中，頁三七。藝文印書館。
〔註38〕見殷周青銅器通論，頁四五。文物出版社。
〔註39〕禮記注疏，頁五○三。

漆〔註40〕，蓋以鄭說黃金為目之目為人目也。

據郊特牲孔氏申義，云「以黃金縷其外以為目」，未嘗指言人目。詩卷耳孔疏引異義毛詩金罍說：「金飾龜目。」〔註41〕，說文木部㯡下云：「龜目酒尊，刻木作雲雷象，象施不窮也。罍，㯡或從缶。」故徐鍇說文繫傳曰：「龜目所以飾畫也，若今禮尊有黃目是也。」陸佃埤雅亦曰：「舊圖黃目尊畫人目而黃之，人目不黃，無理。許慎云：龜目黃，亦以其氣之清明。然則黃目宜畫龜目如慎說。」〔註42〕後之學者，若王筠之說文句讀、黃以周之禮書通故，並以為黃目宜畫龜目如慎說〔註43〕，而林昌彝三禮通釋亦以為「畫龜目亦通」〔註44〕。

按黃目，不論指言人目或龜目，驗諸現存銅器，殆有未盡切合。蓋刻畫諸形之紋飾，商周銅器大多以饕餮紋（俗稱獸面紋）為主，其次為夔龍紋、鳳紋等，雷紋則多為襯托背景。所謂饕餮，即各種獸類之顏面。一般著重在眼睛，多作球狀凸出，正中瞳孔下凹。先儒所釋黃目，似為以金塗飾獸面形飾之兩目，殆即指此。此者蓋為銅器中最普遍之紋飾，實非祼尊所擅有。斯說之不足以據信，蓋亦可知也。

數十年來，銅器時有所出，學者據以訂正先儒「黃目」解說之失者，據筆者目力所及，則首推徐中舒。徐氏嘗撰古代狩獵圖象考，始亦以銅器中最常見之獸面圖案（饕餮），謂即周禮司尊彝所謂之黃彝〔註45〕。惟後又撰說尊彝一文，則改前說，以為黃彝之黃即為觵之省，其器即象兕牛角形。其言曰：

> 斝彝即斝，或稱為散。黃彝之黃疑為觵省。說文「觵兕牛角可以飲者也」，俗作觥，其器即象兕牛角形。本所在殷墓中發掘所得，有其物，但係銅製。甲骨文有象角形酒器者，其文作𣆶，形與目字形似，故禮經又謂之黃目。此兩彝皆酒器，亦為鬱彝之用〔註46〕。

其次劉節以為黃目即黃犢，亦即所謂蝸牛。其於釋彝一文曰：

〔註40〕聶崇義，三禮圖，卷一四，頁二。

〔註41〕毛詩注疏，頁三四。

〔註42〕陸說見章如愚群書考索卷四五頁二引。四庫全書本。

〔註43〕王說見說文解字詁林，冊七，頁二五五五。黃說見禮書通故，下冊，頁一〇九二。華世出版社。

〔註44〕林昌彝，三禮通釋，卷一三二，頁六。

〔註45〕徐中舒，古代狩獵圖象考，頁五八八。

〔註46〕徐中舒，說尊彝，史語所集刊，第七本，第一分，頁七七。

周禮司尊彝六彝中五樣，已不離動植物之名，這黃目鄭康成便說以黃金為目。我以為黃彝既可以稱黃目，必非佩璜之璜。此黃目必定為獸類之俗名，而黃彝之黃，也必定是借字。」〔註47〕

又於釋贏一文云：

蝸牛，古稱黃犢，兩目，實即兩角。所謂黃彝者，蓋黃犢彝也。鑄鼎象物，古有其事。〔註48〕

其後鄒衡撰試論夏文化一文，以為黃目即盉，係周人一直使用之灌器。其言曰：

盉為什麼又叫黃目？我們很懷疑是否指盉的饕餮紋而言。例如臣辰盉的腹上有二目橫列而凸出于器表，黃目或即橫目。禮記郊特牲孔疏云：「黃彝，以黃金鏤其外以為目，因取名也。」西周銅盉固然無用黃金鑲嵌者，但青銅的本色卻是黃褐的〔註49〕。

按以上三說，劉氏謂黃目即黃犢，亦即俗謂之蝸牛。其說殆不足採信。蓋象蝸牛之酒尊，不止文獻資料無徵，即是傳世或出土實物亦未有證驗。鄒衡於試論夏文化一文中已駁之矣。鄒氏謂黃目即周人一直使用之盉，此說殆亦無強有力之證據。且據司尊彝，周人灌尊有斝，其紋飾亦如盉器有饕餮紋。是以銅器中常見之紋飾，作為某一器物之專名，蓋非制器取名之道也。徐氏謂黃彝之黃疑為觵省，於三說中，雖似較為近理，然亦有可疑之處。

徐說「其器即象兕牛角形，本所在殷墓中發掘所得，有其物，但係銅製」，此即史語所發掘安陽西北崗所得角形器。西清續鑑卷十二亦箸錄一器，定名為兕觥，形似牛角，與安陽所得形狀相類，惟失蓋耳，並與聶崇義三禮圖所繪相合。孔德成於一九六四年在東海學報第六卷第一期發表說兕觥一文，謂西清續鑑定角形酒器為兕觥不誤。其後屈萬里於一九七一年，在史語所集刊第四十三本第一分，亦發表兕觥問題重探一文，肯定孔氏之說，並以為此類器，即詩經屢言之兕觥也。按詩周南卷耳：「我姑酌彼兕觥」，孔疏引禮圖云：「觥大七升，以兕角為之。」周禮地官閭胥：「掌其比觵撻罰之事」，鄭注云：「觵用酒，其爵以兕角為之」，孔疏云：「知其爵以兕角為之者，見詩云『兕觵其觓』，故知用兕牛角為觵爵也。」是據文獻資料與出土實物相印證，知

〔註47〕劉節，釋彝，古史考存，頁一六九。
〔註48〕劉節，釋贏，古史考存，頁三四七。
〔註49〕鄒衡，夏商周考古學論文集，頁一五六。文物出版社。

孔、屈二氏以角形酒器為兕觥，蓋確然可信。惟黃目為盛鬱鬯之器，而證之載籍，兕觥為飲酒器，非盛酒器，孔、屈二氏於文中，已詳言之矣。故徐氏以黃目謂即角形酒器之兕觥，其說可通，而其用途則不合也。

阮元積古齋鐘鼎款識卷五箸錄子燮兕觥一銘，且記其形云：「器制如爵而高大，蓋作犧首形，有兩角。」又云：「其制無雙柱，無流，同於角；有三足，同於爵。」是阮氏蓋以形制似爵，而蓋作犧首形之酒器，名之曰兕觥。檢諸考古圖、博古圖二書，俱無兕觥之名。續考古圖著錄兕觥二器，而宣和博古圖皆以匜名之〔註 50〕。王國維嘗為說觥一文，以為阮氏所錄子燮器，為角而非兕觥，且辨觥與匜之異同。文中謂自宋以來，所謂匜者有二種。其一器淺而鉅，有足而無蓋，其流而狹長者，此為匜。其一器稍小而深，或有足或無足，而皆有蓋，其流侈而短，蓋皆作牛首形，估人謂之虎頭匜者，即兕觥也。並列舉六證以證成其說。自王氏此說出，雖有疑其後一類器是否可以定名為兕觥，不無疑問。但在目前材料不足，未能確定其名之前，學者亦多姑從其說，而以「匜之器小而深，蓋作牛首形」者，名之曰觥〔註 51〕。容庚商周彝器通考著錄有守宮作父辛觥一器，中藏一斗，上海博物館藏商代晝弘觥，中亦附一斗，則觥為盛酒器可知。是今所謂兕觥者，蓋有二焉。一為角形飲酒器，此類器有文獻資料可證。一為形制似匜稍小而深，蓋作牛首形者，為盛酒器。前者非灌尊黃彝，蓋塙然可知。而後者之名稱既有疑問，則自難與黃彝牽合，惟闕疑俟考而已。

（五）虎　彝

周禮春官司尊彝：

> 四時之閒祀追享朝享，祼用虎彝、蜼彝，皆有舟。

周禮春官司尊彝，六尊之中有犧尊、象尊，六彝之中有雞鳥虎蜼諸彝，聶崇義三禮圖不但犧象均畫於尊腹之上，即雞鳥虎蜼諸彝，亦俱畫雞鳥虎蜼以為飾〔註 52〕。後宋人發現犧尊二，象尊一，悉作全牛全象之形，始悟王肅注禮謂犧尊、象尊乃「為犧牛及象之形，鑿其背以為尊」之說為是，而以

〔註50〕《續考古圖》，卷三，頁二六。又卷二頁一二，所錄一器，無蓋，殆為匜器。《宣和博古圖》，卷二〇，頁三五。

〔註51〕容庚《商周彝器通考》及馬承源《中國青銅器》皆主王說，而於兕觥之定名，則有存疑。

〔註52〕聶崇義，三禮圖，卷一四，頁二。

漢儒之說為「曲從臆斷而遷就其義」，其說見王黼宣和博古圖〔註53〕。董逌廣川書跋卷一有「虎彝」條，謂「嘗見父乙尊為虎」，惜未見其圖象。自聶氏而後，治周禮以及為禮圖者，皆襲聶圖為說，以畫虎於尊者為虎彝。近數十年出土銅器中，偶見有全體象虎形之酒尊，董氏謂「父乙尊為虎」，或非虛言。

一九二三年，新鄭鄭塚，出土一件盛酒器，器為伏虎形，四足兩耳（出土時，後足缺一），以口為流，卷尾成鋬，鑿背承酌，有蓋覆於其上，而以連環繫於尾，初名周獸尊，嗣經修補完整，羅振玉、馬衡、關百益等，先後研究，更名虎彝〔註54〕。此器作全虎形，與犧尊、象尊之作全牛全象形者相符。又殷周青銅器通論著錄虎尊一件，傳為陝西寶雞出土。器為立虎形，尾粗而卷，背有孔穴，遍體飾斑紋〔註55〕。司尊彝尊以實五齊，彝以實鬱鬯，據周禮，則此器名曰虎彝正合。此不特可補博古圖所不及，且可破漢儒以來，說虎彝為畫虎以為飾之疑惑。

若夫四時之間祀追享朝享，裸用虎彝者，其義則說者亦有歧異。王昭禹周禮詳解云：

> 四時之間祀，則以禘及其祖之所自出，故謂之追享。追享以尊尊，則有義之德焉，故彝以虎，虎者義也〔註56〕。

鄭鍔亦從王說，其言曰：

> 先儒謂虎者西方之義獸，追享及遷廟之主，世既遠矣，猶不忘祭，是謂尊尊，尊尊至於遠祖，可以謂之義，彝刻以虎，以其義也〔註57〕。

王鄭二氏以為追享所以尊尊也，尊尊則義也，虎者西方之義獸，故彝刻以虎。陳祥道禮書說同〔註58〕。惟易祓周官總義則有不同說辭，其言曰：

> 四時間祭為非常之禮，始以人道求之，則主乎動，終以神道事之，則主乎靜。曰虎曰蜼則用以裸，曰泰曰山則用以獻，非始出於動而終復於靜乎〔註59〕？

清俞樾群經平議則以為「周禮司常掌九旗之物，熊虎為旗，鳥隼為旟，彝之

〔註53〕王黼，宣和博古圖，卷七，頁六。四庫全書本。
〔註54〕見張克明殷周青銅器求真頁五一、五二。
〔註55〕容庚、張維持，殷周青銅器通論，頁五〇，圖版七七。
〔註56〕王昭禹，周禮詳解，卷一八，頁一九。
〔註57〕見王與之周禮訂義卷三四頁一〇引。
〔註58〕見陳祥道禮書卷九五頁一二。
〔註59〕易祓，周官總義，卷一二，頁二。

有取於虎隼，猶之乎旗旟矣」〔註60〕，故以虎彝畫虎為飾，蓋取其猛，其說又異於宋儒。林昌彝三禮通釋說同〔註61〕。按以上三說，義各有異，姑述於此，以備參考。

（六）蜼　彝

周禮春官司尊彝：

> 凡四時之閒祀追享朝享，祼用虎彝、蜼彝，皆有舟。

鄭注：

> 鄭司農云：「蜼，讀為蛇虺之虺，或讀為公用射隼之隼。」玄謂蜼，
> 禺屬，卬鼻而長尾。

據大小鄭箋注，蜼彝之為物，蓋有三說：或畫虺為飾，或畫隼為飾，此先鄭之說也；或畫蜼（禺屬）為飾，此後鄭之說也。按漢儒於禮器箋注，皆以飾物於器腹為說，而不就其器體所象之形而言。驗諸傳世或出土實物，知古人制器尚象，命名取義，多有深意，尊彝名曰犧象雞鳥，亦必有類乎犧象雞鳥之禮器存焉，此則已見前述矣。

先鄭謂「蜼，讀為蛇虺之虺」，爾雅釋魚云：「蝮虺，博三寸，首大如擘。」先鄭意蓋謂此尊彝刻畫為蛇虺之形。按虺形紋飾，舊多稱為螭虺紋或夔龍紋，此為銅器中習見紋飾之一，並非祼用之彝所獨有，而古器象蛇虺全體之形者，就現存實物言，則無以徵驗，是斯說殆不足以據也。

後鄭謂蜼為禺屬，蓋本諸爾雅。案爾雅釋獸云：「蜼，卬鼻而長尾」，郭注云：「蜼似獼猴而大，黃黑色，尾長數尺，似獺尾，末有岐，鼻露向上，雨即自縣於樹，以尾塞鼻，或以兩指。江東人亦取養之，為物捷健。」說文虫部云：「蜼，如母猴，卬鼻長尾。」又由部云：「禺，母猴屬。」後之為禮圖者，蜼彝皆從後鄭，畫似獼猴之蜼以為飾。賈公彥曰：「虎彝、蜼彝，當是有虞氏之尊，故鄭注尚書云：『宗彝，宗廟之中鬱尊。』虞氏所用，故曰『虞夏以上，虎蜼而已。』」尚書皋陶謨孔疏亦引鄭注云：「虞夏以上，蓋取虎蜼而已。」〔註62〕按鄭氏謂虎蜼為虞用鬱鬯尊，此說蓋為推測之辭，江聲尚書集注音疏云：「禮記明堂位云：『灌尊，夏后氏以雞彝，殷以斝，周以黃目』，此舉三代之彝，不及鳥與虎蜼，而鳥與雞類也。據司尊彝職，雞彝鳥彝同用，

〔註60〕俞樾，群經平議，卷一三，頁三。皇清經解續編本。
〔註61〕林昌彝，三禮通釋，卷一三二，頁六。史語所藏。
〔註62〕尚書注疏，頁六九。

則或俱是夏物，故推虎蜼為虞之宗彝也。然則言虞以上可爾，云虞夏者，以此是虞夏書，故連言夏，其意實主于虞也，但虞之虎蜼，書無明文，故云蓋以疑之」是也。孫星衍尚書今古文注疏說同〔註63〕。

　　若夫彝之有取於蜼（禺屬）者，王昭禹周禮詳解云：「祫自喪除朝廟始而合食於群廟之主，故謂之朝享。朝享以親親，則有智之德焉，故彝以蜼，蜼者智也。」鄭鍔亦曰：「蜼，蓋獸之智也。朝享行於祖考之廟，親為近矣，每月祭焉，是謂親親。親親不忘乎月祭，可以謂之智。彝刻以蜼以其智也。」〔註64〕王鄭並以為朝享以親親，則有智之德，故其彝用蜼以為飾。蓋蜼為智獸，天將雨，知自懸于木，而以尾塞鼻也。明李時珍本草綱目則以為畫蜼為宗彝，不特以其智也，且取其孝讓也。其言曰：「蜼，仁獸也。出西南諸山中，居樹上。狀如猿，白面黑頰，多髯而毛采斑斕。尾長于身，其末有歧。雨則以歧塞鼻也。喜群行，老者前，少者后，食相讓，居相愛，生相聚，死相赴。柳子所謂仁讓孝慈者也。古者畫蜼為宗彝，亦取其孝讓而有智也。」（見「果然」條。蜼，一名果然。）簡朝亮尚書集注述疏，亦據以為說〔註65〕。按傳世或出土實物，未發現有畫蜼以為飾者，亦未有象全蜼形之器，是先儒雖多主後鄭此說，蓋亦不足據信。董逌廣川書跋卷一有「蜼彝」一條，謂祕閣所藏大小七器，形制略相似。其二大者為行獸，二首及身有斑文，似虎而歧尾，如蜼，腹下空，可以縣。按據董氏所述，實不類似獼猴之蜼，其說蓋非。

　　先鄭說蜼，又引或說云：「或讀為公用射隼之隼」，段玉裁周禮漢讀考云：「司農易蜼為蚳，又偁或說易為隼，三字古音同在弟十五脂微部也。」〔註66〕俞樾群經平議卷十三「蜼彝」條下云：「按蛇蚳之蚳，於義固無所取，至蜼乃獼猴之類，古人亦何取而象之？疑此字實當為隼。蔑氏『掌攻猛鳥』，注曰：『猛鳥，鷹隼之屬。』然則虎彝、隼彝，皆取其猛。司常『掌九旗之物，熊虎為旗，鳥隼為旟。』彝之有取於虎隼，猶之乎旗旟矣。」〔註67〕蜼讀為隼，

〔註63〕江聲，尚書集注音疏，皇清經解，冊六，頁四〇五九。
　　　　　孫星衍，尚書今古文注疏，皇清經解，冊一二，頁八五六〇。
〔註64〕王昭禹，周禮詳解，卷一八、一九。
　　　　　鄭鍔說見王與之周禮訂義卷三四頁一〇引。
〔註65〕李時珍，本草綱目，卷五一，頁五三、五四。鼎文書局。
　　　　　簡朝亮，尚書集注述疏，卷二，頁二三。鼎文書局。
〔註66〕段玉裁，周禮漢讀考，皇清經解，冊九，頁六八八四。
〔註67〕俞樾，群經平議，卷一三，頁三。

則為鳥形之器。驗諸實物資料，酒器尊類中，有一種特殊形制，而象各種鳥獸形狀之酒尊，其中舊稱鴟尊者時見。鴟，鷙鳥也，亦即鷹隼之屬。就傳世彝器言之，周禮司尊彝所謂蜼彝者，或即指此類器，先鄭所引或說易蜼為隼，蓋得其實。賈公彥曰：「鄭司農讀蜼為蛇虺之虺，或讀為公用射隼之隼者，無所依據，故後鄭皆不從也。」〔註68〕其說則有得有失，蓋未見其物而然。至於蜼彝之命義取象，是否誠如俞說乃在「取其猛」，則未敢臆斷也。惟旗旟之有取於虎隼，其義猶可說，至宗廟祭祀所用尊彝，亦取義於猛禽者，則終有可疑。

乙、盛秬鬯之器

周禮春官鬯人：「凡祭祀，社壝用大罍。禜門用瓢齎，廟用脩，凡山川四方用蜃，凡祼事用概，凡疈事用散。」孫詒讓周禮正義云：「凡祭祀者，以下明內外祭祀盛鬯之尊異同之法，與小宗伯、司尊彝盛鬱之六彝、盛酒之六尊異也。此內外祭祀秬鬯之尊，皆奠而不祼。」〔註69〕按周禮內外祭祀所用鬯酒，其所盛容器，似皆有定則。鬱鬯實以六彝，雞彝、鳥彝、斝彝、黃彝、虎彝、蜼彝是也。五齊實以六尊，犧尊、象尊、著尊、壺尊、大尊、山尊是也。秬鬯則實以匏爵、大罍、瓢齎、卣（脩）、蜃、概、斝（散）是也。蓋祼以鬱鬯，獻以五齊，而秬鬯則為享酒。其品類既殊，而所盛遂有別異。茲就文獻資料所見盛秬鬯之器，詳加考述如后。

（一）匏　爵

祭祀之禮，有秬鬯有鬱鬯，鬱鬯用於宗廟，祼以求神，此見於周禮司尊彝。外神則宜以秬鬯而不和鬱，此見於周禮鬯人。惟鬯人供秬鬯而不及天地，故或以為秬鬯之用不及天地。然周禮大宗伯云：「涗玉鬯」，禮記表記云：「親耕粢盛秬鬯以事上帝」，是祭天地雖無祼酒，而亦有秬鬯為享酒也。至其所盛，則尚可考之。禮記郊特牲曰：

> 器用陶匏，以象天地之性也。

孔穎達云：

> 其祭天之器，則用陶匏。陶，瓦器，以薦菹醢之屬。匏酌獻酒，故
> 詩大雅美公劉云「酌之用匏」，注云「儉以質」，祭天尚質，故酌亦

〔註68〕周禮注疏，頁三〇七。
〔註69〕孫詒讓，周禮正義，冊六，頁一四九八。

－63－

用匏為尊〔註70〕。

是祭天用秬鬯，而盛之以匏，蓋以匏為爵也。亦即以一匏離為二，酌酒於其中，是曰匏爵，亦謂之瓢，莊子逍遙遊云「剖之以為瓢」是也。又謂之巹，士昏禮「實四爵合巹」，鄭注「合巹，破匏」，蓋謂一匏分為兩瓢，而夫婦各一是也。

按匏爵與瓢齍，皆以匏為之。然匏爵則縱立而剖之，破為二片而已，瓢齍則橫面切之，而以其腹為尊。是匏爵為半，而瓢齍則全，二物有異。陳奐詩毛氏傳疏謂匏爵、瓢、巹與瓢齍為一物，而無分別〔註71〕，其說殆非。

先儒以為祭天用秬鬯，而盛以匏爵者，蓋尚其質也。故詩大雅篤公劉「酌之用匏」，毛傳云：「儉以質也。」此祭天器用匏爵，蓋亦與祭社用大罍，禜門用瓢齍同，皆取從質之義也。故郊特牲孔疏云：「祭天尚質，故酌亦用匏為尊。」孫希旦禮記集解亦云：「天地之性，本無可象，但以質素之物，於沖穆無為之意為稍近，故用之以祭。禮器言天下之物無可以稱其德是也。」〔註72〕

聶崇義三禮圖云：

其匏爵，遍檢三禮經注及孔、賈疏義，唯言破匏用匏片為爵，不見有漆飾之文。諸家禮圖又不圖說，但匏是太古之器，先儒不言有飾，蓋匏非人功所為，貴全素自然，以象天地之性〔註73〕。

按匏為物性之本然，所以象天地本然之性也。聶說匏爵無飾，而貴全素自然，其說是也。至其尺寸容受，三禮圖云：

梓人為飲器，爵受一升。此匏爵既非人功所為，臨時取可受一升，柄長五六寸為之〔註74〕。

聶氏據梓人爵受一升，以為所取匏爵蓋亦如是。惟太平御覽卷七六二引三禮圖則曰：「巹取四升，瓠中破，夫婦各一。」巹與匏爵為一物之異名，舊圖云巹取四升，不知何據。

（二）大　罍

周禮春官鬱人：

〔註70〕禮記注疏，頁四八一。
〔註71〕陳奐，詩毛氏傳疏，卷二四，頁一五。學生書局。
〔註72〕孫希旦，禮記集解，卷二五頁二〇。蘭臺書局。
〔註73〕聶崇義，三禮圖，卷一二，頁一。
〔註74〕聶崇義，三禮圖，卷一二，頁一。

> 凡祭祀，社壝用大甒。

鄭注云：

> 壝謂委土為墠壇，所以祭地也。

賈疏云：

> 壝謂委土為墠壇，所以祭者，謂四邊委土為壝於中，除地為墠，墠
> 內作壇，謂若三壇同墠之類也。〔註75〕

按甒人掌供秬鬯，此言為壇祭社，享以秬鬯，而盛之以大甒也。金鶚求古錄禮說卷九「社稷考」條下云：

> 禮運云「天子祭天地，諸侯祭社稷」，是社卑於地可知。且祭地專於
> 天子，而祭社下達於大夫士，至於庶人，亦得與祭，社之非地明甚。
> 蓋祭地是全載大地，社則有大小。天子大社，祭九州之土，王社祭
> 畿內之土，諸侯國社祭國內之土，侯社祭藉田之土，與全載之土異。
> 又地有上中下，上為山嶽，中為平原，下為川瀆。社雖兼五土，而
> 為農民祈報，當以平原穀土為主，是社與嶽瀆各分地之一體，與全
> 載之地尤異。此社神與地神所以分也。然對文則別，散文則通。凡
> 經典郊社並稱者，皆祭地之通名為社。」〔註76〕

金說是也。社壝用大甒，與祭天地用匏爵有別。

社壝用大甒，鄭玄謂大甒為瓦甒。賈公彥疏云：「知大甒是瓦甒者，瓬人為瓦簋，據外神明，此甒亦用瓦，取質略之意也。」社壝屬外祭祀，故用瓦甒以實秬鬯，其義則賈氏以為取其質略，王昭禹周禮詳解以為「社，土神，用瓦甒則以土氣故也」，鄭鍔以為「瓦甒出於土器，雖出於土，然非用人工以陶冶，器無自而成。用大甒以盛秬鬯，以見土者人所用功，而社神有功於土。」〔註77〕三說雖互有小異，而其義皆可通。

鄭謂大甒是瓦甒，則明與明堂位「山甒」用木為之異也。知然者，鄭注司尊彝以山甒釋山尊，曰「亦刻而畫之為山雲之形」，云亦刻而畫之，明其以木為之，與大甒異。故孫詒讓謂司尊彝所云尊彝，「依鄭義皆刻木為之而加畫飾，唯大尊為瓦尊，無畫飾，與諸尊異」〔註78〕。司尊彝有大尊，注云「大

〔註75〕周禮注疏，頁三○○。
〔註76〕金鶚，求古錄禮說，社稷考條，卷九，頁二八。續經解本。
〔註77〕王昭禹，周禮詳解，卷一八，頁一五。
　　　　鄭說見王與之周禮訂義卷三三頁二四引。
〔註78〕孫詒讓，周禮正義，冊六，頁一五二四。

古之瓦尊」，此瓦罍謂之大罍，其義與彼同。聶崇義三禮圖云：「張鎰圖引阮氏圖云『瓦為之，受五斗，赤雲氣畫山文，大中，身兌，平底，有蓋。』張鎰指此瓦罍為諸臣之所酢之罍，誤。」聶說是也。阮圖謂瓦罍受五斗，說者無異辭。蓋大罍為中尊，與犧象諸尊同受五斗。惟謂畫山文為飾，則與山罍「刻而畫之為山雲之形」相捉，殆不足據。孫詒讓謂「據說文木部檋字注，及詩周南孔疏引五經異義詩毛韓說，並謂罍為取象雲雷，則大罍亦當范土為雲雷之文。若大尊則純素無文，與大罍異也」〔註79〕，其說是也。

據聶氏三禮圖大罍大尊為二物，大罍有足有飾又有蓋，大尊則無足無飾。陳祥道禮書圖大罍有飾無足，大尊無足但有注〔註80〕。黃以周禮書通故則謂大尊即大罍，其圖無飾，說又有異〔註81〕。按黃氏謂陳氏禮書大尊有足，不知何據。

（三）瓢齏

周禮春官鬯人：

> 凡祭祀，禜門用瓢齏。

通典卷五十五云：

> 周制：春官大祝掌六祈，其四曰禜。鬯人禜門用瓢齏。祭法云：「幽禜，祭星也。雩禜，祭水旱也。」左昭元年傳云：「山川之神，則水旱癘疫之災，於是乎禜之；日月星辰之神，則雪霜風雨之不時，於是乎禜之。」〔註82〕

是禜者，為祈禳風雨雪霜水旱癘疫於日月星辰山川之祭也。其專職由春官大祝掌之，鬯人則掌供秬鬯，而以瓢齏盛之。以其禜祭於國門，故鬯人云禜門。國門謂城門也。據周制，禜蓋有二：地官黨正云：「春秋祭禜」，此有常時者也，於春秋二仲行之，春祈雨暘之時，若秋則報之，與祭社稷之義略同。其祭則主山川而不及社稷，以社稷已自有春秋之祭也。說見周禮黨正孫詒讓疏。又左氏莊公二十五年經云：「秋，大水，鼓，用牲于門」，此無常時者也。蓋遇災而禜日月山川星辰是也。

左傳昭公元年杜注云：

> 周禮四曰禜祭。為營攢，用幣，以祈福祥。

〔註79〕孫詒讓，周禮正義，冊六，頁一四九九。
〔註80〕陳祥道，禮書，卷九五，頁六；卷九六，頁三。
〔註81〕黃以周，禮書通故，下冊，頁一二九三。
〔註82〕杜佑，通典（標點本），頁一五四八。中華書局。

孔疏云：

> 賈逵以為營攢用幣，杜依用之。日月山川之神，其祭非有常處，故
> 臨時營其位，立攢表用幣告之以祈福祥也。攢，聚也。聚草木為祭
> 處耳〔註83〕。

據此，則可知禜祭蓋非有常處，乃臨時聚草木而束之，設為祭處，用祭品告求神明，以去禍祈福也。

　　瓟人鄭注：「瓢謂瓠蠡也。齊讀為齊，取其瓠割去柢，以齊為尊。」段玉裁周禮漢讀考云：「齊即臍字，左傳噬臍，字作齊。瓠以柄為柢，以腹為臍，去其柄，而用腹為尊也。用腹為尊，則不用兩析之瓢，然則經文之瓢猶言瓠也。」〔註84〕是瓢齊者，蓋謂以瓠為之，去其柄，而用其腹為尊也。與所謂瓠壺，斂口，體形上小下大，而長頸如瓠狀者不同。容庚商周彝器通考著錄有瓠壺四件（圖七八〇至七八三），可供參證。

　　按瓠之品類不一，其名稱亦因時地之殊異，而有分別。說文瓠部「瓢，蠡也」，「瓠，匏也」，包部「匏，瓠也」，玉篇瓜部「瓢，瓠瓜也」，廣韻四宵「瓢，瓠也」，十一模「瓠，瓤瓠也」，詩七月「八月斷壺」，毛傳云「壺，瓠也」，是瓢也，瓠也，匏也，瓠瓜也，瓤瓠也，壺也，實為一物。瓤瓠，或作壺盧，或作瓠瓤。崔豹古今注則以壺盧為瓠之無柄者，有柄者為懸瓠，集韻以匏而圓者為瓠瓤，陸佃埤雅則云長而瘦上者曰瓠，短頸大腹者曰匏，本草綱目「壺盧」條下李時珍曰：「古人壺瓠匏三名皆可通稱，初無分別，而後世以長如越瓜首尾如一者為瓠，瓠之一頭有腹柄者為懸瓠，無柄而圓大形扁者為匏。匏之有短柄大腹者為壺，壺之細腰者為蒲蘆，各分名色，迥異於古。」〔註85〕蓋時異地殊，稱謂各別，古人統謂之匏瓠也。瓠屬葫蘆科植物，為一年生蔓草，品種非一，實為瓠果，纍然而生，大小長短，各有種色。繫而不食，秋陽暴乾，剖有柄者以為勺，即名勺為瓢也；去其柄，而用其腹以為尊（其無柄者，剖以為尊亦同）。瓢亦名卺，士昏禮鄭注「合卺，破匏也」，太平御覽卷七百六十二引三禮圖曰：「卺取四升，瓠中破，夫婦各一」，其實皆瓠也。

〔註83〕左傳注疏，頁七〇七。
〔註84〕段玉裁，周禮漢讀考，皇清經解，冊九，頁六八八二。
〔註85〕崔豹，古今注，卷下，頁三。增訂漢魏叢書本。
　　　　集韻上平十一模，頁八。四庫備要本。
　　　　陸佃，埤雅，卷一六，頁六。五雅本。商務印書館。
　　　　李時珍，本草綱目，卷二八，頁三。

是知凡瓠可縱立而剖之，以為瓢勺，亦可橫面切之而以齊為尊。故莊子逍遙遊說「大瓠」云：「剖之以為瓢」，又云：「慮以為大樽」。

先儒以為用瓠者，尚其質也，故禮記郊特牲云：「器用陶瓠。」詩大雅公劉：「酌之用匏。」毛傳云：「儉以質也。」此禜門用瓢齍者，蓋亦與祭社用大罍同，取從質之義也。而宋儒或以為「瓠有養人之美道，又中虛而善容，亦有門之象」，乃據此以說之。王安石周官新義云：

> 雩禜所以除害，門所以禦暴，除害禦暴皆所以養人。甘瓠則有養人
> 之美道，以之為瓢，又中虛為善容，亦有門之象。易以艮為門闕，
> 八音以艮為匏，瓢爵之意。

王昭禹周禮詳解亦宗王氏新說〔註86〕。按王氏說禜用瓢齍之義，殊嫌穿鑿之甚。鄭鍔曰：

> 禜祭必於國門，意以災害屯塞人事有所不通，門者人所出入往來交
> 通之所，盛秬鬯則用瓢齍，蓋瓢齍者，取甘瓠割去其柢，以齊為尊，
> 質略無文之器。夫雪霜風雨水旱疫癘之變，良由政失於此，變見於
> 彼，茲其過也大矣。君子有過則謝以質，故用瓢齍，所以表其純質
> 之義。禜之於門冀其通變之意。觀祭天用瓦甒瓦甒又用瓢爵，禮記
> 言器用陶匏以象天地之性，物莫足以稱天地之德，故貴全素而用陶
> 匏，此所謂大罍則瓦甒之類，用瓢齍則瓠之類，皆質也〔註87〕。

按鄭說禜門所以用瓢齍之義，則據漢儒尚質以申之，似頗曲盡其意，然亦不免涉乎牽附，未必可據信。

（四）卣（脩）

周禮春官鬯人：

> 凡祭祀，廟用脩。

鄭注云：

> 脩，讀曰卣。卣，中尊，謂犧象之屬。尊者彝為上，罍為下。

書洛誥曰「秬鬯二卣」，文侯之命曰「秬鬯一卣」，詩大雅江漢與左傳僖公二十八年亦曰「秬鬯一卣」，爾雅釋器曰：「彝、卣、罍，器也。」郭注云：「皆盛酒尊。」是卣者，盛鬯之器也。古者以為人臣受鬯以卣不以彝，蓋卣

〔註86〕王安石，周官新義，卷九，頁三。經苑本。大通書局。
　　　王昭禹，周禮詳解，卷一八，頁一五。
〔註87〕見王與之周禮訂義引，卷三三，頁二四、二五。

非祼所用，將祼則實彝。故孔穎達於江漢疏云：「鬱人掌和鬱鬯，以實彝而陳之，則鬯當在彝。而詩及尚書、左傳皆云秬鬯一卣者，當祭之時乃在彝，未祭則在卣，賜時未祭，故卣盛之。」〔註88〕按孔氏此說，殆有可商。按鬯、秬鬯與鬱鬯三名，蓋有先後之分。卜辭殷彝止有鬯，尚未見有秬鬯。秬鬯始見於書、詩，而西周金文亦多見，多作「𥷆鬯」。西周金文亦有鬱鬯，唯鬱字作𣂏，其從鬯作「鬱」，乃後造鬱草本字。蓋以「周人尚臭，灌用鬯臭，鬱合鬯」，故增意符鬯作「鬱」，其字至早當在西周初期以後。說詳拙作「說鬱」。考之殷商卜辭，鬯亦為當時祭宗廟，告先祖之重要祭品，而鬯多與卣器連言：

　　△ 其烝新鬯二必一卣？（戩二五、一〇）

　　△ 丁酉卜，貞：王賓文武丁伐十人，卯六牢，鬯六卣，亡尤？
　　　（前一、一八、四）

　　△ 烝鬯二卣王受祐？（屯七六六）

　　△ 丙申卜，即貞：父丁歲鬯一卣？（合二三二二七）

此皆祭時鬯酒盛於卣之明證。姬周彝銘，記賜鬯者多矣，而皆以卣為單位，與卜辭同。然則卣以盛鬯（秬鬯），不論其祭時與否也。孔穎達詩疏以為鬯酒未祭則盛於卣，祭時則實之於彝，蓋混秬鬯、鬱鬯而一之，故云爾。按周禮司尊彝職「掌六尊六彝之位，辨其用與其實」，尊以實五齊，彝以實鬱鬯，鬯人職「掌共秬鬯」，鬱人職「掌和鬱鬯以實彝」，其職掌畫然分明，不容殽撓。鬯人職所用之器，有大罍、瓢齎、脩、蜃、概、散，是六者悉為尊名，皆所以實秬鬯者也，與司尊彝六彝所以盛鬱鬯，六尊所以盛五齊者不同。鄭注廟用脩，脩讀曰卣，可知秬鬯惟和鬱者乃實於彝，其未和鬱者則實於卣明矣。黃以周禮書通故云：「鬱人和鬱鬯以實彝，是祼酒也。書、詩、左傳言秬鬯一卣，是享酒也。鬯以鬱為上，秬次之，尊以彝為上，卣次之。祼用上尊彝，享用中尊卣，此尊卑之差也。詩孔疏混而一之，殊謬。」〔註89〕黃說是也。按鄭注鬯人云：「卣，中尊。尊者彝為上，罍為下。」鄭說蓋據爾雅及司尊彝推之。爾雅釋器「彝、卣、罍，器也」，郭注云：「皆盛酒尊，彝其總名。」邢昺疏引禮圖云：「六彝為上，受三斗；六尊為中，受五斗；六罍為下，受一

〔註88〕毛詩注疏，頁六八七。
〔註89〕黃以周，禮書通故，上冊，頁四八四。華世出版社。

斛。」〔註90〕左傳僖公二十八年疏引孫炎曰「尊，彝為上，罍為下，卣居中也。」蓋彝盛鬱鬯，為祼神之器；卣盛秬鬯，以非祼時所用，故次於彝。顧棟高毛詩類釋云：「爾雅云卣為中尊者，當以品之貴賤言。彝，陳祖考之前，為最上；罍，平日飲燕所用，為下；卣，未祭之前盛秬鬯者，故得為中也。」〔註91〕顧說蓋得其實。

卣字見於先秦文獻，西周金文及殷商刻辭，而不見於說文。文獻中或假「攸」、「脩」為之。出土及傳世實物，至今猶未發現有自名為卣之器者，其定名蓋始自宋呂大臨考古圖。卣之為物，漢儒似已不得其詳。故鬯人「廟用脩」鄭注云：「脩讀曰卣。卣，中尊，謂犧象之屬。」驗之實物，犧象之形制與卣相去殊遠，鄭氏所謂「犧象之屬」者，蓋指其同為盛酒之器言，而其器之形制如何，漢儒箋注則未嘗一覯。其形制多為橢圓，碩腹，斂口，有蓋，圈足，側有提梁。其異於其他酒器者，乃在此類器之提梁及蓋。前者除晚期盉曾沿用外，為卣所獨有；後者雖亦出現於它類，但酒器中只有此類自始至終必然有蓋〔註92〕。此類酒器，據文獻資料與西周金文及殷商刻辭所見，皆專用以貯盛秬鬯，亦兼以盛鬱（見前述），而非盛鬱鬯之容器。

卣，或假脩為之。惟周禮春官鬯人「廟用脩」，鄭注云：「廟用脩者，謂始禘時，自饋食始。」自鄭氏有此說，而學者多信從。賈公彥述其義云：

> 玄謂始禘時自饋食始者，謂練祭後遷廟時。以其宗廟之祭，從自始死已來無祭，今為遷廟，以新死者木主入廟，特為此祭，故云始禘時也。

孫詒讓以為今本鄭注「始禘」當為「始祔」之譌，其言曰：

> 天子喪祭九虞及卒哭之祭皆在寢，至祔始祭於祖廟。鄭意經云廟，則非卒哭以前之祭；用卣，則非吉祭九獻之禮。惟始祔在卒哭之後，主已祔祖，而祭未純吉，宜用大牢，饋食三獻而畢事，故雖廟祭，而無上尊之祼〔註93〕。

孫說蓋謂始祔之祭，非吉時九獻之禮，故用卣也。

按周禮言宗廟祭祀，鬱鬯盛以六彝，五齊盛以六尊，三酒盛以罍尊，此

〔註90〕爾雅注疏，頁七七。
〔註91〕顧棟高，毛詩類釋，卷八，頁五，四庫全書本。
〔註92〕見故宮博物院所編商周青銅器，頁二五。
〔註93〕孫詒讓，周禮正義，冊六，頁一五〇四。

見於酒正、小宗伯、司尊彝之職。故先儒之說宗廟祭祀者，不論所陳尊數多寡，享酒之中皆不及鬯酒一物，蓋彼等俱據鄭注鬯人「廟用脩」，謂「始禘時」之說也。宋儒謂脩為增飾之以彩色，雖不可據信，但其不取鄭說始禘用鬯，實能不泥於漢儒箋注也。蓋鬯酒用於祭宗廟，告祖先，殷商已然，甲骨刻辭可徵也。姬周金文，習見賞賜鬱鬯之文，詩、書、左傳亦有賜秬鬯之記載，而明言賜鬱鬯或醴酒者無一見，秬鬯之珍貴，於斯可見。是故若謂秬鬯施於宗廟，唯於始禘時才得以用之，則不能無疑也。蓋鬱鬯者，所以求神之降臨，非所以享神之物。是享酒理當以秬鬯為上，五齊次之，而三酒為下。先儒以宗廟六享，彝以盛鬱鬯，尊以盛五齊，罍以盛三酒，而不及秬鬯，遂以為廟享無秬鬯，蓋非其實也。

周禮鬯人鄭注云：「脩、蜃、概、散，皆漆尊也。脩讀曰卣，卣，中尊，謂犧象之屬。」按書、詩、左傳說盛秬鬯之尊並云卣，故鄭讀脩為卣。段玉裁周禮漢讀考云「脩卣字，同在古音尤幽部，聲類同也」是也。又司尊彝釋文云：「卣本亦作攸。」脩攸聲類亦同。惟宋儒或不從鄭注，而以脩為脩飾之義。鄭鍔曰：

> 考宗廟之中尊，盛五齊、三酒，不盛秬鬯，凡此所言裸器，非廟中
> 之彝，改字為卣，非也。王安石以脩為飾之義是〔註94〕。

按鄭玄既以脩、蜃、概、散為漆尊，然又以甒事之尊無飾，故謂之散。王安石以脩為飾之義者，蓋即以散脩相對故云然。所謂無飾之說，脩為飾之義，殆皆有未碻。詳後。王昭禹周禮詳解申述王氏新說曰：「用脩則增飾之以彩色，廟以享人鬼，人道尚文。」〔註95〕斯亦不可據信也。

（五）蜃

周禮春官鬯人：

> 凡祭祀，凡山川四方用蜃。

孫詒讓周禮正義云：

> 四方之祭有二，一為舞師「四方之祭祀」，注云「謂四望也」。一即
> 大宗伯「五祀之祭」，亦曰四方，五祀與五嶽同血祭，四望亦即五嶽
> 四鎮四瀆等，故與山川同用蜃也。大宗伯別有四方百物之祭，則入

〔註94〕見王與之周禮訂義卷三三頁二五引。
〔註95〕王昭禹，周禮詳解，卷一八，頁一六。

䰼事中，與此四方異〔註96〕。

按望祀者，遙祀名山大川之名也，惟四望之祀山川，與「山川」之祭有別。山川之祭，所祭之山川必近而且小，就其地而祭之，故不曰望；四望既本遙祀之名，所祀之山川必大而且遠，不得祭於其地，望而祀之，故曰望。此山川之祭與四望之祀所以不同也。天子四望所祀山川既必大而且遠，則非寰宇之內名山大川無以當之，故周禮大宗伯「四望」，鄭注云：「五嶽、四鎮、四瀆」是也。說詳周一田先生春秋吉禮考辨望禮乙章。若夫五祀者祭五官之神於四郊也。句芒在東，祝融、后土在南，蓐收在西，玄冥在北，祭此五神於四郊，故又謂之四方。

周禮鬯人鄭注云：

> 脩、蜃、概、散，皆漆尊也。蜃，畫為蜃形。蚌曰含漿，尊之象。

又引杜子春云：

> 蜃，水中蜃也。

賈疏云：

> 云蜃畫為蜃形者，亦謂漆畫之。云蚌曰含漿，尊之象者，蚌蛤，一名含漿，含漿則是容酒之類，故畫為蜃而尊名也〔註97〕。

按爾雅釋魚：「蚌，含漿。」郭注云：「蚌即蜃也。」說文虫部云：「蚌，蜃屬。」是蜃蚌同類。段玉裁周禮漢讀考云：「杜意直用水中蜃為尊，鄭君意蜃不可為尊，但以漆畫為蜃形，以蚌名含漿，有尊盛酒之象，故用為畫而取名也。」〔註98〕是據鄭說，山川四望則用漆尊，而又畫為蜃形以飾之；據杜說，則山川四望直用水中蜃為尊。周禮地官掌蜃職祭祀共其蜃器，是其義也。杜云蜃水中蜃也者，周禮天官鱉人鄭注云「蜃，大蛤」是也。二說不同。而鄭鍔以為此乃海上能吐氣為樓臺者，非蚌蛤之比〔註99〕，說又有異。

若夫山川四望用蜃之義，宋儒亦有說辭。鄭鍔曰：

> 四方山川為國扞蔽，通氣乎天地之間，蜃之為物，外堅，有阻固扞
> 蔽之義，且能一闔一闢，其通亦有時焉，故四方山川之祼尊，則畫
> 以為飾〔註100〕。

〔註96〕孫詒讓，周禮正義，冊六，頁一五〇一。

〔註97〕周禮注疏，頁三〇一。

〔註98〕段玉裁，周禮漢讀考，皇清經解，冊九，頁六八八三。

〔註99〕見王與之周禮訂義卷三三，頁二五、二六引。

〔註100〕見王與之周禮訂義卷三三，頁二六引。

按鄭氏以山川等外神，雖用秬鬯而亦以祼，故以蜃為祼尊。

（六）概

周禮春官鬯人：

> 凡祭祀，凡祼事用概。

鄭注云：「祼當為埋，字之誤也。」鄭鍔曰：「祼事用雞鳥六彝，見於司尊彝之官，鬱人亦曰凡祭祀賓客之祼事，和鬱鬯以實彝而陳之，則祼事不用概明矣。大宗伯有貍沈疈辜之祭，此下有疈事用散之文，則此祼字為貍字無疑矣。」〔註101〕段玉裁周禮漢讀考云：「埋，經典多用貍，與祼字略相似而誤。」孫詒讓亦云：「埋即薶之俗體，此經甸人鬱人經注皆作貍，大宗伯則經作貍，注作埋。此校定經字疑當作貍，傳寫誤從俗耳。」〔註102〕按諸家說是也。貍事謂貍沈之祭，祭山林川澤者也。周禮大宗伯云「以貍沈祭山林川澤」，即此。是貍沈祭用秬鬯，而盛之以概尊也。

鬯人鄭注云：「脩、蜃、概、散，皆漆尊也。概，尊以朱帶者。」賈疏云：「概尊朱帶，玄纁相對，既是黑漆為尊，以朱帶落腹，故名概。概者，橫概之義，故知落腹也。」〔註103〕是所謂概尊者，亦漆尊也，上下黑漆，而尊腹繫以朱帶為飾，猶橫概也。鄭鍔曰：「山林川澤材用百物之所出，人所取足而為之神者，初無私焉，其利及物可謂平矣。」按王昭禹以為落腹能平物〔註104〕，鄭氏乃據之以說概尊以朱帶落腹之義，殊嫌迂曲。

聶崇義三禮圖：「卣，中尊也。蜃、概、散等又列於中尊之下，與卣同曰漆尊，故知皆受五斗。」〔註105〕按爾雅釋器「彝卣罍，器也」，孫炎云：「尊，彝為上，罍為下，卣居中。」舊圖云：「六彝為上，受三升；六尊為中，受五斗；六罍為下，受一斛。」聶說概受五斗，蓋據此。

（七）散

周禮春官鬯人：

> 凡祭祀，疈事用散。

賈疏云：

〔註101〕見王與之周禮訂義卷三三頁二六引。
〔註102〕段玉裁，周禮漢讀考，皇清經解，冊九，頁六八八三。
　　　　孫詒讓，周禮正義，冊六，頁一五〇二。
〔註103〕周禮注疏，頁三〇一。
〔註104〕王昭禹，周禮詳解，卷一八，頁一六。
〔註105〕聶崇義，三禮圖，卷一二，頁二。

云貙事者，即大宗伯云貙辜祭四方百物者也〔註106〕。

按大宗伯鄭注：「貙，貙牲胸也。貙而磔之，謂磔禳及蜡祭。」禮記月令「季春，命國難，九門磔攘，以畢春氣」，難，索室驅疫也。攘與禳通。鄭注云：「磔牲以攘於四方之神，所以畢止其災也。」磔，磔裂牲體也。是貙辜也者，謂用牲劈其胸，折解其體以祭也。此貙辜所祭，蓋四方之小神，若左傳昭公十八年，鄭祓禳於四方之屬，故在山林川澤下，說見孫詒讓周禮正義貙人疏。

貙辜之祭，盛秬鬯以散。鄭注云：「脩、蜃、概、散皆漆尊也。脩讀曰卣。卣，中尊，謂獻象之屬。」又云：「無飾曰散。」賈疏云：「以對概蜃獻象之等有異物之飾，此無，故曰散。」按鄭意脩、蜃、概、散四者蓋為司尊彝六尊之類，俱為中尊，故云犧象之屬。但司尊彝獻、象、著、壺、大、山六尊用以盛醴酒，而鬯人脩、蜃、概、散皆所以實秬鬯為異耳。鄭謂無飾為散，後之學者沿之而莫易。聶崇義三禮圖以蜃概散三尊形制容受皆同，並容五斗，漆赤中，而散漆其尊而無飾。故王昭禹周禮詳解云：「廟用脩，則增飾之以彩色。山川四望用蜃，則飾之以蜃。凡祼事用概，謂以朱帶為飾，而橫概以落腹也。貙事用散者，蓋自概以上皆有飾，惟貙事之罍則無飾，故謂之散焉。」〔註107〕

按禮記禮器：「貴者獻以爵，賤者獻以散。」鄭注：「凡觴五升為散。」記文言散為爵名，與鬯人所云鬯尊之散不同，是有二散也。考禮經之言酒器，每以散與其他酒器連文，有不言散而言斝者。韓詩之說五爵，亦有散而無斝。且驗之實物，未見名散之器。故羅振玉據卜辭 𢍅 字，以訂正經典散字為斝之形譌，其說是也。已見斝彝條，茲不更述。散既為斝之形譌，則漢儒箋注，以及歷代載籍之所說，其不足以據信，蓋亦不言可喻矣。

二、承彝之器

周禮春官司尊彝：

> 春祠夏禴，祼用雞彝、鳥彝，皆有舟。秋嘗冬烝，祼用斝彝、黃彝，
> 皆有舟。凡四時之閒祀追享朝享，祼用虎彝、蜼彝，皆有舟。

鄭注引鄭司農曰：

> 舟，尊下臺，若今時承槃。

〔註106〕周禮注疏，頁三○一。
〔註107〕王昭禹，周禮詳解，卷一八，頁一六。

賈疏云：

> 漢時酒尊下槃，象周時尊下有舟，故舉以為況也〔註108〕。

據周禮春官司尊彞本文，六彞皆有舟，所以承彞也。丁晏曰：「說文木部：『槃，承槃也。古文作鎜，籀文作盤。』鐘鼎款識有漢車宮銅承燭槃，是漢時有承槃之制，故先鄭舉以況舟。」〔註109〕按鄭司農雖舉漢時承槃以況舟，然於其形制，箋注無說，亦無實物可驗，故後之說者，亦互有歧異，甚至有謂舟宜若後世酒缸稍加大者。聶崇義謂嘗覽鄭玄禮圖，頗詳制度，而於三禮圖說其形制云：

> 其舟外漆赤中，槃口圓，徑尺四寸，其舟高厚各半寸。槃下刻殺二
> 等而漸大圓，局足，與槃通高一尺，足下空徑橫大二寸。六彞下舟
> 形制皆同，其舟足各隨尊刻畫其類以飾之。

據聶氏圖，彞舟形制，實象壺狀，孫詒讓周禮正義以為「依聶圖，則與棜禁之屬相似」〔註110〕。按禁如今之方案，橢長局足，高三寸，見禮記禮器鄭注。端方於寶雞所得承尊之器，形橢長如方案而有足，即禁也。一九七八年，河南淅川下寺春秋楚墓亦出土銅禁一件，長方形，器下有虎形足十二〔註111〕。孫氏謂與棜禁之屬相似，蓋指皆為承酒尊之器座言，非其形制類似也。陳祥道禮書云：

> 彞皆有舟，尊皆有罍，舟以庪彞，而罍非庪尊。言彞有舟，以見尊
> 有禁也。天子諸侯之尊廢禁，廢禁無足以下為貴，則彞舟之為物，
> 蓋象舟之形而已。先儒以廢禁為去禁，謂舟若漢承槃圓而崇尺，恐
> 不然也〔註112〕。

林昌彞三禮通釋據陳說，以為舟如槃，平底而無足，高蓋不至寸〔註113〕，未知古制然否？至於彞下承盤，取名于舟者，先儒大抵以為舟能載物，且以沈溺為酒戒也。王昭禹周禮詳解云：

> 彞皆有舟，為酒戒也。蓋舟能載物，所受過量則有沈溺之禍。先王
> 以為以禮飲酒者，始乎治，常卒乎亂，故於用禮每每戒焉。後世猶

〔註108〕周禮注疏，頁三〇七。
〔註109〕孫詒讓，周禮正義，冊六，頁一五二六引。
〔註110〕孫詒讓，周禮正義，冊六，頁一五二六引。
〔註111〕淅川下寺春秋楚墓，頁一二六，圖版四九、五〇。文物出版社。
〔註112〕陳祥道，禮書，卷九七，頁八。
〔註113〕林昌彞，三禮通釋，卷二六八，頁二。

至於飲酒無度，沈湎淫佚，用亂喪德，用燕喪威儀，亦罔非酒為辜者，其不知禮意之甚也，可勝痛哉〔註114〕。

易祓周官總義亦云：

大概舟之為物，量其所受，則有濟物之利，受過其量，則有沈溺之害〔註115〕。

按儀禮士冠禮：「兩甒有禁」，鄭注云：「禁，承尊之器也。名之為禁者，因為酒戒也。」舟亦所以承彝之器，其作用與禁同，故宋儒以欲其不溺為說，義或如此。

陸、挹鬯之器

一、勺

儀禮士冠禮：「有篚實勺觶」，鄭注曰：「勺，尊斗，所以斟酒也。」考鄉飲酒禮，兩壺加一勺；鄉射禮，兩壺，左玄酒，皆加勺；大射禮，方壺膳尊，亦云加勺；特牲饋食記，兩壺加勺；士冠禮，醮用酒，尊亦加勺。蓋酒在尊中，必以勺斟之，然後實於爵也。凌廷堪禮經釋例卷十一，已詳言之矣。說文勺部：「勺，挹取也。」勺以酌酒，亦通謂之酌，故楚辭招魂「華酌既陳」，王逸注曰：「酌，酒斗也。」據卜辭彝銘所見，卣所以盛鬯，祭與未祭並同，後儒以為未祭則盛於卣，祭時則實之彝，二者有殊，此蓋據經傳而言，其初始殆未嘗有此分別。此已見前述。蓋周人廟祭，鬱鬯實於彝，行祼時則以勺挹之，而注之於瓚以祼神也。

禮記明堂位曰：

灌尊，夏后氏以雞夷，殷以斝，周以黃目。其勺，夏后氏以龍勺，殷以疏勺，周以蒲勺。

鄭注云：

龍，龍頭也。疏，通刻其頭。蒲，合蒲如鳧頭也。

孔疏云：

龍勺，勺為龍頭；疏謂刻鏤，通刻勺頭；蒲謂刻勺為鳧頭，其口微開，如蒲草本合，而末微開口也〔註116〕。

〔註114〕王昭禹，周禮詳解，卷一八，頁二〇。
〔註115〕易祓，周官總義，卷一二，頁二九。
〔註116〕禮記注疏，頁五八一。

按明堂位三勺，承雞彝、黃目言之，則三勺為鬱勺，至為憭然。據鄭、孔之說，則勺柄頭刻為龍頭狀者為龍勺，刻鏤疏通者為疏勺，刻如鳧頭，其口微開，似蒲草者為蒲勺。三代鬱勺，其形制不同如此。又考工記梓人「為飲器，勺一升」，注云「勺，尊升」，此蓋斟酒之器。梓人之勺，未詳何代器，然考工周禮也，似當以合蒲如鳧頭之蒲勺為準。故孫詒讓云：「蒲勺，即梓人所為之勺，以木為之，不以黃金，止容一升。」〔註117〕惟聶崇義云：「梓人為勺，受一升，亦宜畫勺頭為龍頭，依舊圖長二尺四寸，餘制並同鬱勺。」〔註118〕按鬱勺也者，即龍勺、疏勺、蒲勺也。是梓人之勺，即明堂位之龍勺矣。二說不同。聶圖龍勺、蒲勺之容受、長度並同，而疏勺長三尺四寸則異。

又按龍勺刻為龍頭形，師儒相傳如此。惟疏勺與蒲勺之形制，鄭氏而後，則有不同說法。聶崇義三禮圖謂「疏勺宜如疏匕，通疏刻畫雲氣飾其柄」，陸佃謂「疏勺為雉頭」，陳祥道禮書謂「蒲勺刻之以蒲，與蒲璧之象同」，莊有可禮記集說則謂「龍為龍首，疏蓋加刻雲飾，蒲則又加蒲艸形」，而黃以周禮書通故之說蒲勺，雖據鄭注，但又與孔疏不同，曰：「蒲勺畫蒲，并似鳧頭之毛，故鄭注云合蒲如鳧頭」〔註119〕，其歧異如此。舊圖龍疏蒲之飾皆刻在勺頭，聶圖以疏勺為例，謂刻雲氣於柄，黃以周則謂疏刻皆在勺流，其紋飾位置之說，又不同如此〔註120〕。陳祥道曰：「龍水畜也，疏水道也，蒲水物也，勺所以斟齊酒明水，故其飾如此。」〔註121〕陳說飾刻之義，云疏水道也，未審何據而云然。又陸佃云：「龍勺為龍頭，蒲勺為鳧頭，疏勺為雉頭。龍勺以能施為義，疏勺以能不淫為義，蒲勺以能不溺為義。」〔註122〕其假物性以曲證三鬱勺之名義，蓋亦稍嫌比附矣。

據實物資料，銅勺之形制紋飾，與歷代師儒所說或有差異，惟其為挹酒於尊，而注於爵之「所以斟酒之器」，則無疑義。蓋勺為斟酒之器，出土酒器

〔註117〕孫詒讓，周禮正義，冊十四，頁三三三九。

〔註118〕聶崇義，三禮圖，卷一三，頁六。通志堂經解本。

〔註119〕聶崇義說見三禮圖，卷一二，頁五。
　　　　陸佃說見禮記集說，卷八〇，頁九引。
　　　　陳祥道說見禮書，卷九九，頁七。
　　　　莊有可說見禮記集說，冊一，頁七。力行書局。
　　　　黃以周說見禮書通故，下冊，頁一三一四。

〔註120〕黃以周，禮書通故，下冊，頁一一〇〇。

〔註121〕禮書，卷九九，頁七。

〔註122〕見衛湜禮記集說，卷八〇，頁九引。

附以勺，其例亦可見。一九七五年河南三門峽上村嶺五號戰國墓出土之鑲嵌蟠螭紋方壘，壘中亦附有一勺，即其證〔註123〕。此由出土實物與文獻所載相互比勘，完全契合。

二、斗

斗，古科字，蓋以有別於斛量之斗，故自斗孳乳為科，以避形義殽混也。

科為水器，亦為酒器。當其為水器，則用以沃盥；當其為酒器，則用以挹酒。詩行葦：「酒醴維醹，酌以大斗」，士冠禮鄭注：「勺，尊斗，所以科酒也」，是謂酒斗。少牢饋食禮：「司官設罍水於洗東，有科」，鄭注：「科，科水器也」，是謂水斗。又宣公六年公羊傳：「膳宰熊蹯不孰，公怒，以斗摮而殺之」，是謂羹斗。科之為物，就儀禮一書所見，皆作沃盥之用，禮記喪大記記載為死者浴屍云：「浴水用盆，沃水用科，浴用絺巾，挋用浴衣，如他日」，「如他日」者，謂活人洗澡亦用科也。

據文獻資料所見，挹鬯用科，止見於周禮鬯人。出土實物雖亦有卣、斗並出之例，但卣中所盛是否為鬯，則不可墒知。一九六一年河南鶴壁龐村出土一卣（魚父己卣），卣內附一曲柄斗〔註124〕；又一九七一年陝西涇陽高家堡西周早期墓葬中出土二卣，其中一器亦內裝一曲柄斗，柄斷為二截〔註125〕，即其例。

1. 周禮春官鬯人：「大喪之大渳，設斗，共其肆鬯。」鄭注：「斗，所以沃尸也。肆尸以鬯酒，使之香美者。鄭司農云：肆讀為徽。」賈疏：「此鬯酒中兼有鬱金香草，故得香美也。鄭司農云肆讀為徽者，以鬯肆尸，故以徽為莊飾義也。」〔註126〕

2. 周禮春官小宗伯：「王崩，大肆，以秬鬯渳。」鄭注引鄭司農云：「大肆，大浴也。以秬鬯浴尸。」

3. 周禮春官肆師：「大喪，大渳以鬯，則築鬱。」鄭注：「築香草，煮以為鬯，以浴尸。」

4. 周禮春官大祝：「大喪，始崩，以肆鬯渳尸。」鄭注：「肆

〔註123〕河南三門峽上村嶺出土的幾件戰國銅器，文物，一九七六、三，頁五二。

〔註124〕見河南鶴壁龐村出土的青銅器，文物資料叢刊（三），頁三七。

〔註125〕見涇陽縣高家堡早周墓葬發掘記，文物，一九七二、七。

〔註126〕周禮注疏，頁三〇一。

鬯，所為陳尸設鬯也。鄭司農云：湄尸，以鬯浴尸。」

大喪也者，謂王及后喪也。孫詒讓以為其世子及三夫人以下喪，亦當用鬯浴尸，但不得稱大湄耳，見正義肆師疏。大祝「肆鬯」者，鄭以陳釋肆，謂此鬯為陳尸而設之，故謂之肆鬯。亦即小宗伯所謂「大肆」，肆師所謂「大湄」是也。小宗伯乃據陳言之，肆師則據浴言之，其義相同。先鄭以「浴」釋小宗伯大肆之「肆」者，蓋凡浴尸，必肆而後浴，故釋肆為浴。鬯人云「釁鬯」者，蓋凡大湄，以鬯塗尸，又以和浴湯，故謂之釁。蓋取其芬芳條暢，可以去其臭惡，而使之香美，與以血塗鐘鼓謂之釁義同。周禮春官女巫「釁浴」，鄭注云「謂以香薰草藥沐浴」，其取義亦同。段玉裁周禮漢讀考云：「鄭君意釁如字讀之，讀如釁鐘釁鼓之釁，故云釁尸以鬯酒也。」〔註127〕其說是也。

肆師云：「大喪，大湄以鬯，則築鬱」，是大喪浴尸當用鬱鬯。上引諸文之「鬯」或「秬鬯」，乃秬鬯之和鬱者也。據肆師，彼唯掌築鬱取汁，以授鬱人，鬱人更於鬯人取秬鬯酒（鬯人唯共秬鬯），以鬱和而為「鬱鬯」焉。孫詒讓曰：「經云秬鬯者，散文未和鬱者不得稱鬱鬯，已和鬱者得通稱秬鬯。」（見小宗伯疏），其說或然。

按湄用鬱鬯，已見上述。挹鬯以斗，亦見鬯人。惟其所盛之器，則經無明文，莫敢隨意妄斷，待考。禮記喪大記云：「浴水用盆，沃水用枓」，注云：「以枓酌水沃尸。」詩大雅行葦「酌以大斗」，孔疏引漢禮器制度說大斗云：「勺五升，徑六寸，長三尺。」〔註128〕儀禮士喪禮賈疏云：「枓受五升，方，有柄，用挹盆中水以沃尸。」〔註129〕按賈說與漢禮器制度同。此即沃水所用之斗，亦謂之釁枓，其酌鬯所用尊枓，孫詒讓以為即周禮梓人之勺，與釁枓制同，而容量有異〔註130〕。

又按說文勹部云「勺，挹取也，象形」，又木部云「枓，勺也，所以挹取也」，蓋以勺枓二物，形制近似，且俱為挹取酒漿之器，是以說文釋枓為勺，其實二器固有別異也。

近數十年來，殷周禮器大量出土，銅器研究亦極一時之盛，但「斗」、「勺」二物，迄今猶然混淆不清。陳夢家海外中國銅器圖錄，於「中國銅器概述」中，據說文「枓，勺也」（枓即斗），而謂「勺斗古為一字，于形音義

〔註127〕段玉裁，周禮漢讀考，皇清經解，冊九，頁六八八三。
〔註128〕毛經注疏，頁六〇三。
〔註129〕儀禮注疏，頁四二〇。
〔註130〕周禮正義，冊六，一五〇六。

三者俱合」〔註131〕。實則古人制器尚象，命名取義，必富有深意。且考諸儀禮，士冠、士昏、鄉飲、鄉射、大射、既夕、士虞、特牲、少牢，所記之勺，皆為挹酒之器。少牢「司官設罍水于洗東，有枓」，此所謂之枓，乃為挹水之器，而儀禮止此一見。賈疏云：「凡總儀禮一部內，用水者皆須罍盛之，沃盥水者，皆用枓為之。士冠禮直言水在洗東，士昏禮亦直言水在洗東，鄉飲酒、特牲記亦云然，皆不言罍器，亦不云有枓，其燕禮、大射雖云罍水，又不言有枓，故鄭注總云凡此等設水用罍，沃盥用枓，其禮具在此，故餘文不具，省文之義也。」〔註132〕是知有洗即有罍，有罍即有枓也。是故凌廷堪於禮經釋例云：「凡斟水之器曰枓，凡斟酒之器曰勺」〔註133〕。此據儀禮枓以斟水，勺以斟酒，而知枓勺二器雖為同類，固亦異其形也。陳說之不足據信，至為顯然。

　　王振鐸於司南指南針與羅盤經一文，據斗勺二字之書法結體，而區分勺、斗二物之形制。以為斗之柄出自斗首腰際，其形制特徵，與金文斗字相近；勺之柄與勺之口緣相連，其形制特徵，與說文勺字相近。日本學者林　巳奈夫殷周時代青銅器の研究採用王說，以徵諸實物，據以命名〔註134〕。

　　馬承源於中國青銅器一書，則以器柄之曲直作為斗、勺二器形制之區分。其言曰：

　　　　勺與斗作用相似，其形當有區別，否則就是枓、勺不分。枓、勺皆

　　　　有小杯，枓柄曲，則直柄有小杯者當是勺〔註135〕。

　　夫斗勺二物，其用途相似，然其形制，在大同之中固當有異。詩小雅大東云「惟北有斗，不可以挹酒漿」，此因斗形以名星者也。蓋猶星之似箕、畢、彗者，名之曰箕（箕者，四星狀如簸箕）、畢（畢者，八星纍貫兩叉出，狀如田網之畢）、彗（彗者，說文云埽竹也，釋名云彗星，光稍似彗也），是皆因物以名星，而非因星形以名物也。爾雅「濁謂之畢」，郭璞注云：「掩兔之畢，或呼為濁，因星形以名。」按郭注後五字有誤，當作「因以名星」，孫炎注可證，見詩齊風盧令引。又按北斗七星（即所謂斗宿），第一至第四

〔註131〕參閱陳夢家海外中國銅器圖錄，頁三四。

〔註132〕注疏本，頁五六一。

〔註133〕凌廷堪，禮經釋例，皇清經解，冊一二，頁九〇二九。

〔註134〕王振鐸，司南指南針與羅盤經，中國考古學報，第三冊，頁一八九、一九九。
　　　　林　巳奈夫，殷周時代青銅器の研究，頁八三至八五。

〔註135〕馬承源，中國青銅器，頁二五八。

為魁，組成斗身，第五至第七為杓，組成斗柄。斗魁包括天樞、天璇、天璣、天權四星，斗柄包括玉衡、開陽、搖光三星。見史記天官書「北斗七星」，索隱引春秋運斗樞。斗身（魁）方而斗柄（杓）曲，正象挹酒器之斗，因取以名焉。玉篇云：「枓，有柄，形如北斗星，用以斟酌也」是也。故詩意言北斗似「斗」，而不可挹取酒漿。商周青銅挹酒器，有作小杯有曲柄，形如北斗七星狀者，即是此物。至於勺之形制，其祖型蓋出於剖匏為勺之象，梓人之木杓，當在匏勺之後，王振鐸說是也〔註136〕。以其剖匏為之，故其制字取象，自與斗篆有異。金文勺，礿字所從作 ⟨，見我鼎（金文總集一二六一），酌字所從作 ⟨，見伯公父勺（文物一九七八、一一），汋字所從作 ⟨，見中山王𧊒鼎（文物一九七九、一），並象匏瓢縱剖之形，其柄則未若斗柄之曲折，此審之文字，可以確知無疑。又斗勺二字，本皆象形，勺字，金文作 ⟨，其柄與勺之口緣相連，猶似剖匏之形；而斗字，金文作 ⟨，其柄出自斗首腰際，此蓋實物本象即如此。北斗七星因以為名者，蓋取其斗身與斗柄之曲折俱相類似也。是就斗勺二物言之，斗器之特異處，在其柄曲，且不與口緣連接；而勺器則為直柄，且與口緣相連。此其大較也。若細分之，則凡柄直，或柄與口緣相連（包括柄曲而與口緣相連）者，悉當歸諸勺類。此據傳世漢代勺器，蓋可得徵驗也。

柒、裸彝之器

詩旱麓「玉瓚」，江漢云「圭瓚」，瓚者，以圭為柄，圭以玉為之，指其體謂之玉瓚，據成器謂之圭瓚，故旱麓毛傳以圭瓚釋玉瓚。禮記明堂位云「灌用玉瓚大圭」，謂之大圭者，即以大圭為瓚柄，故云然。圭瓚，所以盛鬯酒以灌之器也，故鄭玄謂之鬯爵，見禮記王制注。以其為灌鬯之器，故亦謂之裸圭（裸之言灌也，見周禮天官小宰、春官大宗伯鄭注），見周禮春官典瑞、考工記玉人；或謂之裸玉，見周禮春官鬱人。說文則謂之瑒圭（見玉部），周語魯語謂之鬯圭，蓋用以灌鬯，故名焉。鬯，經典或通作暢（禮記雜記「暢，臼以椈」，釋文云「鬯本作暢」，即其例。）暢瑒並從易聲，故鬯圭字亦作瑒也。據說文，鬯圭，當作瑒圭。亦謂之玉鬯，國語周語：「有神降于莘，王使大宰忌父帥傅氏及祝史奉犧牲，玉鬯往獻焉」，韋注云：「玉鬯，鬯酒之圭，長尺二寸，有瓚，所以灌地降神之器」是也。周禮春官大宗伯「涖

〔註136〕王振鐸，司南指南針與羅盤經，考古學報，第三冊，頁一九〇。

玉鬯」，孫詒讓謂「玉鬯，圭瓚也」〔註137〕，亦其例。是玉瓚也，圭瓚也，大圭也，鬯爵也，祼圭也，祼玉也，鬯圭也，瑒圭也，玉鬯也，其名雖異，而其實所指則同。

圭瓚之制，鄭玄注經則以考工記玉人說三璋之狀言之，詩旱麓箋云：「圭瓚之狀，以圭為柄，黃金為勺，青金為外，朱中央矣」，是也。按玉人職大璋中璋之下云「黃金勺，青金外，朱中，鼻寸，衡四寸」，鄭注云：「鼻，勺流也，凡流皆為龍口也。衡，謂勺徑也。三璋之勺，形如圭瓚。」黃金勺者，勺即所以盛鬯之瓚也，以黃金為之。青金外者，謂以青金飾其外也。青金者，鉛也（見說文金部）。朱中者，謂於黃金勺之中，又以朱漆涂之為飾也。鄭云鼻為勺流者，亦即瓚吐水之流口，形為龍頭，其口以吐鬯酒也。又典瑞注引漢禮器制度云：「瓚槃大五升，口徑八寸，下有槃，口徑一尺」，又明堂位注云：「瓚形如槃，以大圭為柄」，玉人注又云：「有流前注」，圭瓚之形制蓋如此。綜此而言，可知祼圭其長尺有二寸，有瓚，即其勺也。其制如槃，其柄用圭，有流前注，凡流皆為龍口之形，所以盛鬯以祼神與賓客也。惟瓚槃之制，鄭說蓋以漢儀以擬周制，六經所載，則初無此事。故陳祥道禮書云：

> 先儒謂凡流皆為龍口，瓚槃大五升，口徑八寸，下有槃口，徑一尺。
>
> 然古者有圭瓚、璋瓚，而無下槃，有鼻而無龍口，先儒之說蓋漢制歟？〔註138〕

黃以周禮書通故雖謂「鄭注凡流皆為龍口，其言必有所本」，但亦以為鄭說「未必如聶《圖》耳」，故又別為之新定圭瓚圖〔註139〕，是其之疑鄭注、聶圖，蓋亦可知也。

玉人說三璋云「黃金勺，青金外，赤中」，鄭依此而說圭瓚之制，謂為勺者黃金也，後儒多從其說，惟林昌彝三禮通釋不以為然。其言曰：

> 圭瓚之勺，以玉為之，故詩曰「瑟彼玉瓚，黃流在中」，玉白而鬱鬯黃，相輝映然，知其用純玉，不飾也。
>
> 自注云：「考工記玉人所謂黃金勺者，言璋瓚，非謂圭瓚。鄭氏誤解考工記，故孔穎達旱麓詩疏亦從之而誤。圭瓚之勺，皆以玉為之，非金勺也。」

〔註137〕周禮正義，冊五，頁一四○五。
〔註138〕陳祥道，禮書，卷五五，頁七。
〔註139〕黃說見禮書通故，頁一二八三。

又曰：

> 璋瓚之勺，以黃金為之，朱其中，青金為之外，無玉飾。

> 自注云：「按先儒圭瓚璋瓚之辨，特其柄不同，其瓚俱同，則是皆以玉為之也。然詳考工記文，朱中而青外，則黃金者其質也，無可以用玉之處，若以玉飾之，經但云青金外，不應不詳及之，是知無玉飾也。然則圭瓚之玉，特其柄耳，其餘皆金也。」〔註140〕

按林氏謂圭瓚之勺，以純玉為之，不飾，璋瓚之勺，以黃金為之，朱其中，青金為之外，無玉飾，說與鄭注迥異。夫以實物不傳，且鄭氏說瓚制，亦已以漢禮器擬周制，其中是非，殆難論斷，謹兩存其說以俟考。

昭公十七年左傳云：「若我用瓘斝玉瓚，鄭必不火」，杜注曰：「瓚，勺也。」杜氏以勺釋瓚，似謂勺瓚不異，實則瓚之為物，雖如勺制，但其與斟酒之勺，固有殊異。前儒每或混同而無別，此又不可不辨也。玉人「黃金勺，青金外，朱中」，杜子春云：「勺，謂酒尊中勺也。」按禮記明堂位：「灌尊，夏后氏以雞夷，殷以斝，周以黃目。其勺，夏后氏以龍勺，殷以疏勺，周以蒲勺。」灌尊，即周禮司尊彝之六彝。凡酒皆盛於尊，以勺挹之，而注之於爵。杜意蓋謂此勺即明堂位灌尊中用以挹取之蒲勺也。又典瑞「祼圭有瓚，以肆先王，以祼賓客」，先鄭注云：「於圭頭為器，可以挹鬯祼祭，謂之瓚。」先鄭似亦以瓚為挹鬯之勺，而兼用為祼祭之爵。實則瓚雖為勺制，而祼祭則以當爵，其挹之仍用蒲勺，而不用瓚也，故鄭玄王制注直釋圭瓚為鬯爵，其不以杜子春及先鄭說為是，至為顯然。又王制「賜圭瓚然後為鬯」，王肅注云：「瓚，所以斟鬯也。」〔註141〕王氏亦以瓚為斟鬯之勺，其誤與杜及先鄭同。王與之周禮訂義引王氏詳說云：「蓋勺之事一，而其制有二：明堂位曰：夏后氏龍勺，商之疏勺，周之蒲勺，此謂尊中之勺也；此曰黃金勺者，謂圭瓚之首鼻勺之勺也。」〔註142〕王說是也，二者不可混同。

瓚有圭瓚、有璋瓚，鄭說玉瓚既以冬官玉人璋狀言之，則二瓚之制相似，惟柄有異，而大小有不同耳。玉人賈疏云：「圭瓚口徑八寸，下有盤口徑一尺。此徑四寸，徑既倍狹，明所容亦少，但形制相似耳。」〔註143〕此大小

〔註140〕林昌彝，三禮通釋，卷一三二，頁九。史語所藏。

〔註141〕禮記郊特牲「灌以圭璋」孔疏引，頁五〇九。

〔註142〕見王與之周禮訂義，卷七六，頁八引。

〔註143〕周禮注疏，頁六三三。

之不同也。禮記祭統：「君執圭瓚祼尸，大宗執璋瓚亞祼」，鄭注云：「圭瓚、璋瓚，祼器也。以圭、璋為柄。」是知以圭為柄者謂之圭瓚，以璋為柄者謂之璋瓚，此用柄之不同也。

　　圭瓚、璋瓚並為祼器，但其柄既有用圭與用璋之不同，瓚口亦有大小之差異，則其使用，亦當有別。天子用圭瓚，后用璋瓚。諸侯未得圭瓚者，則君與夫人同用璋瓚。王用圭瓚者，典瑞云：「祼圭有瓚，以肆先王，以祼賓客。」玉人云：「祼圭尺有二寸，有瓚以祀廟」是也。故周禮小宗伯鄭注云：「天子用圭瓚」。王后用璋瓚者，周禮內宰「大祭祀，后祼則贊」，鄭注云：「謂祭宗廟，君既祼，后乃從後祼也。」賈疏云：「室中二祼，后亞王祼，祼時內宰以璋瓚授后。」是也。諸侯亦用圭瓚者，禮記王制云：「諸侯賜圭瓚，然後為鬯，未賜圭瓚，則資鬯於天子。」是用璋瓚謂未得圭瓚之賜者也。周禮小宗伯鄭注云「諸侯用璋瓚」者，即指此。是以禮記祭統云「君執圭瓚祼尸，大宗執璋瓚亞祼」，鄭注云「大宗亞祼，容夫人有故，攝焉」，是諸侯亦用圭瓚也。詩大雅旱麓孔疏云：「天子之瓚，其柄之圭長尺有二寸，其賜諸侯蓋九寸以下。」是天子之所用也，與其所賜諸侯者，圭雖同而其形短矣。

　　按出土實物，未見有如漢儒所述形制之圭瓚，惟西周金文有「黃瓚」一詞，乙卯尊云：「王商（賞）子黃瓚一、貝百朋。」，尊銘「黃瓚」，或以為瓚是以黃金為勺，故以色稱〔註144〕。則金文所云，蓋可與鄭說圭瓚之狀，相互參證。

　　一九七六年，陝西扶風雲塘發現西周窖藏一處，出土兩件白公父器。兩器同形。器身橢圓，頸飾變形蟬紋與雲紋，圈足飾重環紋。有一寬板狀上折柄，正面有銘文，兩器銘文連讀，器自名曰金爵〔註145〕。因其形似勺，故或名之曰白公父勺，實則據其柄言，與斗尤為類似。此種同形之器，一九六○年扶風召陳亦出土兩件，形制、大小、紋飾均同，惟無銘文，屬西周中期〔註146〕。據白公父器自名，則此類器當稱為爵，但其器形又大異於傳統所稱之爵，日人林　巳奈夫名之曰「瓚」，即文獻所載祼器之「瓚」，又以其自名為爵，故列之於飲酒器類中〔註147〕。

　　又一九九○年江西新淦大洋洲商代大墓出土一件青銅器，發掘簡報題曰

〔註144〕李學勤，澧西發現的乙卯尊及其意義，文物，一九八六、七，頁六三。
〔註145〕陝西扶風縣雲塘、庄白二號西周銅器窖藏，文物，一九七八、一一。
〔註146〕史言，扶風庄白大隊出土的一批西周銅器，文物，一九七二、六。
〔註147〕林　巳奈夫，殷周時代青銅器の研究，頁七九。

瓚，以觚形器為體，安上形如玉圭之銅柄。觚體為斂口，尖唇，微束腰，喇叭形圈足外撇。下腹與圈足底部，有兩周豎狀目雷式紋，兩周紋帶間有三道凹弦紋相隔，并等距置十字形鏤孔三。圭形銅柄上，亦有目雷式雲紋〔註148〕。

　　夫炎漢去周未遠，而經籍所記禮樂諸器，當時儒者之箋注已不能無誤。鄭注三禮，每以漢制擬況周制，彼是否嘗見姬周瓚器，殆不能無疑。此據鄭氏考工記玉人注，可以確知。鄭注云：「三璋之勺，形如圭瓚」，玉人不見有圭瓚之形，是其云「形如圭瓚」者，蓋欲因三璋勺，見出圭瓚之形，但三璋勺雖形如圭瓚，而圭瓚之形，鄭氏則取叔孫通所作漢禮器制度文以說之（見典瑞注）。漢禮器瓚受五升，徑八寸，其形則大，三璋之勺徑四寸，所容蓋似小也。又漢禮器瓚槃下復有徑尺之槃，乃以承上槃者，與圭瓚不同器也。是漢儒之說，實未必符合姬周禮制。宋楊簡慈湖詩傳云：「詳觀玉人本文，祼圭瓚與三璋黃金勺之文，隔絕甚多，文理未見其同，鄭說未安。」〔註149〕楊說是也。陳祥道禮書謂古有圭瓚璋瓚而無下槃，有鼻而無龍口，其說似較鄭說為近實情。惟陳說瓚有鼻，仍襲考工玉人璋制。

　　按瓚雖為勺制，而祼祭則以當爵，其挹之仍用蒲勺，不用瓚，此前已述及。白公父器，形似斗勺而自名為金爵者，其為用蓋亦與爵器類似。又大洋洲所出圭形銅柄器，學者亦以其即周代祭宗廟，禮賓客，用以祼鬯之瓚器。就現有出土實物與文獻資料相互比勘，亦頗為吻合。以上二種器形，殷周時代青銅器の研究一書，別為一器類，名之曰瓚，謂即禮書所載用以祼鬯之器物，其說或然。

捌、結　語

　　頃覽徐中舒說尊彝一文，云嘗有「鬱鬯諸器考」之作，然未見其發表。林　巳奈夫撰殷西周時代禮器の類別と用法（東方學報第五十二冊），文中有「鬱鬯用の器」乙節。據出土實物，列舉與鬱鬯有關之酒器，凡不見於遺物者則略之。其說多據實物形制推斷，故未必皆合三禮所載。按三禮所載禮器，漢儒未必皆嘗目睹，故其箋注，驗以遺物，每有出入。近世古器間出，據以訂正前代經師之失，所得良多。然酒器之施用，捨文獻資料而弗由，止據實物以論之，蓋亦難得其真相。若斝之為物，今之學者以其有足，下可置

〔註148〕見江西新淦大洋洲商墓發掘簡報，文物，一九九一、一〇。
〔註149〕楊簡，慈湖詩傳，卷一六，頁二四。四庫全書本。

火，故多歸之於溫酒器類。但就三禮所見，斝或用以盛酒，或用以飲酒，如是而已。是必以文獻之所載，而驗以出土實物，相互印證，則所得者或較近其實情。本文據文獻資料，稽考有關秬鬯及鬱鬯諸器，且驗以實物，已述如前。秬鬯、鬱鬯俱可以鬯名，但二者非一物。故題曰「鬯器考」。考述則自鬱草之築擣以至盛用為序，約別為六類：一曰擣鬯（鬱）之器，有杵，有臼；二曰煮鬱及盛鬱之器，煮鬱以鐎，盛鬱以卣壺；三曰和鬱鬯之器，則有盉；四曰盛鬯之器，則又有實秬鬯與實鬱鬯之別，其名多見於周禮司尊彝及鬯人。鬱鬯之器，又皆承之以舟，秬鬯則否。五曰挹鬯之器，有勺與斗；六曰祼鬯之器，則有圭瓚有璋瓚。或謂鬱鬯不獨以祼以浴，且亦以飲，則當有飲鬯之器，而秬鬯其可飲，更無疑問。然考之三禮，未有所見，莫敢妄斷。俟考。

附　記

一、本文原載《大陸雜誌》第八十九卷第一期，一九九四年七月出版。
二、本文獲得國科會八十二學年度第二期甲種研究獎助，謹此誌謝。

簠簠為黍稷圓器說質疑

壹、前　言

　　夫簠作為器名，見於先秦載籍。其形制，鄭注《周禮·舍人》謂方曰簠，圓曰簋，許慎《說文》則訓簠為黍稷圓器，簋為黍稷方器，二說正相反。汴宋以來，學者將銅器中一種斗狀方形器腹，下有圈足之器皿，定名為簠。惟此類方形器，多自名為医、𥮉、𥮿、𣪘、𥫛、𥫱、鈷、匡、匩，而未有自名作簠者。近年有學者質疑，上舉諸字形而以往通稱為簠者，均應讀為《論語·公冶長》「瑚璉」、《禮記·明堂位》「六瑚」以及《左傳》哀十一年「胡簋之事」之瑚或胡，不應讀為簠。簠是盛黍稷之圓形禮器，形制如豆，其自名為簠、甫、鋪、匩、匦，以符合許書簠訓黍稷圓器之說。而自名曰医、曰匩等此類之禮器，其本名當曰𥫱，《說文》皿部云：「𥫱器也」者，即此器也。以為簠與医是兩種不同之禮器，高明〈𥫱簠考辨〉，力持是說。惟據今所見資料，高說證據實嫌薄弱，殆無以支持其論點。劉翔〈簠器略說〉已辨其非。然學者抱持懷疑態度者，仍不乏其人[註1]。因搜檢前賢時修之說，輔以先秦出土文物，對簠医一器，簠簋有異及其相關問題，詳作探討，且以見宋人於簠器之定名，蓋非無據也。

〔註 1〕　朱鳳瀚《中國古代青銅器》雖以為「簠」此種器型是否即是典籍所言之簠，尚
　　　　　需再考，且此器盤底平而腹淺，是否適宜盛黍稷亦有疑問，但亦謂以此器型
　　　　　為《說文》之簠，音同字合，且器形特徵亦大致相符。是故朱氏又以為文獻
　　　　　中名曰簠之器，可能有方圓兩種形制，以符合《說文》簠為黍稷圓器及〈舍
　　　　　人〉注方曰簠之說。
　　　　　龍宇純〈說簠医𣪘𥫱及相關問題〉一文，以為金文中確然為簠字者，僅𥮉、𥫱、
　　　　　簠、鋪數見而已。是龍氏似亦以簠簠為圓器。

貳、簠器定名宋人說可信

一、《說文》簠從甫聲，或作匡，從夫聲，彝銘可證

《說文》竹部云：「簠，黍稷圓器也。从竹从皿，甫聲。匡，古文簠，从匚从夫。」按許說簠為圓器，雖有可商，但簠古文作匡，夫聲（見段注），檢諸彝銘，有足證其說者。《博古圖》卷十八頁六著錄〈叔邦父簠〉（見附圖一），簠字作匡，從匚，與古文同。金文从大，古文从夫，夫大義近古通，是與《說文》所著簠之古文全同也。《考古圖》卷三頁四三著錄〈弭仲簠〉（見附圖二），自名作匡，从匚从大（夫），大字旁作兩耳字者，以此示簠有左右兩耳也〔註2〕。《考古圖》載此器圖象，有兩耳，甚大，是其證。〈季宮父簠〉簠字作匡（匡），亦从夫（《金文總集》2947）〔註3〕；〈陳逆簠〉自名作匡，从竹从夫（《金文總集》2985）。凡此之例，悉可證許書簠或从夫作匡之說為有據也。

又〈叔邦父簠〉與〈弭仲簠〉，二器形制全相類，其與自名曰匚、曰匡之器類，形制亦無不同，並為侈口而長方也。高明〈齍簠考辨〉一文，謂匚、簠為二器，即肇於上舉彝銘字从夫諸資料，未得其全，乃有〈陳逆簠〉「應當是圓形的簠」之臆測。按〈陳逆簠〉雖不幸毀於火中，各家著錄亦未言及其形制，但亦不能遽斷其非為方器。巴納、張光裕合撰《中日歐美澳紐所見所拓所摹金文彙編》，收錄〈陳逆簠〉（六）（七）（八）拓摹本，且附器形全拓〔註4〕。巴納在其〈陳逆簠辨偽的問題〉一文中，雖已判定為偽鑄〔註5〕，但至少可以推知造偽者可能瞭解其形制，因繪作長方斗狀器（見附圖三）。劉翔〈簠器略說〉已言之矣〔註6〕。是從銘辭自名為匚為匡之〈叔邦父簠〉及〈弭仲簠〉二器，揆以該二器之形制圖，其為稻粱方器，而即載籍所稱之簠者，蓋不待論矣。

二、匚從古聲，匡從夫聲，古與夫古韻皆在魚部；匡從生聲，匡從黃聲，生黃古韻皆在陽韻，與古夫為對轉，可以相通

〔註2〕 見楊樹達《積微居金文餘說》卷二頁二三九〈弭中簠三跋〉。大通書局。
〔註3〕 見楊樹達《積微居小學述林》卷一頁一一〈釋簠〉。大通書局。
〔註4〕 見《中日歐美澳紐所見所拓所摹金文彙編》，第二卷第三冊頁一四二至一四四。藝文印書館。
〔註5〕 見張光裕《偽作先秦彝器銘文疏要》頁三五六至三五八。
〔註6〕 劉翔〈簠器略說〉，《古文字研究》第十三輯，頁四六○。

　　《左傳》哀公十一年云：「胡簋之事，則嘗學之矣」，《禮記‧明堂位》云：「夏后氏之四璉，殷之六瑚，周之八簋」，以胡瑚與簋連言。阮元撰《積古齋鐘鼎彝器欵識》，始據銘辭謂胡簋即簠簋，方濬益《綴遺齋彝器考釋》、吳大澂《字說》以及劉心源《奇觚室吉金文述》皆持斯說〔註7〕。方氏更以為彝銘簠字或作 ▨，即小篆胡字之所本，從 ▨，因形變而從肉為胡。依據其說，則《左傳》胡簋之胡，即 ▨ 之譌變也，後又加玉旁而為瑚。按出土簠器，自名曰医（〈魯白俞父医〉，見附圖四），或加金旁作 ▨（〈郜公▨〉），或省古聲作 ▨（〈仲其父▨〉，見附圖五），或省匚作鈷，見於〈西替簠〉〔註8〕。或從皿作盙（〈白公父盙〉，見附圖六），亦或從故作 ▨（〈商丘叔 ▨〉），字悉從古得聲。簠、医字從甫、夫得聲，古與甫、夫古韻皆在魚部。阮氏以為胡簋即簠簋，其說蓋是矣。

　　若夫〈鑄公 ▨〉以 ▨ 為簠（見附圖七），〈魯士 ▨〉又從匚作 ▨（見附圖八），劉心源以為 ▨、▨ 即 ▨，亦即鈷字（見《奇觚室吉金文述》卷五頁六〈商尊〉）。其說是否可成為定論，固猶待以徵實，但二器形制與曰医曰医曰医者同器類，蓋亦可以確知無疑也。其或自名曰匡（〈史免 ▨〉，見附圖九），字從匚坒聲，或自名曰匱（〈▨得 ▨〉，見附圖一〇），字從匚黃聲，實亦同一器之異稱耳。高明於〈盨簠考辨〉一文云：

> 匡，古聲在溪紐，韻在陽部；胡字在匣紐魚部，溪匣同是舌根音，魚陽屬於陰陽對轉。匱，古聲屬匣，與胡同紐，韻在陽部，與魚部之胡亦乃一聲之轉。從上古音韻考查，各種字體所從聲符雖不一致，而古代讀音却完全相同，皆同胡字聲韻對應，同為一種禮器名稱，即經傳所載『胡簋』之胡。〔註9〕

高氏從聲韻學之觀點，主張方形器上自名曰匡医匱諸字，從上古音韻考察，各字所從聲符雖不一致，而古代讀音則完全相同，與胡字音讀相互對應，其說殆是。但謂本名即《說文》皿部訓「器也」之「盨」字，而非簠者，蓋肇

〔註7〕阮說見《積古齋鐘鼎彝器欵識》，卷七頁二〈留君簋〉。藝文印書館。
　　　　方說見《綴遺齋彝器考釋》，卷八頁一〈宲簠〉。台聯國風出版社。
　　　　吳說見《字說》，頁三五〈瑚字說〉。藝文印書館。
　　　　劉說見《奇觚室吉金文述》，卷五頁六〈商尊〉。藝文印書館。
〔註8〕〈西替鈷〉，見〈一九五九年冬徐州地區考古調查〉，《考古》1960年第三期。按《集韻》十一模收有糊、鈷二字，並音胡，云「黍稷器，夏曰糊，商曰璉，周曰簠簋，或作鈷，通作瑚」，是《集韻》蓋猶知鈷簠為一字也。
〔註9〕見〈盨簠考辨〉，《文物》1982.6，頁七二。

於忽視銘辭中从夫聲之字，且拘守許書簋為黍稷圓器之所致也。就器形及古音而言，簋與𠥓、盨、匡、匩、医、匭諸字，皆同一器物之不同稱謂，蓋可以確信無疑。龍宇純撰〈說簋𠥓盨匭及相關問題〉一文，基於形聲字聲符應兼具聲韻兩方面關係之觀點，以為𠥓簋不同字，盨、盨、匭為同器物同名稱，不同於簋，亦不同於𠥓字。𠥓實為《左傳》胡簋之胡，亦即《論語》之瑚，與盨雖不同字，但二者聲母相同，亦當為語轉，故為同器物之異稱〔註10〕。按龍氏對聲韻之觀點，雖與高氏（或其前學者）有不同，但皆主張𠥓、匡、盨、匭為同物異名則無異辭。又〈叔邦父簋〉簋字作▨，〈弭仲簠〉自名作▨，〈季宮父簠〉簠字作▨，〈陳逆簠〉自名作▨，凡斯之例，並可證許書簋之重文作医，蓋非無據。驗諸實物，医𠥓器形亦無不同。是知縱如龍說簋（医）𠥓為不同字，不信楊樹達「簋字古之音讀，於唇音讀法外，別有淺喉音一讀」（見《積微居金文說・叔家父簋再跋》）之說，但亦無傷於本篇所論医𠥓匡匭盨為同一方形器類之事實。若夫𠥓與許書訓器也之「盨」為一字，強運開《說文古籀三補》、楊樹達〈釋簋〉、陳夢家《海外中國銅器圖錄》皆已言之〔註11〕，斯說蓋可信從。許氏誤分簋盨而隸屬竹皿二部，以致後之說者，皆不詳其用。〈白公父簠〉簠作盨，字从皿與盨同，从古聲亦與盨同，从金或从缶蓋皆表其器之質，斯猶簋之从竹也。

又《左傳》哀公十一年「胡簋之事」，杜注：「夏曰簋，周曰胡。」《論語・公冶長》「瑚璉也」，《集解》引包注云：「瑚璉者，黍稷器也，夏曰瑚，殷曰璉，周曰簠簋，宗廟器之貴者也。」〈明堂位〉「有虞氏之兩敦，夏后氏之四璉，殷之六瑚，周之八簋」，鄭注：「皆黍稷器，制之異同未聞也。」孔穎達疏云：「按鄭注《周禮・舍人》『方曰簠，圓曰簋』，此云未聞也，謂瑚璉之器與簋異同未聞也。」陳夢家以為上述諸說以胡簋分置三代，皆為臆說，是已。夫《禮記》一書，漢儒以為「七十子後學者所記」，至小戴始匯輯成書。其間或滲入秦漢間人述禮之文，故其縱為先秦儒學者論禮之重要典籍，但其中或有未盡可信者。且經籍所載禮器，漢儒亦未必皆得目驗，對所記禮器亦未必全然瞭解，故其箋注亦不能無誤。〈舍人〉注云「方曰簠，圓曰簋」，〈明堂位〉注云「制之異同未聞也」，意以為鄭玄於瑚器形制，似不甚清楚，

〔註10〕參見《史語所集刊》，第六十四本第四分，頁一〇二七至一〇三〇。
〔註11〕強運開，《說文古籀三補》，卷五頁七。藝文印書館。
　　　楊樹達，〈釋簋〉，《積微居小學述林》，頁一一。大通書局。
　　　陳夢家，《海外中國銅器圖錄・中國銅器概述》，頁一九。台聯國風出版社。

亦不認為瑚即方形簠器，故云然。證以出土彝器，非特無殷簠，即西周早期之簠，亦極為難見〔註12〕。直至西周後期以後，始逐漸有青銅製作之簠器，而用以盛稻粱，是知〈明堂位〉之言當存疑耳。

三、簠與医、㐅、匡之器用，文獻彝銘所載相同

經傳言簠簋二器之用，以《儀禮》所記為詳。〈聘禮〉歸饔餼：「堂上八簋，黍，其南稷，錯。西夾六簋，黍，其東稷，錯」，又〈公食大夫禮〉正饌設六簋：「宰夫設黍稷六簋」，據此則簋為盛黍稷之器明矣。〈聘禮〉歸饔餼：「堂上兩簠，粱在北，西夾兩簠，粱在西」（鄭注「簠不次簋者，粱稻加也」），〈公食大夫禮〉為賓設加饌：「宰夫授公飯粱，公設之于湆西」，又云：「宰夫膳稻於粱西」，又云：「賓坐席末，取粱即稻，祭于醬湆閒」，又：「賓北面自閒坐，左擁簠粱〔註13〕，右執湆以降」，據此亦可知簠為盛稻粱之器也。是故鄭注〈掌客〉云：「簠，稻粱器也。簋，黍稷器也」，注〈公食大夫禮〉：「宰夫膳稻于粱西」，云：「進稻粱者以簠」，蓋皆本諸《儀禮》。

又《詩·大東》「有饛簋飧」，毛傳云：「饛，滿簋貌。飧，熟食，謂黍稷也。」是毛亦以簋盛黍稷也。〈秦風·權輿〉「每食四簋」，而毛傳云：「四簋，黍稷稻粱。」是毛又以黍稷稻粱皆為簋實。孔疏云：「稻粱當在簠，而云四簋黍稷稻粱者，以詩言每食四簋，稱君禮物大具，則宜每器一物，不應以黍稷二物分為四簋，以〈公食大夫禮〉有稻有粱，知此四簋之內有稻粱。公食大夫之禮，是主國之君與聘客禮食，備設器物，故稻粱在簠。此言每食，則是平常燕食，器物不具，故稻粱在簋。」如孔氏所言，則毛以禮物大具，不應黍稷分為四簋，故兼有稻粱，毛傳為平常燕食，非言正禮。然則若為正禮，似亦當如《儀禮》所載，稻粱在簠矣〔註14〕。《論語·公冶長篇》「瑚璉也」，包注云：「瑚璉者，黍稷器也，夏曰瑚，殷曰璉，周曰簠簋」，簠簋總承黍稷器為文，許說簠簋亦皆為黍稷器，其說同於包咸。至若皇侃《義疏》謂「簠

〔註12〕《中國美術全集》青銅器（上）著錄有一件體呈長方形圓角之直紋簠，該器現藏北京故宮博物館，其年代一般定為西周早期後段，為今所見最早之西周青銅簠。

〔註13〕按〈公食大夫禮〉「左擁簠粱」，毛本簠作簋，唐石經、嚴本、集釋、通解、敖氏俱作簠，阮氏《校勘記》已言之。《禮記·曲禮上》「執食興辭」，孔疏引此禮正作「左擁簠粱」，擬從簠字是矣。

〔註14〕參見王紹蘭《王氏經說》，卷一「簠盛稻粱簋盛黍稷」條。《功順堂叢書》本，藝文印書館。

盛黍稷，簋盛稻粱」，則其說尤非其實。

　　鄭說簠盛稻粱，簋盛黍稷，許慎《說文》則以簠簋皆為黍稷器，證諸實物，亦知鄭說蓋得之。按檢諸彝銘，簋器皆不著所盛何穀物，而簠器則或著其在粢盛之功能：

　　　　〈弭仲𥂴〉：「用盛秔稻糦粱」（《金文總集》2983）

　　　　〈曾白𥂴匡〉：「用盛稻粱」（《金文總集》2986）

　　　　〈白公父𥂴〉：「用盛糦稻糯粱」（《金文總集》2984）

　　　　〈史免匡〉：「用盛稻粱」（《金文總集》2954）

　　　　〈叔家父匡〉：「用盛稻粱」（《金文總集》2972）

　　　　〈叔朕匡〉：「以歆稻粱」（《金文總集》2979）

　　按此種長方形斗狀器之自名既可依其音讀簠，且器銘明言其為稻粱器，亦均合鄭玄簠為稻粱器之說，是知宋人以匡、簠為一器，據銘辭所載粢盛功能，亦可為一證。且簠簋雖並為粢盛之器，但其歷時之時代，實有先後不同，而用於食禮，其所盛穀類亦有黍稷與稻粱之別異。根據考古資料顯示，青銅簋出現在殷商早期，即二里岡文化期，但數量較少，晚期前段則逐漸增加，至西周時代，已以偶數組合，且與奇數之列鼎配合，而使用於祭祀宴饗中。春秋中晚期，簋器已不甚流行，降及戰國，基本上簋已退出青銅禮器之體系〔註15〕。若夫簠器之出現，雖早在西周早期後段，但其盛行乃在西周晚期以至春秋，戰國晚期以後便消失〔註16〕。夫簠器初製，殆為粢盛之器，既可以盛黍稷，亦可以盛稻粱，故謂其為黍稷器，實無不可。迨夫稻粱用於宴饗，用於加饌（〈弭仲𥂴〉云：「弭仲乍寶簠，……用盛秔稻糦粱，用饗大正，音王賓。」），乃別以簠器專盛稻粱，以示與簋之所盛黍稷有異。蓋簠、簋二器，方圓異形，察其外，則可知內中所盛矣。郭寶鈞謂「簠應是西周後期，稻粱初用於宴饗時的應時新器」〔註17〕，其說殆是。據文獻資料所見，黍稷用於食禮者，似較稻粱為早，故成為食禮中之正饌；稻粱較晚，故簠器之出現亦較遲，而其用於加饌，與黍稷之用於正饌者，亦有殊異。按古人食禮，設有正饌與加饌。正饌用黍稷，進以簋；加饌用稻粱，進以簠。〈公食大夫禮〉為賓設正饌黍稷六簋，設加饌稻粱兩簠。又〈聘禮〉八簋黍稷，兩簠稻粱，

〔註15〕參見馬承源《中國青銅器》，頁一二八、一二九、一四六。

〔註16〕參見馬承源《中國青銅器》，頁一四九。上海古籍出版社。

〔註17〕見《商周銅器群綜合研究》，頁六三。文物出版社。

鄭注云：「簠不次簋者，粱稻加也。」胡培翬《儀禮正義》亦云：「簠簋同類，今不次簋而次鉶後，以見其為加也。」是〈聘禮〉兩簠稻粱亦為加饌也，皆其例也。故郭寶鈞於《商周銅器群綜合研究》云：「古人主食用黍稷，盛於簋，稻粱為珍食，用於加饌，用於宴享，故方其器形（即簠）以別於簋（形圓），以示珍異。」（頁一三七）其說是矣。

四、文獻常簠簋連言，與墓葬簠簋共出一致

經傳簠簋連言，始見於《周禮》、《禮記》及《孝經》。時代較早之《尚書》，並未見簠或簋。《易·坎》九四爻辭云「樽酒簋貳」，〈益〉卦辭云「二簋可用亨」，《詩·權輿》云「於我乎每食四簋」，〈伐木〉云「陳饋八簋」，〈大東〉云「有饛簋飧」，皆言簋而不及簠。《儀禮》雖有簋有簠，但簠簋二字不連言，〈聘禮〉歸饔餼於賓介節，有云：「堂上八豆，設于戶西。……八簋繼之，黍其南稷，錯。六鉶繼之，牛以西羊豕，豕南牛，以東羊豕。兩簠繼之，粱在北。八壺于西序……，西夾六豆，設于西塾下北上……。六簋繼之，黍其東稷，錯。四鉶繼之，牛以南羊，羊東豕，豕以北牛。兩簠繼之，粱在西，皆二以並，南陳。六壺西上，二以並，東陳。」是皆言諸器陳列位置及所擺方位，蓋不得謂其為連言或對舉也。

> △ 《周禮·舍人》：「凡祭祀，共簠簋，實之，陳之。賓客亦如之。」
>
> △ 《周禮·饎人》：「掌凡祭祀共盛，共王及后之六食。凡賓客，共其簠簋之實，饗食亦如之。」
>
> △ 《禮記·曾子問》：「天子嘗禘郊社五祀之祭，簠簋既陳……。」
>
> △ 《禮記·禮運》：「實其簠簋、籩豆、鉶羹。」
>
> △ 《禮記·樂記》：「簠簋俎豆，制度文章，禮之器也。」
>
> △ 《孝經·喪親章》：「陳其簠簋而哀慼之。」

簠簋連言，亦見於《國語》，〈周語中〉載周定王論不用全烝之故有云：「修其簠簋，奉其犧象，出其樽彝，陳其鼎俎。」《左傳》則是胡簋連稱。按《周禮》所載蓋為先王之制，而因循沿革，有所損益，其書似至戰國才完成。《禮記》為「七十子後學者所記」，《孝經》一書，或以為係曾子門人所編錄。是知簠簋連言，乃東周以後始沿用成習。證以墓葬中共同出土之文物，此方形

簠器亦常與簋共出。蓋以簋有殷、周、春秋、戰國時器,簠器則多自西周晚期以至戰國。二者間之組合相配,多少可以從考古資料中反映。陳芳妹於《商周青銅粢盛器特展圖錄》中,已有論述,其言曰:

> 西周早、中期的墓葬中,簋是主要的粢盛器,常與鼎相搭配。西周晚期,簠出現以後,情況有些改變。西周晚期,簠出現在墓葬的例子多來自山東。曲阜魯城魯國墓葬群的墓 48,一簠二簋二盨同出,作為主要粢盛器。春秋早期,簠常與簋共出,同任粢盛器,而與鼎共同搭配。山東滕縣后荊溝墓葬,二簠二簋與二鼎同出〔註18〕;河南陝縣上村嶺虢國墓1820,四簠二簋與三鼎同出;郟縣太僕鄉墓葬,四簠四簋與五鼎共現〔註19〕。

又河南尉氏河東周村墓,四簠二簋與二鼎聯出〔註20〕;湖北隨縣劉家莊墓葬,四簠四簋與四鼎聯出(春秋中晚期);安徽壽縣蔡侯墓,八簋與四簠配列(春秋晚期);湖北隨縣曾侯乙墓,八簋與四簠配列;山西長治分水嶺墓26,四簋與二簠配列;山西長治分水嶺墓 12,一簋與二簠並見(以上戰國早期)〔註21〕。是考古資料中,所見出土簠簋二器相配,與文獻所見簠簋連言一致。且墓葬中簠簋相配之時代,與經傳簠簋連言,乃東周以後之常語亦相當。是宋人定匡類器即簠,此就簠簋連文,與墓葬簠簋共出一致,殆亦可為佐證焉。陳芳妹謂「經傳常簠簋連言,證之墓葬中共同出土物,此方形器(匡)亦常與簋共出,故似宜定名為簠。」〔註22〕其說是矣。

五、簠為方器,鄭說是而許說非

《周禮·舍人》:「凡祭祀,共簠簋。」鄭注曰:「方曰簠,圓曰簋。盛黍稷稻粱器。」疏謂皆據外而言。《詩·權輿》孔疏引鄭玄《周易》損卦「二簋可用享」注云:「離為日月體圓,巽為木,木器圓,簋象。」是鄭注《易》亦以簋為圓也。《太平御覽》卷七百五十九「器物」引鄭玄《孝經·喪親章》「陳其簠簋」注與《周禮》注同。許慎《說文》竹部簠訓黍稷方器也,簋訓

〔註18〕按「附表十」斷代欄注明為西周晚期,與此有異。據萬樹瀛〈滕縣后荊溝出
　　　　土不嬰簋等青銅器群〉推定該墓年代為春秋早期。
〔註19〕《商周青銅粢盛器特展圖錄》,頁七二。故宮博物院。
〔註20〕見〈尉氏出土一批春秋時期青銅器〉,《中原文物》1982.4。
〔註21〕見《商周青銅粢盛器特展圖錄》,附表十、附表十二。
〔註22〕見《商周青銅粢盛器特展圖錄》,頁七四。

黍稷圓器也，與鄭義適相反。簋篆段注云：「許謂簋方簠圓，鄭則云簋圓簠方，不同者，師傳各異也。」又云：「許說簋為方器，蓋以古文从匚也。」按許書古文簋从匚飢作匭（段氏以為字當从匚从食九聲作匭），或从匚軌作匭，而簠之古文作医，亦从匚，是知段說「簋為方器，蓋以古文从匚」，殆未足以據也。《詩・伐木》「陳饋八簋」，毛傳云：「圓曰簋」，毛在許鄭之前，所說較古，其以簋為圓器，與鄭說脗合。且今所見古彝器簠簋之屬，著錄於圖譜者甚多，形制雖未必全同，但大抵簠（匡）為方器，簋為圓器。至若簋之方者，雖有甚稀〔註23〕，簠之圓者，則未之見也。是故容庚於《商周彝器通考》曰：「今所見匡（簠）皆方，無一圓者；所見簋皆圓，無一方者。」此驗諸實物，亦與鄭康成〈舍人〉簠方簋圓之注合。因知許書簋方簠圓之說，縱以師傳有異，而其說之非，固不待辨也。惟歷來學者之從許說者，仍有其人。林昌彝《三禮通釋》卷一百六十八云：

> 今按許謂簋方簠圓，鄭謂簋圓簠方，鄭說誤而許說是也。惟以〈聘禮〉「竹簠方」及《左傳》「二竹簠方」二語證之（按《左傳》無此語），知鄭注之不足信也。〈聘禮〉言簠不言簋，則簠之必不方明矣。

郭嵩燾《禮記質疑》卷十四「周之八簋」下亦云：

> 鄭注《周禮・舍人》：「方曰簠，圓曰簋。」《說文》：「簠，黍稷圓器。簋，黍稷方器。」〈聘禮〉明云「竹簠方」，自當為方器。

林、郭俱據〈聘禮〉「竹簠方」之文，以為許說不誤。徐灝《說文解字注箋》亦據〈聘禮〉文為說，其誤同。按〈聘禮〉郊勞節，言夫人之勞不用束帛而用棗栗，其器則「二竹簠方」，鄭注云：「竹簠方者，器名也，以竹為之，狀如簠而方，如今寒具筥。筥者圓，此方耳。」賈疏云：「凡簠皆用木而圓，受斗二升，此則用竹而方，故云如簠而方。」按鄭意以簠本圓，而此獨方，故別白之曰「狀如簠而方」（簠圓而竹簠不圓，故云方）。若簠本方，則經不必贅言方矣。今此竹簠方為之者，此或所盛為棗栗，故與黍稷別異。諸家俱據〈聘禮〉文，以求合許書簋方簠圓之說，是有未審也。

至若《論語・公冶長篇》「瑚璉也」，何晏《集解》引包咸云：「周曰簠簋」，皇侃《義疏》云：「外方內圓曰簠，內方外圓曰簋。」又《詩・權輿》釋文云：「內方外圓曰簋，外方內圓曰簠」，斯說清儒多謂本於《孝經》鄭小

同注〔註24〕。聶崇義《三禮圖》卷十三引舊圖與〈權輿〉釋文合。陳祥道《禮書》卷一百一「簠簋」條下云：「簠內圓外方，簋外圓內方」，亦同。〈聘禮釋文〉「外圓內方曰簠，內圓外方曰簋」、《廣韻》簋下云「內圓外方曰簋」，《太平御覽》卷七百五十九引《三禮圖》云「簠中方外圓，簋中圓外方」，則又互易其說。王紹蘭云：

> 毛公大儒，鄭君碩學，豈有宗廟禮器方圓莫辨。揆厥所由，簠簋二器，或外方內圓或外圓內方，方圓之制，各分內外。據外而言之說出于賈氏，經典未有明文，其內圓外圓無文可證。毛公《詩》傳、鄭氏《易》注，亦但以簋為圓，不分別內外。《孝經》鄭注「內圓外方」，亦是總訓簠簋，未指何器為內圓外方，賈謂鄭據簋言，蓋因鄭注〈舍人〉「方曰簠，圓曰簋」，彼疏既據外言，故以《孝經》注內圓外方屬之簋，其實〈舍人〉注亦祇言方簠圓簋，未分內外。皇氏《義疏》「外方內圓曰簠，內方外圓曰簋」，《詩·權輿》釋文「內方外圓曰簠，外方內圓曰簋」，〈聘禮〉釋文則云「外圓內方曰簠，內圓外方曰簋」，彼此互異。今即以錢證之，錢外郭圓而內孔方，周謂之九府圜法，亦據外言，則〈聘禮〉釋文為是，〈權輿〉釋文為非。
> 毛傳據內，故簋圓簠方，《說文》據外，故簋方簠圓，所據內外異耳，並非方圓有異〔註25〕。

按王氏謂「毛傳據內，故簋圓簠方，《說文》據外，故簋方簠圓，所據內外異耳，並非方圓有異」，其說殊非。段玉裁以為「圓器之內為之方，方器之內為之圓，似以木以瓦以竹皆難為之，他器少如是者，恐《孝經》注不可信，許鄭皆所不言也。」（《說文》注簠篆下）。驗之傳世彝器，凡外圓者則內亦圓，外方者則內亦方。鼎有方鼎圓鼎之異，壺亦有方壺圓壺之殊，雖各有方圓之殊異，但內外一致，皆無內圓而外方者，亦無內方而外圓者，段說是矣。王氏以錢之外郭圓而內孔方，以證簠簋亦然，殆非其例。

夫簠簋內外方圓之說，推其原始，蓋肇於高誘之解《淮南子》。《淮南子·泰族訓》云「陳簠簋，列樽俎，設籩豆者，祝也」，注曰：「器方中者為簠，圓中者為簋。」按高氏在鄭玄之後，而遠在鄭小同前。意高氏或亦有見於許、鄭簠簋方圓之殊異，乃有此據器中之說，然其言尚未大誤。後鄭小同、皇侃

〔註24〕按清代學者多以《孝經》注非出鄭玄之手，乃其胤孫鄭小同所作。
〔註25〕見《王氏經說》，卷一頁三。《功順堂叢書》本，藝文印書館。

乃據以推演，於是而有內外方圓之論。可知鄭皇於簠簋二器，似皆未嘗目睹，彼謂有外內方圓之殊異者，非古制甚明。王黼《宣和博古圖》曰：「簠方簋圓，內外并同」〔註26〕，其說至確。蓋以昔儒有見於許書、鄭注解說簠器方圓不同，乃創為簠簋亦有內外方圓之說。由於所據內外有殊異，其說因之亦有不同，以求合許、鄭之說。實則斯皆不驗實物之所致，非簠簋有內外方圓之別也。因不憚煩而綜合文獻所見，考其原委，而辨之若此。

由簠之古文作医，再經由簠器自名中各異體字之音讀，古器形制之類同，以及文獻簠簋連文，實物出土之組合相配，與簠為方器諸端，可以確知宋人以斗狀方形器腹，下有圈足之器皿，定名為簠，蓋無可疑也。高明別医簠為二器，力反宋人之說，知其說殆有未盡然者矣。

參、簠為豆屬，非黍稷圓器

銅器中自名曰医、曰笑、曰𠂤、曰𣪘、曰𤮷、曰盨、曰鈷、曰匡、曰𠤳之粢盛方器，雖不見有自名作簠者，但綜合文獻資料與出土實物資料，相互印證，知宋人名之為簠，蓋確然無疑也。惟學者或據許書簠為黍稷圓器之說，以為銘文作簠之禮器，蓋即簠之本字。此說肇自唐蘭〔註27〕，高明撰〈盨簠考辨〉一文又詳細論證之。高氏引述唐蘭之言曰：「𤺄簠似豆而大，淺盤平底，圈足多鏤空，銘作簠，是簠的本字。宋代曾有〈劉公鋪〉，一九三二年出土的〈厚氏元匜〉，過去都歸入豆類，是錯了。《說文》『簠，黍稷圓器也』，就是這類器。」並據〈白公父盨〉，而斷定長方斗形器為医，豆形圓器為許書之簠，亦即許說黍稷圓器者是也。按医即文獻中之簠，為稻粱方器，已見前述，而簠是否即為《說文》所言黍稷圓器，蓋亦宜明辨而釐清者也。

青銅器中自名曰簠（〈微伯𤺄簠〉，見附圖一一），曰甫（〈曾中斿甫〉，見附圖一二），曰鋪（〈劉公鋪〉，見附圖一三），或曰匜（〈厚氏元匜〉，見附圖一四）之禮器，其器腹皆甚淺，平底，柄部粗矮而多鏤空，此等器之歸類，自宋人即有不同。呂大臨《考古圖》卷三著錄有〈杜嬭鋪〉一器，云：

> 按〈公食大夫禮〉「大羹湆不和，實于鉶」，鉶文從金，即金豆也。
> 此器字從金從甫，其形制似豆而卑，以為簠則非其類，以為豆則不

〔註26〕見劉善澤《三禮注漢制疏證》頁四〇三引。岳麓書社。

〔註27〕見唐蘭〈略論西周微史家族窖藏銅器群的重要意義——陝西扶風新出土墻盤銘文解釋〉，《文物》1978.3，頁二一至二二。

名鋪，古無是器，皆不可考。（頁四十八）

王黼《博古圖》卷十八亦著錄此器，題曰〈劉公鋪〉，云：

> 觀此形制，雖承槃小，異於豆，然下為圈足，宜豆類也。考禮圖有
> 所謂豐者，亦與豆不異，鄭玄謂豐似豆而卑者是也。是器形全若豐，
> 然銘曰鋪者，意其銘鋪薦之義。鋪雖無所經見，要之不過豆類。蓋
> 銘之有或異者，是宜列之於豆左也。（頁二〇）

又於卷十八卷首〈簠簋豆鋪總說〉云：

> 若夫〈劉公鋪〉，……舊以其鋪之聲與簠相近，因以附諸簠。今考簠
> 之器方，而鋪之器圓，又自與豆登略無少異。

王氏所論自名曰鋪，有鋪薦之義，雖未必然，但不以之附諸簠，而據器形屬之豆類，是亦有見焉。近幾十年來，此類器亦續有出土，學者意見雖有歧異，要不出豆屬與簠（黍稷圓器）二途〔註28〕。按以此器形為《說文》之簠，雖音同字合，器形特徵亦大致符合許說，但就器形以究其用，是有未可據信者也。

考陶豆之製作甚早，青銅豆則出現於殷商晚期，而盛行於春秋戰國。據豆形器之演變而言，其在龍山文化系統之器物群中，數量甚多，形制為淺腹粗柄而矮，隨時代之演進發展，其器腹逐深，柄逐高，至殷晚期，則腹較深，柄較細而高（見附圖一五），與西周早期之陶豆相似（見附圖一六）。石璋如於〈殷代的豆〉一文中，論述甚詳。出現於西周中期之銅簠〔註29〕，蓋即承殷商、西周之陶豆而來〔註30〕。《博古圖》卷十八著錄有〈單疑生豆〉（見附圖一七）一器，銘云：「單疑生乍養豆用享。」其器形似簠，而自名曰豆，簠、豆為同一器類，據此可得證焉。惟簠、豆二者，其大同之中固猶有小異也。簠之盤邊狹而底平，與豆盤作碗形或鉢形者有別，又簠之圈足甚粗而矮，多為鏤空，與豆柄不類〔註31〕。

《說文》云：「豆，古食肉器也。」據考古發掘所見，有一部分殷豆有獸骨或碎肉之遺存。一九八七年安陽郭家莊東南殷墓 M1 出土之銅豆，其盤

〔註28〕 詳見許道勝〈中國先秦青銅自銘𥂖及其相關問題〉一文，《鴻禧文物》第二期，頁八七。鴻禧美術館。

〔註29〕 據今考古資料所見，此類豆形器，以寶雞茹家莊所出之四件同型器為最早，其年代約在西周中期之初；扶風莊白一號窖藏所出之〈微白癲簠〉，為西周中期；長安張家坡窖藏出土淺盤豆、扶風強家村所出之鏤空豆，並屬西周晚期；湖北京山蘇家壠出土之〈曾中斿父甫〉，則屬西周晚期至春秋早期。

〔註30〕 參見陳夢家〈壽縣蔡侯墓銅器〉，《考古學報》一九五六年第二期，頁一〇五。

〔註31〕 見馬承源主編《中國青銅器》，頁一六一。上海古籍出版社。

內亦有雞骨〔註32〕，與載籍所記「食肉器」符合。又《說文》桓下云「木豆謂之豆」，籩下云「竹豆也」，登下云「禮器也」，《爾雅‧釋器》云「木豆謂之豆（豆當作桓），竹豆謂之籩，瓦豆謂之登」（《說文》作豋），是同一器類，或以木為之，或以竹為之，或以瓦為之，質料有殊，稱名亦異。總統言之，俱曰豆焉。至其為用，則亦有殊異。據經傳所見，豆薦菹醢，登實大羹，而籩所以實乾果肉脯等物，其種類尤多，《周禮‧籩人》記之詳矣。愚以為簠器者，豆之屬也，據豆形器之演變言，甚為清楚。以其形制與一般銅豆略有差殊，故器名亦異。夫以簠器底平腹淺，不能多置物，似不宜盛放黍稷，蓋非如簋、盨之深腹也。若夫〈單疑生豆〉，此器腹盤鏤空，於黍稷濡物亦皆非所宜。雖然從考古資料中，亦嘗發現陶豆中留有粟米，可以證明陶豆確有用以盛黍稷飯食者〔註33〕。但其究非一般粢盛器，何況簠器底平腹淺，所盛不多。且據考古資料顯示，簠（匿）與簋常相配同出，載籍亦多簠簋連文，而簠簋組合相配之例則鮮焉。是知簠器之確實用途，雖仍有爭議，但其非粢盛之器，蓋無可疑。唐、高二氏以簠為黍稷圓器，謂即典籍所載之簠，以求合許書，其說殆未可信也。

肆、結　語

傳世古禮器之名，皆為宋人所定。或古器自載其名，而兩宋人因以名之；或古器銘辭中均無明文，宋人但以大小之差而定之；前者如鐘鼎壺盉是也，後者如觚觶角斝是也。經傳所載方形簠器，彝銘未見有自名者，宋人以斗狀方形器腹，下有圈足之器皿屬焉，綜合文獻與考古資料，其證確鑿，可確信無疑也。惟載籍以簠稱此類方器，難免與自名為簠之似豆圓形器相混淆，此或即簠為黍稷圓器說之所由。依器物自名而據以定其名之原則，稻粱方器命之曰匿，實合於《說文》所載重文，而亦契於器物之自名。惟從夫得聲者不多，而作匿者為常見，故自孫稚雛《金文著錄簡目》以下，大抵器物分類皆將簠類逕稱為匿，或曰匿匡，以別於豆屬之簠，蓋有以也。

一九九九年春初稿
一九九九年冬二稿

〔註32〕見〈一九八七年夏安陽郭家莊東南殷墓的發掘〉，《考古》1988.10，頁八七七。
〔註33〕見王仲殊〈洛陽燒溝附近的戰國墓葬〉，《考古學報》1954年第八冊，頁一五二。

附　記

一、本文原載《大陸雜誌》第一○○卷第三期，二○○○年三月出版。

二、本文獲得國科會八十八學年度甲種研究獎助，謹此誌謝。

附圖一　叔邦父𣪘

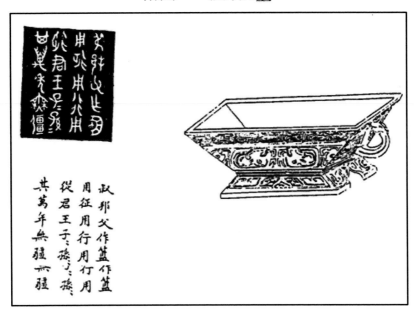

採自《博古圖》卷十八，頁六。

附圖二　弭仲𠤬

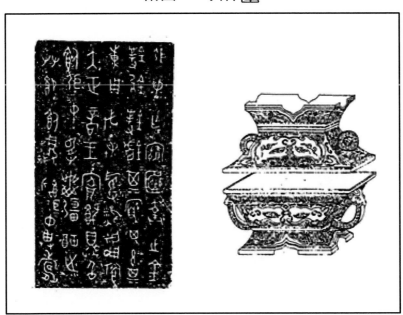

採自《考古圖》卷三頁四十三（圖）《金文總集》第四冊，頁一八一九（錄）。

附圖三　陳逆笑

採自《中日歐美澳紐所見所拓所摹金文彙編》第二冊，頁一四四。

附圖四　魯白俞父匜

採自《金文總集》第四冊，頁一七六五。

附圖五　仲其父盨

採自《考古》一九七九年第二期。

附圖六　白公父盨

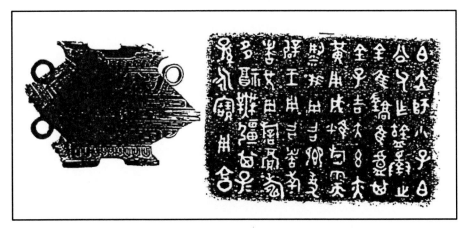

採自《陝西出土商周青銅器（三）》頁九八、九九。

附圖七　鑄公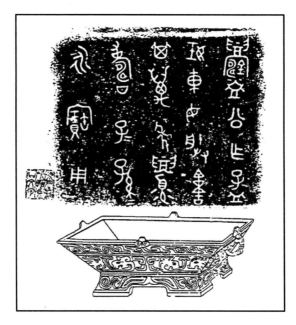

採自《金文總集》第四冊，頁一七九五。

附圖八　魯士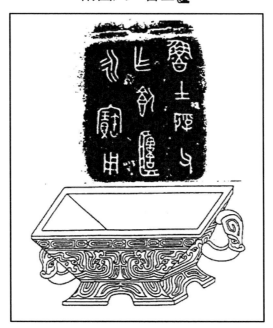

採自《金文總集》第四冊，頁一七四五。

附圖九　史免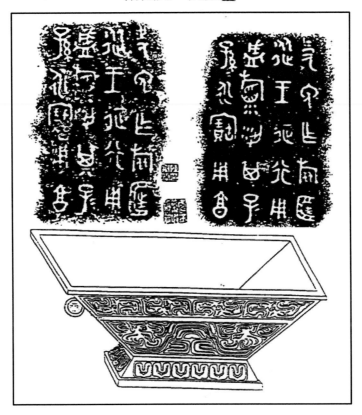

採自《金文總集》第四冊，頁一七九一。

附圖一○　

採自《陝西出土商周青銅器（二）》，頁二○五。

附圖一一　微白瘭簠

採自《陝西出土商周青銅器（二）》，頁七五。

附圖一二　曾中斿父甫

採自《文物》一九七二年第二期。

附圖一三　　劉公鋪

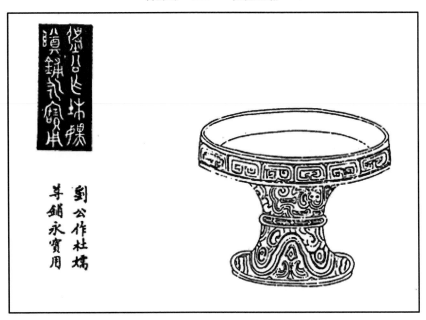

採自《博古圖》卷十八，頁二○。

附圖一四　　魯大嗣徒厚氏元匜

採自《文物》一九六六年第五期（圖）《金文總集》第五冊，頁一九三七（錄）。

附圖一五　　小屯出土陶豆

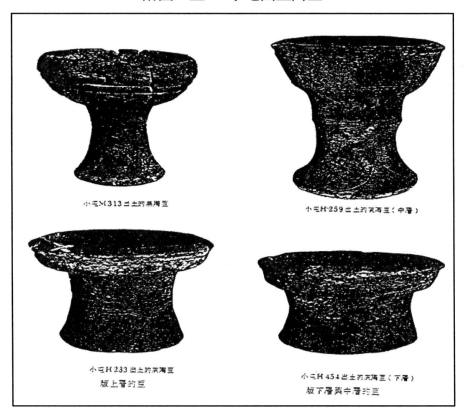

採自《史語所集刊》第三十九本上冊

附圖一六　　張家坡、客省莊出土西周陶豆

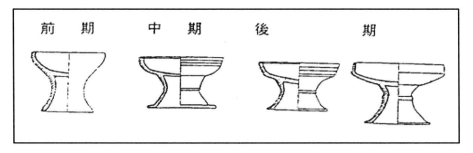

（一）採自《世界陶磁全集》第十冊「中國古代」，頁一九六。

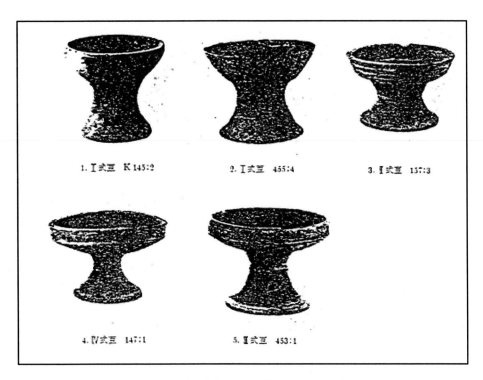

1. I 式豆 K 145:2 2. I 式豆 455:4 3. II 式豆 157:3

4. IV 式豆 147:1 5. III 式豆 453:1

（二）採自《灃西發掘報告》圖版柒玖

附圖一七　單疑生豆

採自《博古圖》卷十八，頁一四。

匡器辨

壹、前 言

　　許慎《說文》匚部云「匡，飯器也，筥也。从匚㞷聲。筐或從竹」，竹部云「簠，黍稷圜器也。从竹從皿，甫聲」，是許書匡簠為二器，極為明白。惟檢諸彝銘，〈尹氏貯良簠〉、〈師麻孝叔簠〉、〈史免簠〉、〈叔家父簠〉，與夫〈尹氏叔姛簠〉、〈寏妜簠〉，諸簠字並作匿，蓋即文獻簠簋之簠，亦即許書釋為黍稷圜器者也，與《說文》匚部匡（筐），取名雖同而其器則有異焉。吳大澂《說文古籀補》、強運開《說文古籀三補》以及容庚《金文編》諸書，皆據許書次第，收上舉諸字置於卷十二匚部「匡」篆下，廁於匚、㔶二篆之間，蓋以金文之匿即為許書之匡（筐）也。丁福保編《說文解字詁林》，於匡篆下亦收錄容庚《金文編》所錄匿篆，蓋亦以金文之匿，與許書所收之匡（筐）為一字。至其器物是否有異，惟《古籀補》引許書匡篆說，餘皆未嘗言之。古器物學者，或亦引許書、《詩》傳之文為說，以為先秦典籍所載匡（筐）器，與出土匡器為一物。所異者，一為竹編，一為銅器。然考之載籍，徵之出土實物，可以確知許書所收匡（筐）篆，與金文匿字，其名雖同，而其實則有別異，二物殆不容相混。因撰斯篇，詳加探討辨析，以見出土匡器與典籍所載匡器，乃同名而異實，非一器也。

貳、文獻資料所見之匡（筐）器

一、經傳所見匡（筐）簠為二器

　　據文獻資料所見，筐與筥為對文，簠與簋為對文，而諸器並舉者，亦或

有所見。

　　　△《周禮・舍人》:「凡祭祀,共簠簋,實之,陳之。賓客亦如
　　　　之。」

　　　△《周禮・饎人》:「凡賓客,共其簠簋之實,饗食亦如之。」

　　　△《禮記・曾子問》:「天子嘗禘郊社之祭,簠簋既陳……。」

　　　△《禮記・禮運》:「實其簠簋、籩豆、鉶羹。」

　　　△《禮記・樂記》:「簠簋俎豆,制度文章,禮之器也。」

　　　△《孝經・喪親章》:「陳其簠簋而哀慼之。」

　　考簠簋二器連言,其時代蓋在東周以後,始沿用成習。二者並為粢盛之
器,但簠以盛稻粱,簋以盛黍稷,其用於燕饗,二器所盛則有殊異。檢諸《儀
禮》,〈聘禮〉、〈公食大夫禮〉二篇,可得確證〔註1〕。若夫筐筥對舉,則早
著錄《詩經》〈采蘋〉、〈采菽〉、〈良耜〉諸篇。且以筐為篚屬,故經說亦每
筐篚對舉,見於《詩・鹿鳴・序》、《尚書》〈禹貢〉、〈武成〉孔傳。而匡之
用以盛藏布帛書籍者,則與篋同(〈士冠〉「同篋」,鄭注:「隋方曰篋。」),
故筐篋亦每並稱,見《荀子・榮辱》、《漢書・賈誼傳》。又籮者竹高篋也,
故《楚辭》〈湣命〉、〈怨思〉亦見筐籮連言。蓋筐篚篋籮,皆制同小異,俱
為方器也。《周禮・掌客》云:

　　凡諸侯之禮:上公五積,皆眡飱牽,……飱五牢,食四十,簠十,
　　豆四十,鉶四十有二,壺四十,鼎簋十有二,牲三十有六,皆陳。
　　饔餼九牢,其死牢如飱之陳,牽四牢,米百有二十筥,醯醢百有二
　　十罋,車皆陳。車米眡生牢,牢十車,車有五籔,車禾眡死牢,牢
　　十車,車三秅,芻薪倍禾,皆陳。

　　鄭注云:「簠簋之實,其米實于筐,豆實實于甕。」賈疏云:「鄭皆
　　約〈公食大夫〉解之。」

又《儀禮・聘禮》歸饔餼於賓介節,云:

　　八簋繼之,黍,其南稷,錯。……兩簠繼之,粱在北。……六簋
　　繼之,黍,其東稷,錯。……兩簠繼之,粱在西。皆二以并,南
　　陳。……米百筥,筥半斛,設于中庭,十以為列,北上。黍稷稻

〔註1〕詳見拙作〈簠簋為黍稷圓器說質疑〉「簠與匜匚匡之器用,文獻彝銘所載相同」
　　　一節。《大陸雜誌》第100卷第3期,2000年3月。

皆二行,稷四行。門外米三十車。車秉有五籔,設于門東為三列,東陳。」

凌廷堪《禮經釋例・飲食之例下》「凡牲殺曰饔,生曰餼……」條下云:「以米言之,簠簋之米從飪牢,筥米從腥牢,車米從生牢,經例甚明。」

胡培翬《儀禮正義》云:「簠簋之米係已炊為飯者,故從飪牢;筥米係舂熟可即炊者,故從腥牢;車米係留以備用者,故從生牢。《釋例》說似亦可從。」

按〈掌客〉、〈聘禮〉,簠、簋、筥三器並列,簠以盛黍稷,簋以盛稻粱,筥以盛米。隨所盛不同,而其所用之禮器亦因之而異。楊樹達曰:「古書筐與筥為對文,簠與簋為對文,匡與簠非一物。」〔註2〕是據簠簋連言,筐筥對舉,以及簠簋筥並列,可以推知文獻所載簠、簋、筐、筥為四種不同之器類,蓋較然可見。

二、先秦典籍所載匡(筐)簠器用有殊

《說文》匸部匡篆下云:「飯器也,筥也。從匸㞷聲。筐或从竹。」按許氏以匡(筐)為飯器,但檢諸先秦典籍,匡(筐)之為用甚廣,實不專以盛飯而已。茲就所見,縷列於後:

1. 或用以盛黍稷稻粱:

△ 《詩・良耜》:「畟畟良耜,俶載南畝。播厥百穀,實函斯活。或來瞻女,載筐及筥,其饟伊黍。」鄭箋:「筐、筥,所以盛黍也。」

△ 《儀禮・聘禮》:「大夫餼賓大牢,米八筐。……上介亦如之。眾介皆少牢,米六筐,皆士牽羊以致之。」鄭注:「其陳於門外,黍粱各二筐,稷四筐,二以並,南陳,無稻。」

△ 《儀禮・聘禮・記》:「凡餼,大夫黍粱稷,筐五斛。」鄭注:「謂大夫餼賓上介也。」賈疏云:「案上經云『大夫餼賓大牢,米八筐,眾介米六筐』,不辨大小,故此記入辨之。」

△ 《儀禮・公食大夫禮》:「若不親食,使大夫以侑幣致之。豆

〔註2〕 見《積微居金文說》卷四頁七八,〈叔家父簠再跋〉,北京中華書局。

實實于甕，簠實實于筐。」鄭注：「筐米四。」賈疏云：「筐米四者，上文上大夫八簠，今乃生致之，黍稷宜各一筐，稻粱又二筐，故云米筐四。」

△《儀禮・士喪禮》：「貝三實于笄，稻米一豆實于筐。」鄭注：「豆，四升。」

2. 或用以盛煎穀：

△《儀禮・士喪禮》：「熬黍稷各二筐，有魚腊饌于西坫南。」

△《儀禮・士喪禮》：「設熬，旁各一筐，乃塗。」

△《禮記・喪大記》：「熬，君四種八筐，大夫三種六筐，士二種四筐，加魚腊焉。」鄭注：「熬者，煎穀也。《士喪禮》曰『熬黍稷各二筐』，又曰『設熬，旁各一筐』，大夫三種，加以粱；君四種，加以稻。四筐手足皆一，其餘設於左右。」

3. 或用以盛菹：

△《周禮・司巫》：「祭祀，則共匰主及道布及菹館。」鄭注：「菹之言藉也，祭食有當藉者，館所以承菹，謂若今筐也。」賈疏云：「筐，所以盛菹者也。」

按菹即〈士虞〉之苴，以供藉祭者。館即〈士虞〉之筐，用以盛苴者。

△《儀禮・士虞禮》：「苴刌茅，長五寸，束之，實于筐。饌于西坫上。」胡培翬《正義》曰：「苴刌茅，謂斷茅以為苴，而置黍稷之祭於其上。」

4. 或用以盛幣帛：

△《尚書・禹貢》：「厥貢漆絲，厥篚織文」，偽孔傳：「織文，錦綺之屬，盛之筐〔註3〕篚而貢焉。」

△《詩・鹿鳴》：「呦呦鹿鳴，食野之苹。我有嘉賓，鼓瑟吹笙。吹笙鼓簧，承筐是將。」序云：「鹿鳴，燕群臣嘉賓也。既飲食之，又實幣帛筐篚，以將其厚意。」毛傳：「筐，篚屬，

〔註3〕按筐本作篚，據阮元《校勘記》改。

所以行幣帛也。」

△ 《荀子・榮辱》:「今人之生也,……餘刀布,有囷窌,然而衣不敢有絲帛;約者有筐篋之藏,然而行不敢有輿馬。」楊注:「筐、篋,藏布帛者也。」

5. 或用以盛蘋、菽藿

△ 《詩・采蘋》:「于以采蘋,南澗之濱,于以采藻,于彼行潦。于以盛之,維筐及筥。」毛傳:「方曰筐,圓曰筥。」

△ 《詩・采菽》:「采菽采菽,筐之筥之」,孔疏云:「筐、筥,所以受采之菜。」

6. 或用以盛桑葉

△ 《詩・七月》:「春日載陽,有鳴倉庚,女執懿筐,遵彼微行,爰求柔桑。」鄭箋:「柔桑,稚桑也。蠶始生,宜稚桑。」

7. 或用以盛糗:

△ 《國語・楚語下》:「昔鬭子文三舍令尹,無一日之積,恤民之故也。成王聞子文之朝不及夕也,於是乎每朝設脯一束、糗一筐,以羞子文。」韋注:「糗,寒粥也。筐,器名也。」

按《廣雅・釋器》:「糗,糒也。」《說文》米部:「糒,乾飯也。」〔註4〕《左傳》哀公十一年杜注:「糗,乾飯也。」鄭注〈漿人〉六飲之「涼」:「今寒粥,若糗飯雜水也。」是糗本乾飯,糗飯雜水,乃為寒粥。

8. 或以為曲薄:

△ 《禮記・月令》季春:「是月也,……具曲植籧筐。后妃齊戒,親東鄉躬桑。禁婦女毋觀,省婦使以勸蠶事。」鄭注:「時所以養蠶器也。曲,薄也。」

按季春養蠶之事,《呂氏春秋》、《淮南子》亦有記載。《呂

〔註4〕 按據段注本,玄應《一切經音義》十五引正作「乾飯也。」

覽・季春》云：「具挾曲蒙筐」，高注曰：「曲，薄也。青徐
謂之曲，底曰蒙，方底曰筐，皆受桑器也。是月立夏蠶生，
故敕具也。」《淮南・時則篇》云：「具樸曲筥筐」，高注曰：
「曲，薄也。青徐謂之曲，員底曰筥，方底曰筐，皆受桑
器也。」

9. 或用以漉酒：

△ 《詩・伐木》：「伐木許許，釃酒有藇。」又云：「有酒湑我，
無酒酤我。」毛傳：「以筐曰釃，以藪曰湑。湑，茜之也。」
孔疏云：「筐，竹器也。藪，草也。漉酒者，或用筐，或用
草。用草者，用茅也。」

由上所引諸文可知，筐器之為用，甚為廣泛。蓋以其器多用竹編製而成，
故能施用多方，不拘一途。若夫簠器之為用，其見於文獻者，則以《儀禮》
所記為詳。〈聘禮〉歸饔餼於賓介節：「堂上八簋，黍，其南稷，錯。西夾六
簋，黍，其東稷，錯」，又〈公食大夫禮〉正饌設六簋：「宰夫設黍稷六簋」，
據此，則簋為盛黍稷之器明矣。〈聘禮〉歸饔餼：「堂上兩簠，粱在北，西夾
兩簠，粱在西」（按鄭注：「簠不次簋者，粱稻加也」），〈公食大夫禮〉為賓
設加饌：「宰夫授公飯粱，公設之于湆西」，又云：「宰夫膳稻於粱西」，又云：
「賓坐席末，取粱即稻，祭于醬湆閒」，又云：「賓北面自閒坐，左擁簠粱，
右執湆以降」〔註5〕據此，則簠為盛稻粱之器亦明矣。故鄭注〈掌客〉云：
「簠，稻粱器也。簋，黍稷器也。」，注〈公食大夫禮〉「宰夫膳稻于粱西」，
云：「進稻粱者以簠」。此就文獻所載匡簠之施用，而知二者本非一器，當無
可疑。

參、考古資料所見之匡器

一、出土匡器與文獻匡器為同名異實

古彝器中，有自名曰匡，或匡匜者，其形制為長方形斗狀器腹，下有圈
足，器與蓋同形，合之則為一器，分之則為相同之二器。見於《金文總集》

〔註5〕按〈公食大夫禮〉「左擁簠粱」，毛本簠作簋，唐石經、嚴本集釋、通解、敖
氏俱作簠，阮氏《校勘記》已言之。《禮記、曲禮上》「執食興辭」，孔疏引此
禮正作「左擁簠粱」，擬從簠字是矣。

—116—

箸錄者有：

〈尹氏叔㜏匡〉（《金文總集》2899）

〈白□父匡〉（《金文總集》2901）

〈𡧛姒匡〉（《金文總集》2916）

〈師麻姷叔匡〉（《金文總集》2929）（見附圖一）

〈尹氏貯良匡〉（《金文總集》2930）

〈史免匡〉（《金文總集》2954）

〈叔家父匡〉（《金文總集》2972）

　　此器類之形制，與自名曰匡（〈叔邦父匡〉，見附圖二）、曰笑（〈陳逆笑〉）、曰𢽾（〈季公父𢽾〉）、曰𣊡（〈鑄公𣊡〉）、曰𣊡（〈魯士𣊡〉），以及曰匜（〈季良父匜〉，見附圖三）、曰盨（〈白公父盨〉）、曰𣎴（〈仲其父𣎴〉）、曰鉆（〈西替鉆〉）、曰匱（〈𤔲𢖽匱〉）者，完全相類，俱作長方形斗狀器腹。故自汴宋以還，學者皆將此類器定為一器。夫以匡與匜為同器物之不同稱謂，故銅器中，有合匡匜而曰「匡匜」者，見於〈陳公子仲慶匡匜〉。其辭曰：「陳公子中慶自乍匡匜，用祈眉壽，萬年無彊，子=孫=永壽用之。」〔註6〕

　　稽之漢儒經注，筐為方器，始見〈采蘋〉「維筐及筥」毛傳，其言曰：「方曰筐，圓曰筥。」後之說者，俱無異辭。今所見筐器圖象，以聶崇義《三禮圖》為最早（見附圖四）。聶氏引舊圖云：「筐以竹為之，大筐受五斛，小筐受五斗。」其後為禮圖者，若宋陳祥道《禮書》、楊甲《六經圖》、明劉績《三禮圖》、清《欽定三禮義疏》、黃以周《禮書通故》，以迄吳之英之《儀禮奭固禮器圖》，大抵皆沿舊圖，器形如凵。若有所異，則器座之有無耳。或為方底座，聶崇義《三禮圖》、黃以周《禮書通故》是也；或易底座為四短足，吳之英《儀禮奭固禮器圖》（見附圖五）是也；或為平底，楊甲《六經圖》（見附圖六）、劉績《三禮圖》是也。其形制，視出土匡器，斜壁似斗者，相差甚遠。劉心源曰：

　　　　《說文》：「匡，飯器，筥也」，與簠碻是兩物。後人習見簠，不知

　　　　古器尚有。藉非《說文》，將何取證？今別為一類，從實也。〔註7〕

按細繹劉說，蓋以許書匡（筐）與簠為二物，其說是矣。然以出土匡器，以為即典籍所載匡（筐）器，是乃混同二者為一而無別也。其書別簠匡為二類，

〔註6〕　見〈湖北隨縣城郊發現春秋墓葬和銅器〉，頁35。《文物》1980年第一期。

〔註7〕　《奇觚室吉金文述》，卷五頁三四〈尹氏匡〉，藝文印書館。

匡類箸錄有〈尹氏匡〉、〈師麻斿叔匡〉、〈叔家父匡〉三銘，蓋以銅匡與簠為二器，亦非其實（詳後）。其後學者，亦多以先秦典籍所載之匡（筐）與出土匡器為一物，其誤殆與劉同。陳夢家於〈中國銅器概述〉曰：

> 簠之自名有三：……三、《金文編》所錄自稱匡者五器，《說文》「匡，飯器，筥也」，《詩·采蘋》「維匡與筥」，傳：「方曰匡」，又〈良耜〉「載匡及筥」，箋：「匡、筥，所以盛黍稷也。」〔註8〕匡為方器而盛黍稷者，是匡亦簠也。〔註9〕

朱鳳瀚《古代中國青銅器》亦曰：

> 宋以來學者將青銅器中一種長方形，斗狀，器蓋同形的器物定為簠，但此種器物在銘文中的自名其字皆不作簠，較習見的字形可分為以下幾類：（1）匠、𣪘、𣪘、𥪝、鈷，（2）𣪠、𥪝，（3）匡、匩、匡。第（3）類從王、黃得聲，上古韻皆在陽，學者認為此類字均宜讀為匡，即筐。《說文》「匡，飯器」，《詩經·召南·采蘋》：「維筐及筥」，傳曰：「方曰筐」，《詩經·周頌·良耜》：「載筐及筥」，箋曰：「筐、筥，所以盛糇糧也」〔註10〕。可見匡（筐）可作盛糇糧之器，當是簠的異稱，此說有一定道理。惟上引〈采蘋〉與〈良耜〉中之筐均是竹編器，故從竹為形符。銅匡與竹筐形近同，用途有相同處（惟竹筐因是竹制，亦可盛菜，故〈采蘋〉一詩中言以其盛蘋），只是使用不同質材製成。〔註11〕

按陳、朱俱引《說文》，以及毛傳、鄭箋為說，則知二氏蓋與劉心源《吉金文述》，並合出土銅匡與載籍匡器為一物，亦無不同。

容庚以銅器匡為簠之別名〔註12〕，陳芳妹亦以為匡（筐）有指稱銅器名之可能。其言曰：

> 〈聘禮〉「大牢米八筐」（大夫饋賓章），〈士喪禮〉「熬黍稷各二筐」（陳大斂衣奠乃殯具章），看來筐是盛糧器，甚或是盛飯器。《詩》毛傳：「方曰筐」，更說明筐是方形器。許慎《說文解字》匡字云：「匡，飯器。從匚生聲。筐或從竹。」匡字既見於扶風出土的西周

〔註8〕按鄭箋，陳氏誤作毛傳，據改。
〔註9〕《海外中國銅器圖錄》，頁一九，台聯國風出版社。
〔註10〕按鄭箋，朱氏誤作毛傳，據改。
〔註11〕《古代中國青銅器》，頁八二，南開大學出版社。
〔註12〕見《商周彝器通考》上冊，頁三五七，哈佛燕京學社。

晚期的方形銅器中，許慎對匡字所瞭解的功能及資料，以及毛傳論
「匡」字所指的器形，必有所本。唯解經者，一般僅將「筐」字解
為竹器，而不能接受「筐」字只是或從竹，也有指稱銅器名的可能
性。容庚將「匡」字視為方形器——簠的別名，而不是專名，應是
較為安全而保守的論點。〔註13〕

按簠亦名匡，彝銘可證，無庸贅述。容氏似亦不以為簠即文獻中所見之匡
（筐）。陳氏謂「解經者，一般僅將『筐』字解為竹器，而不能接受『筐』
字只是或從竹，也有指稱銅器名的可能性」，雖未明言銅器中之匡，是否與
文獻中之匡為一器，但以竹器之匡（筐），或亦可能用以為銅器名，其說至
確。是容陳二氏縱未逕指文獻與銅器中所見之匡為同名異實，但細繹其說，
亦並未以二者為一器，似可確定。夫古人之於物類，每依形色區分，其形體
類似，則多施以同一之名，或逐彼物之稱以名此物，蓋不嫌同辭也。雖其名
謂稱呼，容有先後之不同，但皆以形似，而命名共用一字，則可以確知無疑。
王國維之《爾雅草木蟲魚鳥獸釋例》以及劉師培之《物名溯源》、《物名溯源
續補》，論述詳矣。郭寶鈞於《商周銅器群綜合研究》，謂銅匡本即「仿竹筐
為之，〈史免簠〉、〈尹氏簠〉并以筐自名」〔註14〕。是知銅匡之命名，乃逐
竹匡之稱以名焉。所以然者，蓋即緣二器形似之故也。其為異物而共名，實
可無疑。孔德成撰《簠簋觚觶說》一文，於今傳簠器簠字作𠥓、𠥓、𠥓諸
形者，亦有徵引，云：

> 簠之形似匡，故又曰匡。按匡亦方器，《詩·采蘋》『維筐與筥』，
> 傳：『方曰筐』，左隱三年：「筐筥錡釜之器」注，及《禮記·月令》：
> 「治曲植籧筐」注亦云「方底曰筐。」至《詩·良耜》箋：「筐、
> 筥，所以盛黍」〔註15〕，則筐者亦盛粢糧之器，更可證簠筐之密
> 切關係者也。簠筐後出字，其初只匡字耳。〔註16〕

細繹孔說，蓋謂稻粱方器之簠，所以亦名匡者，乃取其形似匡（筐）筥之匡
故也。然則孔氏以銅匡與載籍所載匡（筐）器有別，二器乃同名而異實，蓋
亦明矣。斯猶出土箕器，其形制似豆而有異，其器用二者亦有不同。箕之盤

〔註13〕見《商周青銅粢盛器特展圖錄》，頁七四，國立故宮博物院。
〔註14〕見《商周銅器群綜合研究》，頁一三七，文物出版社。
〔註15〕按鄭箋，孔氏誤作毛傳，據改。
〔註16〕見《金文詁林》卷五上頁二七九七引，香港中文大學。

狹而底平，與豆盤作碗形或作鉢形者有別。又簠之圈足甚粗而矮，多為鏤空，與豆不盡類似〔註17〕。《博古圖》卷十八著錄有〈單疑生豆〉一器，其銘云：「單疑生乍養豆用享。」其器形似簠，而自名曰豆，其與豆之關係，於此可以知之。陳夢家以為此器類乃承殷商、西周之陶豆而來〔註18〕，其說是已。若夫簠之為用，如〈單疑生豆〉者，此器腹盤鏤空，於濡物亦非所宜。是知簠但為豆屬耳，而與豆固非一器也。銅匡與載籍習見之匡（筐）為二器，亦猶簠與豆之比，以其為一器者，恐非其實也。

二、出土匡器與文獻簠器為異名同實

簠之為器，見諸先秦載籍，而習與簋器連言，曰簠簋。《周禮·舍人》：「凡祭祀共簠簋，實之，陳之。」鄭注云：「方曰簠，圓曰簋。」惟許慎《說文》竹部，則謂簋方簠圓，與鄭說異。

鄭玄有《三禮圖》，惜已不傳。今所見簠器圖，亦以聶崇義《三禮圖》所載為最早。聶氏引舊圖云：「外方內圓曰簠，內方外圓曰簋」，並繪有蓋，蓋頂作一小龜形（見附圖七）。楊甲《六經圖》、《欽定三禮義疏》簠圖同。陳祥道《禮書》則作外圓內方，與聶圖殊異。黃以周《禮書通故》簠器圖，其形制殆與筐器圖相似，所異者，質料或有不同，而器蓋之有無耳（見附圖八）。驗諸古彝器，凡外圓者內亦圓，外方者內亦方，內外一致，未有例外。舊圖蓋因魏晉以後，師說方圓之互異，遂有內方外圓與內圓外方之分，此蓋欲調停許鄭簠簋方圓之異同耳。斯說殆不足為據〔註19〕。惟劉績《三禮圖》參考彝器作簠圖（見附圖九），與舊圖迥異，頗具卓識。

按古代器皿，同一器焉，或以金為之，或以瓦為之，或以竹木為之，其質容有不同。而同一器焉，其或隨時代不同，其制亦有稍變。且夫竹木之器，不能傳久，而以金為之者，漢儒亦未必皆嘗目睹。是禮書所記禮樂諸器，漢儒箋注已不能無誤。後之治禮者，或憑箋注臆定形狀，其圖之失真，蓋亦可知矣。驗諸古彝器，簋器習見，而未見有聶圖及《禮書通故》禮器圖所載簠器者。夫簠簋連文，經傳常見，而簠器按舊圖以索求，則不得其證驗。是簠之形制，殆非如後世治禮者所繪之圖象，蓋昭然顯見。

〔註17〕見馬承源主編《中國青銅器》，頁一六一，上海古籍出版社。
〔註18〕參見〈壽縣蔡侯墓銅器〉，頁一○五，《考古學報》1956 年第二期。
〔註19〕詳見拙作〈簠簋為黍稷圓器說質疑〉「簋為方器，鄭說是而許說非」一節。

　　自宋儒以還，學者將前舉銅器中自名為匡、医、𥬠、𠤳、𩰫、𠤳、盠、鈷、匡、匱等長方形斗狀器，謂即文獻所載簠簋之簠。惟檢諸彝器，未有自名曰簠者。是故近年以來，有學者質疑，以為簠乃盛黍稷之圓形禮器，形制似豆，其自名為𥬠、鋪、匭，而上舉諸字而以往通稱為簠者，均應讀為《論語・公冶長》「瑚璉」、《禮記・明堂位》「六瑚」以及《左傳》哀十一年「胡簋之事」之瑚或胡，不應讀為簠，乃別簠與匡為二器，而以許書簠訓黍稷圓器為不誤。斯說肇自唐蘭，而高明〈盨簠考辨〉又詳為論證。然據現有資料，簠、医、匡、匡等雖是不同稱謂，但其實則一，為盛稻粱之方器也。至若𥬠器者，殆為豆屬，與簠為異器。此從匡匡器類，彝銘偶或紀其器用，即可證實：

　　　　〈弭仲𠤳〉：「用盛秫稻糯粱」（《金文總集》2983）
　　　　〈白公父盠〉：「用盛糯稻糯粱」（《金文總集》2984）
　　　　〈曾白霥匡〉：「用盛稻粱」（《金文總集》2986）
　　　　〈史免匡〉：「用盛稻粱」（《金文總集》2954）
　　　　〈叔家父匡〉：「用盛稻粱」（《金文總集》2972）
　　　　〈叔朕匡〉：「用敔稻粱」（《金文總集》2979）

　　筆者嘗撰〈簠𥬠為黍稷圓器說質疑〉一文，於簠匡器用，文獻彝銘所載相同，曾有詳細敘述。並就簠之古文医，再經由簠器自名中各異體字之音讀，古器形制之類同，以及經傳簠簋連言，實物出土之組合相配，與夫簠為方器諸端，論述宋人以長方形斗狀器物，下有圈足之器皿，定名為簠，其說可信，茲不贅述。是知出土銅匡，乃三禮中所習見，而用以盛稻粱之簠器，二者稱謂雖有不同，而其實則未有以異。

肆、結　語

　　陳祥道《禮書》有言：「天下之物，固有同名而異實。〈聘禮・記〉曰：『四秉曰筥，十筥曰稯。秉把也，與十藪之秉不同。筥稯也，與半斛之筥不同。』」〔註20〕其言蓋有以也。古文字學者將彝銘匡字，據其字形，收錄於《說文》匚部訓飯器之匡篆下。就其字形而言是矣，然究之實物，則判然為二器，不容淆混。綜合經傳載記以及出土實物資料以觀之，可知載籍匡簠二器殊異，而古器物中之匡，與載籍所言簠簋之「簠」，實為一器之異稱。蓋以銅器之

────────────────

〔註20〕見《禮書》，卷一〇四，頁九筥條下，《四庫全書》本。

匜晚出,其制長方,形似匚(筐)筥之匚,故亦名為「匚」。所以然者,蓋古人因物立名,每依形色區分,故凡形色近似者,則多施以同一之名,不嫌同辭也。此所以異實而同名者,其例不乏也。

附 記

本文原載《慶祝周一田先生七秩誕辰論文集》,題曰文獻與考古資料所見匜器考辨,二〇〇一年三月萬卷樓出版。

附圖一　師麻孝叔匡

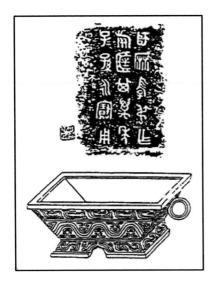

採自《金文總集》

附圖二　叔邦父匡

採自《博古圖》

附圖三　季良父匡

採自《金文總集》

附圖四　聶崇義《三禮圖》筐圖

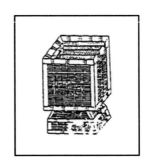

附圖五　吳之英《儀禮奭固禮器圖》筐圖

附圖六　楊甲《六經圖》筐圖

附圖七　聶崇義《三禮圖》簠圖

附圖八　黃以周《禮書通故》簠圖

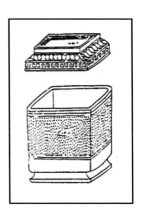

附圖九　劉績《三禮圖》簠圖

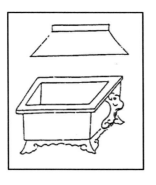

兕觥辨

壹、前　言

　　觥，字亦作觵，或謂之兕觥，古飲酒器之一。其形制，蓋象牛角形，漢儒以下，研經之士俱無異辭。惟自汴宋，先秦古器大出，無名氏《續考古圖》著錄兕觥二器，蓋作牛首形，而兕觥形制及其施用，說者遂有不同。王國維撰〈說觥〉一文，辨觥匜二器之別，以似水器之匜，蓋作牛首形者，為文獻所見酒器之觥，其無蓋者為匜。考據精詳，學者翕然從之。致使文獻所見之角形兕觥，與出土蓋為牛首形，名稱定自宋人之兕觥，混然而無別。孔德成嘗撰〈說兕觥〉、據文獻與出土實物相印證，以《西清續鑑》所錄角形銅器名觥為是。其後屈萬里發表〈兕觥問題重探〉一文，踵繼孔說，質疑王說之非然。但研究古器物者，仍有以宋人所定兕觥，視為文獻所載之兕觥而無殊異者，而對兕觥是否作罰爵之用，亦有所質疑。因搜檢文獻與出土資料，以及前賢時修之說，詳作探討，以見宋人所定與文獻所載之兕觥蓋為不同器類，而兕觥或用以行罰，亦未必為非云。

貳、觥為角爵漢儒說可信

　　觥，古之飲酒器。《說文》角部觵篆下云：「兕牛角可以飲者也。从角黃聲。觥，俗觵从光。」許說觵為正字，觥為俗字，今經典惟《周禮》作觵，見〈閭胥〉、〈小胥〉等職。《毛詩》皆從俗作觥，凡四見，且皆與兕連言，曰兕觥。《詩·周南·卷耳》「我姑酌彼兕觥」，《豳風·七月》「稱彼兕觥」，《小雅·桑扈》「兕觥其觩」（《周頌·絲衣》同）。是觥者，其初或即用兕牛角為

之，故《詩》並稱兕觥。以其質用兕角，而觥者爵名，為飲酒之器，故亦云角爵，〈卷耳〉毛傳云：「兕觥，角爵」是也。亦謂之兕爵，《左傳》昭公元年云「穆叔子皮及曹大夫興，拜，舉兕爵」是也。又觥以兕角為之，故亦通稱為角，《禮記·少儀》：「不角」，鄭注云：「角謂觥，罰爵也。」此與「四升曰角」之角異〔註1〕。

《詩·卷耳》孔穎達疏云：「《禮圖》云『觥大七升，以兕角為之。』先師說云『刻木為之，形似兕角。』蓋無兕者用木也。」〈閟宮〉鄭注亦云：「其爵以兕角為之。」可知《周禮》鄭注及孔疏所引《禮圖》之說，皆謂觥係兕角所為，亦與許慎《說文》同。惟孔疏又引先師說云：「『刻木為之，形似兕角』，蓋無兕者用木也。」孫詒讓以為先師之說，於古無徵，疑不足據〔註2〕。惟徵諸載籍舊說，知孫說恐未必然也。蓋古代器皿，其形制既異，資料或亦有殊。同一器也，或以金為之，或以瓦為之，或以木為之，所用資料不同如此。如今所見犧尊，悉為銅器，而《莊子·天地》云「百年之木，破為犧尊」，《淮南子·俶真篇》云「百圍之木，斬而為犧尊」，可知古之犧尊，亦有木製者。又如豆，《爾雅·釋器》云：「木豆謂之豆」，《太平御覽》卷七百五十九引《三禮圖》云：「豆以木為之」，《周禮·瓬人》為豆，《儀禮·少牢饋食禮》有瓦豆，而今傳世所見皆為銅豆。蓋木瓦之器，不能傳久，易致壞朽。故不能以今所見皆銅器，而謂經傳所云瓦木皆非事實也。錢玄〈三禮名物圖表·總說〉〔註3〕言之詳矣。

兕觥之形制，為角形之器，炎漢儒者以降，說經者略無異辭。逮清阮元、馬瑞辰乃有觥為酒器中「四升曰角」之角之論。《西清續鑑》卷十二著錄角形銅器一件，定名為兕觥（見附圖一），與《三禮圖》所繪相合（見附圖二）。中研院史語所發掘安陽西北岡，亦得一件體身極似兕牛角之銅器（見附圖三），與《西清續鑑》所錄兕觥相同。惟多一蓋，形狀正象兕角，觩然而曲，並與〈桑扈〉、〈絲衣〉所言「兕觥其觩」符合。1954年江蘇丹徒煙墩山亦出土角形銅器一件〔註4〕（見附圖四），其前面尖端尤較上舉二器為曲。孔

〔註1〕 馬瑞辰謂兕觥即四升曰角之角，亦即〈少儀〉「不角」之角，蓋混兕觥與四升曰角之角為一器而無別。見《毛詩傳箋通釋》。

〔註2〕 《周禮正義·閟宮疏》標點本，第三冊，總頁886。北京中華書局。

〔註3〕 見《國學論衡》第五期，頁五四。

〔註4〕 見〈江蘇丹徒縣煙墩山出土的古代青銅器〉，《文物參考資料》，1955年第5期，頁五八。

德成撰〈說兕觥〉一文，取文獻與地下出土實物相互印證，以為《續鑑》所定為是，其說信而有徵，可以確然無疑〔註5〕。

或謂《詩·卷耳》「我姑酌彼兕觥」，與上章「我姑酌彼金罍」對舉，兕觥為盛酒之器，遂疑兕觥不應是兕角形之飲器〔註6〕。孔氏於此亦有詮釋，論定兕觥為飲器，非盛酒容器，以釋人之疑。其言曰：

〈七月〉「稱彼兕觥」，稱訓為「舉」。……《左傳》亦稱「舉兕爵」，為飲器，故言舉也。至〈卷耳〉「我姑酌彼兕觥」，固與上章「我姑酌彼金罍」對言，……但《說文》云：「酌、盛酒行觴。」段玉裁注：「盛酒於觶中以飲人曰行觴。〈投壺〉云：『命酌曰：請行觴。』觶實曰觴。」觶亦飲器也。「酌彼金罍」，可解為取酒於彼金罍之中。「酌彼兕觥」，則應訓盛酒飲人，以彼兕觥也。則觥為飲器，與爵、觶等同用。其非容器，彰彰甚明〔註7〕。

其後屈萬里撰〈兕觥問題重探〉一文〔註8〕，採用孔說，對兕觥之名形關係，有更詳細論述，而兕觥為兕角形飲器，亦可以為定論。

參、續考古圖所定兕觥與文獻所見器類有別

兕觥為一種象牛角形之飲酒器，驗之實物，徵之典冊，可以確信無疑，已論述於上矣。

殷周彝器，無自名為觥之禮器。檢諸《考古圖》與《博古圖》亦皆無兕觥之名。《續考古圖》著錄兕觥二器（《博古圖》皆謂之匜）。二器形制似匜，有流，單鋬，圈足，其一有蓋，蓋象獸形（見附圖五）。此為最早以似匜，而蓋象獸形之銅器定名為兕觥。自茲而後，對銅器中此器類之名與形，說者歧出不齊，至今其真正器名仍難確知。稱兕觥者，不過沿自《續考古圖》所定而約定俗成耳。

降及有清，阮元《積古齋鐘鼎彝器款識》卷五著錄《子燮兕觥》一器，並記其形制云：

〔註5〕見《東海學報》，第六卷第一期，頁一九。
〔註6〕王國維以為觥兼盛酒與飲酒二用，見〈說觥〉；容庚、張維持亦以為觥為盛酒兼飲酒器，見《殷周青銅器通論》。馬衡則謂觥有二種，一為盛酒之觥，一為飲酒之觥，見《中國金石學概要》上編，「觥」條。
〔註7〕見《東海學報》，第六卷第一期，頁一九。
〔註8〕見《史語所集刊》，第43本第四分，頁五三三至五三八。1971、12。

器制如爵而高大，蓋作犧首形，有兩角。首以下作蟠夔雷回紋，滿身作獸面蟠夔雷回紋。此器舊名為犧首爵，元得之，考定為兕觥。

又云：

> 《毛詩·卷耳》「我姑酌彼兕觥」，《傳》云：「角爵也。」按毛說蓋以兕觥為似角之爵，其制無雙柱、無流，同于角；有三足，同于爵，詁訓甚明，非謂以兕角為之也。

阮氏認為兕觥是一種形制似爵，無雙柱，無流，有三足，而蓋作犧首形之酒器〔註9〕（見附圖六），且以為毛《傳》以角爵說兕觥，蓋以兕觥為似角之爵，而非謂以兕角為之。馬瑞辰《毛詩傳箋通釋》紹繼阮說，進而以觥為酒器中「四升曰角」之角（亦即趙宋以來，所定爵形器，無流，無柱，而口兩端若尾者）〔註10〕。按阮馬二氏附會觥角（四升曰角之角）相同，其誤較然可見。王國維〈說觥〉，疏通《續考古圖》之說，辨觥匜二器之別。謂自宋以來，所謂匜者有二：其一器淺而鉅，有足而無蓋，其流狹而長，此為匜；其一器稍小而深，或有足或無足，而皆有蓋，其流侈而短，蓋皆作牛首形，俗謂之虎頭匜者，此非匜而為兕觥，並列舉六證說明之〔註11〕。王氏考據精詳，故自斯說出，學者多沿襲之，然疑之者仍不乏其人。馬衡《中國金石學概要》雖肯定王說俗稱虎頭匜者為兕觥，但對其認定阮元之器為角，並不為然。馬氏以為古之兕觥，蓋有二種，一為盛酒之觥，一為飲酒之觥，非如王氏說兼盛酒與飲酒也。其言曰：

> 《詩·卷耳》「我姑酌彼兕觥」，酌謂以勺挹取之，是為盛酒之觥。
> 《詩·七月》「稱彼兕觥」，稱，猶舉也，稱觥與舉爵、揚觶同，是為飲酒之觥。俗稱虎頭匜者，不可以舉，盛酒之觥也。阮氏之器，其形類爵，飲酒之觥也。二者之器形雖異，而其蓋皆作牛首形，且必在當流之處。其前後皆斛然而曲（與王氏所引《詩·小雅》〈周頌〉「兕觥其觩」之說亦合）。二者初無異也。其所以名為兕觥者，

〔註9〕 此器據容庚《商周彝器通考》所記形制及拓本附圖，前有流，後有尾，上有二柱，下有三足，若去其蓋，與常爵無異，故入之爵；而阮氏《積古齋》所記此器，無雙柱而有三足，又比爵為高大。其二柱與流之有無互有不同。檢之《揅經室四集·詩》卷七〈賦得周兕觥詩〉，云：「兕觥高似爵，有蓋制特強，蓋流作犧首，斛然額角長，……左右各有缺，雙柱居其旁」，則此器有流有柱，與容書所記同。不知《積古齋》所記者究為何器？

〔註10〕 見《毛詩傳箋通釋》，卷二頁一五，《續經解》本，藝文印書館。

〔註11〕 見《觀堂集林》，卷三頁一三五至一三九，世界書局。

亦以其蓋得名，非以兕牛角為之也。《西清古鑑》之亞角，傳世之
父丙角（此器形制及銘文全與《西清古鑑》亞角同，而花紋小異，
不知即一器否），亦皆有流有蓋，蓋作雙角之牛首形，與阮氏之器
同，惟無雙柱為異。皆飲酒之兕觥也。〔註12〕

按馬氏以王氏所定兕觥為盛酒之器，其說是矣。但謂阮元所著錄者為飲酒之
觥，其誤亦與阮同，蓋以「四升曰角」之角為觥也。容庚《商周彝器通考》
雖亦踵述王說，但據〈守宮作父辛觥〉中藏一斗，說明此類器為盛酒之器，
而非飲酒之器，與「稱彼兕觥」及罰爵之義不合〔註13〕。檢諸容書所錄〈弜
弘觥〉，亦附一斗，蓋亦自觥腹內挹酒之用，其非飲器甚明。

就文獻資料所見，兕觥為飲酒器，而據出土彝器，宋人定名之兕觥，蓋
為盛酒器，二者器類有殊，不容相混。1994年，張增午發表〈談商周青銅兕
觥〉一文，既引容庚、張維持《殷周青銅器通論》說：「這類器是否應稱之
為觥，尚屬疑問。」又謂「這類被約定俗成稱之為兕觥的彝器，至今尚無資
料可證實其真正的器名，故今人仍把此種形似匜的青銅彝器稱為兕觥」，但
張氏又以為商周青銅兕觥，源於兕牛角，且引《詩》文、《說文》以及孔疏
說明：「兕觥是作兕角形狀的酒器」，並舉1959年山西石樓出土一牛角形橫
置酒器（見附圖七），謂即觥之真實面目〔註14〕。細味張說，似以為宋人所
定蓋作犧首形之兕觥，與石樓出土角形橫置酒器以及《詩》所言兕觥，乃一
器之演變，初為角形飲器，其後演變為蓋作犧首形之盛酒器，其混二者而無
別，亦較然明白。

近數十年來，古器物大量出土，研究學者甚眾，著述亦日益繁富。容庚
之《商周彝器通考》、容庚與張維持合撰之《殷周青銅器通論》、馬承源之《中
國青銅器》，以及朱鳳瀚之《古代中國青銅器》等書，對宋人定名為兕觥之此
類器，是否可以稱之為觥，均持保留態度。蓋以兕觥本為兕牛角形器，此與
宋人所定兕觥器形不合。故此名稱縱已約定俗成，沿用已久，但其與古制中
之兕觥為不同器類，則無可疑也。

肆、兕觥為飲器不必專為罰爵

《詩》四言兕觥，而詩文俱不見有罰義，故學者或疑鄭玄謂「兕觥為罰

〔註12〕見《中國金石學概要》上編，頁一七至一九，藝文印書館。
〔註13〕見《商周彝器通考》，頁四二六。哈佛燕京學社。
〔註14〕見《文物鑒賞叢錄——青銅器（一）》，頁173-174。文物出版社。

爵」，乃泥於《韓詩》說〔註15〕，不足以據。蔡啟盛《經窺》云：

> 鄭注《三禮》時，已通三家詩，故每取三家學以說禮，及後箋《毛詩》，亦或據之以《易》傳，此毛鄭異義之原也。其得失未可概論，使必謂毛是而三家非，固不足以折鄭，但取信于賢傳不若取信于聖經。如鄭每以兕觥為罰爵，大率皆毛《傳》之所無，而研審經文亦未見其如鄭所云也。如此詩（按指〈卷耳〉）序言后妃志在求賢審官，知臣下勤勞，則宜有賞勸而無罰懲，況上章之金罍何謂乎？如鄭說罍觥皆饗燕所設，則一罰而一否又不倫矣。至謂罰之亦所以為樂，是直以禮為戲矣。他如《邠風·七月篇》「稱彼兕觥，萬壽無疆」，箋云：「于饗而正齒位，故因時而誓焉。飲酒既樂，欲大壽無竟。」案此雖未明言，其意固仍以為罰爵。然詳味詩意，亦無誓戒之義。《雅·桑扈》與《頌·絲》並云「兕觥其觩，旨酒思柔」，〈桑扈〉箋云「兕觥，罰爵也。古之王者與群臣燕飲，上下無失禮者，其罰爵徒觩然陳設而已。」案此序言刺幽王之動無禮文，鄭因說為不用先王時之罰爵，幽王以暴虐聞今，不謂其濫罰而刺其不設罰，是又翻其反矣。〈絲〉箋云「繹之旅士用兕觥，變于祭也。」鄭蓋因祭無兕觥而燕有之，故謂之變，然使果為示罰之用，則祭之恐有失禮尤甚于燕矣。何以不設于祭而僅設于燕乎？凡此皆研審經文而同見其不當為罰爵也。

又云：

> 或謂《地官·閭胥》職云「觵撻伐之事」，《春官·小胥》云「觵其不敬者」，鄭即以《詩》說之。此經文果何謂乎？曰此即鄭以三家學說禮也。古原有以酒為罰者，但《周禮》止言觵而不言兕觥，而鄭君欲取《詩》之兕觥當之，且以為言兕觥者盡罰，爵則必不能信從矣。……因《周禮》有觵而謂必是兕觥，且謂兕觥專為行罰之用，雖經神亦未免失之泥矣。〔註16〕

蔡說鄭箋以兕觥為罰爵者，蓋本三家學，而其後注《周禮·閭胥》「觵撻伐之事」、〈小胥〉「觵其不敬者」，即取《詩》之兕觥當觵，因謂兕觥專為行罰

〔註15〕按《韓詩》說「觥所以罰不敬也」，見《詩·卷耳》疏引，又《禮記·禮器》、《左傳》成公十四年疏引並同。

〔註16〕並見《經窺》，卷三頁一，「兕觥」條下。清光緒十七年刊本，上海復旦大學藏。

之用。自蔡有此論，而學者或據以為說，以為鄭取《詩》之觥觫當《周禮》之觵為非然〔註17〕。日本學者竹添光鴻之《毛詩會箋》即全襲蔡說〔註18〕。屈萬里亦以為「把觥觫說成罰爵，大概都是根據《周禮》」，且以鄭注為可疑〔註19〕。朱鳳瀚亦謂「漢儒以觫為罰爵，有可能本自《周禮·地官·閭胥》及《春官·小胥》〔註20〕。按觥觫為罰爵，鄭玄箋《詩》固取韓詩為說，而距鄭玄百年前之許慎，於其《五經異義》，亦有此論，云：「觫罰有過，一飲而盡，七升為過多。」〔註21〕。是知觥觫用以行罰，蓋非鄭氏一家之言。徵諸《禮記》，〈少儀〉有論卑幼奉侍於尊長諸雜之儀乙節，云：

> 侍射則約矢，侍投則擁矢。勝則洗而以請，客亦如之。不角，不握馬。

鄭注曰：

> 角，謂觫，罰爵也。於尊長與客，如獻酬之爵。

孔疏云：

> 不角者，罰爵用角，《詩》云「酌彼觥觫」是也。飲尊者及客則不敢用角，但如常獻酬之爵也。

按此節不角之「角」，自鄭注「角謂觫」後，孔穎達以降，以迄清世諸儒，若王夫之《禮記章句》、姜兆錫《禮記章義》、吳廷華《禮記疑義》、汪紱《禮記章句》、孫希旦《禮記集解》、郝懿行《禮記箋》、劉沅《禮記恒解》、朱彬《禮記訓纂》以及莊有可之《禮記集說》，俱以鄭說為然〔註22〕。蓋罰爵用觫，飲

〔註17〕 按蔡說「古原有以酒為罰者，但《周禮》止言觵而不言觥觫，而鄭君欲取《詩》之觥觫當之」，詳味其意，似不信許書觵篆之說，亦不以「觫」亦名「觥觫」為然。

〔註18〕 見《毛詩會箋·卷耳》，頁六七、六八，大通書局。

〔註19〕 見〈觥觫問題重探〉，《史語所集刊》第43本第四分，頁五三七。

〔註20〕 見《古代中國青銅器》，頁一〇二，南開大學出版社。

〔註21〕《詩·卷耳》疏引《異義》云：「《韓詩》說『觫亦五升，所以罰不敬』，《詩》毛說觫大七升。許慎謹案：『觫罰有過，一飲而盡，七升為過多。』」《左傳》成公十四年疏引此下，有當謂五升四字。

〔註22〕 王夫之《禮記章句》，卷十七頁四，廣文書局。
姜兆錫《禮記章義》，卷六頁四三，《續四庫全書》本。
吳廷華《禮記疑義》，卷三五頁十四，《續四庫全書》本。
汪紱《禮記章句》，卷六頁四五，《續四庫全書》本。
孫希旦《禮記集解》，卷三十五頁十，蘭臺書局。
郝懿行《禮記箋·少儀十七》頁三，《續四庫全書》本。
劉沅《禮記恒解》，卷十七頁三，《續四庫全書》本。

尊長不敢用觥，所以示不敢施罰，故祇用平常獻酬之爵。是觥可用以行罰，佐以此節而愈明。陳祥道《禮書》說兕觥之用，云：

> 其用則饗、燕、鄉飲、賓尸皆有之。〈七月〉言「朋酒斯饗」、「稱彼兕觥」。春秋之時，衛侯饗苦成叔，而甯惠子歌「兕觥其觩」，饗有觥也。鄭人燕趙孟、穆叔、子皮而舉兕爵，是燕有觥也。〈閭胥〉掌比觥，是鄉飲有觥也。〈絲衣〉言兕觥，是賓尸有觥也。蓋燕禮、鄉飲酒禮、大夫之饗，皆有旅酬無算爵，於是時亦用觥。〔註23〕

陳說饗燕皆有旅酬、無算爵，故於是時用觥。其言似以兕觥為專用以行罰之酒器也。按之《儀禮》，〈鄉射〉、〈大射儀〉飲不勝者以觶，又《禮記·檀弓》載杜蕢罰酒亦以觶。是觶為飲酒器，而亦用以行罰，然則行罰之爵似不必專為觥矣。嚴粲《詩緝》云：「謂以觥罰之耳，不必專為罰爵也。」〔註24〕嚴氏謂觥之為用，不必專為罰爵，實為平允之論。

伍、結　語

　　凡傳世古禮器之名，皆宋人之所定也。曰鐘曰鼎，曰盤曰匜，皆古器自載其名，而宋人因以名之者也。曰卣曰罍，曰角曰斝，於古器銘辭中均無明文，宋人但以大小之差定之耳（王國維語）。然漢世去周未遠，而學者對禮書所記禮樂諸器之認識，已不能無誤，則宋人對禮器之定名，欲求其名實相符，而契乎古人之初意，是誠不易也。《詩》屢言兕觥，而傳世之器，不能正其名。宋人以器形似匜，蓋作犧首形者為觥，王國維疏通其說，而學者宗之。然此器類與夫古制中之兕觥，器形迥然不同。斯蓋猶出土匜器與文獻匜器，其名雖同，而實則有異，二者殆不能混同。而宋人所定之名，是否契合先民之所命，亦尚待確證。若夫兕觥或用為罰爵，漢儒師說以及經傳所記，尚有可徵信者，似非鄭玄一家言也。

附　記

本文原載《第十三屆全國暨海峽兩岸中國文字學學術研討會論文集》，二〇〇二年萬卷樓出版。

　　朱彬《禮記訓纂》，卷十七頁四，中華書局。
　　莊有可《禮記集說》，卷十七頁五，力行書局。
〔註23〕見《禮書》，卷九十九頁一，觥條下，《北京圖書館古籍珍本叢刊》，書目文獻出版社。
〔註24〕見《詩緝》，卷一頁二四，廣文書局。

附圖一　《西清續鑑》（卷十
二）著錄兕觥

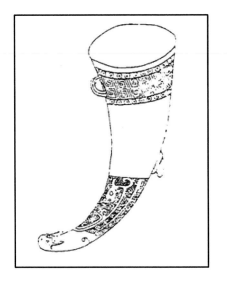

附圖二　聶崇義《三禮圖》所繪
兕觥

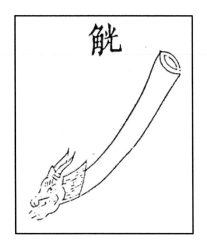

附圖三　中研院史語所發掘
殷墟所得角形器

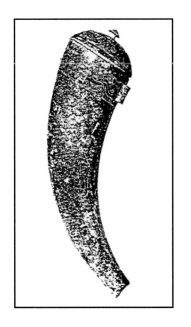

附圖四　江蘇丹徒煙墩山出土
銅角狀器

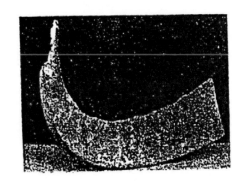

附圖五　《續考古圖》（卷三）　　附圖六　阮元所謂子燮兕觥
　　　　著錄兕觥

見《商周彝器通考》圖版四三〇

附圖七　山西石樓出土角形酒器

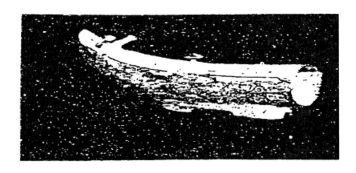

再論簠簠異實說

簠為禮器，經傳常見，而其形制，漢儒已有異說。汴宋學者將青銅器中，一種斗狀長方形，下有圈足之粢盛器，定名為簠，以為即經傳所載簠簋之簠。惟此種禮器，銘文中之自名頗不一致，曰医（〈叔邦父医〉）、曰笶（〈陳其逆笶〉）、曰㻪（〈季宮父㻪〉）、曰匫（〈魯白俞父匫〉）、曰盨（〈白公父盨〉）、曰盠（〈仲其父盠〉）、曰鈷（〈西替鈷〉）、曰匡（〈史免匡〉）、曰匱（〈鉬得匱〉）、曰𥂴（〈鑄公𥂴〉）、曰𥂳（〈魯士𥂳〉）等十餘種，皆不作簠。其中以名匫者為習見，故自孫稚雛《金文著錄簡目》以下，大抵器物之分類，皆將此類逕稱為匫，或曰匫匡。另有一種形制如豆，器腹甚淺，平底，柄部粗矮而多鏤空之禮器，自銘則曰𣪊（〈微伯瘝𣪊〉）、曰鋪（〈劉公鋪〉）、曰匭（〈魯大司徒厚氏元匭〉）、曰甫（〈魝貉甫〉、〈曾中斿父甫〉）。此等器之歸類，宋人即有不同。呂大臨《考古圖》卷三著錄有〈杜嬬鋪〉一器，云：「此器字從金從甫，其形制似豆而卑，以為簠則非其類，以為豆則不名鋪，古無是器，皆不可考。」王黼《博古圖》卷十八亦著錄此器，器名作〈劉公鋪〉，云：「鋪雖無所經見，要之不過豆類。蓋銘之有或異者，是宜列之於豆左也。」據器物自名而據以定其名之原則，此等器命之曰鋪或曰𣪊，應無不宜。論其形制，蓋即承殷商、西周之陶豆而來。《博古圖》卷十八著錄有〈單疑生豆〉一器，其銘曰：「單疑生乍養豆用享。」按該器形制為𣪊而少異，而自銘作豆。豆𣪊之屬同一器類，據此蓋可得而證焉。是故學者大抵以其為豆屬，而無異辭。

〔註1〕

〔註 1〕 詳見拙作〈簠𣪊為黍稷圓器說質疑〉，《大陸雜誌》，第一〇〇卷第三期，2000、3。

夫古器銘辭未見載簠名，簠為禮器亦不見經傳，漢儒箋注，又未必皆得之目驗，復以師說有殊，傳聞或異，學者各據所據，故其說亦勢難齊壹。許慎時推五經無雙，鄭玄世稱碩學鴻儒，但亦不能無誤。簠簋方圓之說，許鄭不同，其間之是非得失，亦不可不辨。今驗諸古器物，簋器皆圓，無一方者，乃知許說非然，而鄭言有據。然則鄭說簠為方器，似乎亦莫由置疑。

近年以來，以宋人說斗狀方形器，非經傳簠簋之簠者有之，首倡者為唐蘭。唐氏依據許慎《說文》簠為黍稷圓器之說，以為出土實物自銘曰簠、曰鋪、曰匿者，即此類器也。其言曰：

> 瘨簠似豆而大，淺盤平底，圈足鏤空，銘作簠，是簠的本字。宋代曾有〈劉公鋪〉，一九三二年出土的〈厚氏匿〉，過去都歸入豆類，是錯了。《說文》：「簠，黍稷圓器也」，就是這類器，本多竹製，在銅器中發展較晚。宋以來金石學家都把方形的筐當作簠，銘文自稱為匿，也稱為匿，或作匿，則是瑚的本字。學者們都紛紛說許慎錯了。今見此器，可以糾正宋以來的錯誤，也可以證明這類的簠在西周中期已經有了。〔註2〕

高明踵繼其說，撰〈盉簠考辨〉，而詳加論證，云：

> 經傳中所載「胡簋」之「胡」，和銅器中之匿，本當作盉，并非如宋代所謂之簠。簠是盛黍稷的圓形禮器，形制如豆，上為圓盤，下部有校，春秋時代增添了器蓋。簠與盉是兩種不同的禮器。〔註3〕

按唐氏但據許書為說，而以似豆之圓形器定為經傳簠簋之簠，不問許說是否有可商榷。高氏則更申其說，並據〈白公父盉〉，而斷定長方斗形器為匿，本名是盉，即《說文》皿部訓「器也」者也〔註4〕。惟可支持其說簠簠一器之證據，實甚薄弱，祇在墨守許書簠為黍稷圓器之說而已矣。

夫匿與《說文》皿部訓「器也」之盉為一字，強運開《說文古籀三補》、楊樹達〈釋簠〉以及陳夢家《海外中國銅器圖錄‧中國銅器概述》皆已言之。許書誤分簠盉二篆，隸屬竹皿二部，致後之說者皆不詳其用。〈白公父簠〉簠作盉，字從皿與盉同，從古聲亦與盉同，從金或從缶，蓋皆表其器之質料

〔註2〕 見〈略論西周微史家族窖藏銅器羣的重要意義〉，《文物》，1978 年第三期，頁21、22。

〔註3〕 見〈盉簠考辨〉，《文物》，1982 年第六期，頁73。

〔註4〕 見〈盉簠考辨〉，《文物》，1982 年第六期，頁72。

而已，斯猶簠之从竹也。是高氏謂「銅器中之医，本當作𣪘」，此言不誤。但細繹高文，並未有確實證據，可據以證明医（𣪘）簠為兩種不同器物，反而就現今所可見之資料，適足以證明簠簋異實，簠医一器。其最重要證據之一，即許書簠從甫聲，古文簠作医，從匚夫聲（見段注）。檢諸彝銘，《博古圖》卷十八頁七著錄〈叔邦父簠〉，簠字作𩊙，从匚，與古文同。金文从大，古文从夫，夫大義近古通，是與許書所著簠之古文全同。又《考古圖》卷三頁四二著錄〈弭仲簠〉，自名作𩊙，从匚从大（夫），大字旁作兩耳字者，以此示簠有左右兩耳也。《考古圖》載此簠圖有兩耳，甚大，是其證。又〈季宮父簠〉簠字作𩊙（匫），亦从夫。〈陳逆簠〉自名作笑，从竹从夫（聲）。凡此之例，悉可證明許書簠或从夫作医之說為有據。且夫〈叔邦父簠〉與〈弭仲簠〉，二器形制相同，並為侈口而長方，與自名曰匡、曰医之器類，形制完全一致，而與圓形似豆之簋絕殊。高明〈𣪘簠考辨〉一文，蔽於彝銘从夫諸字之資料，故雖知〈陳逆簠〉自銘為笑，從竹從夫，與許書所載簠之古文脗合，但仍然無法避免〈陳逆簠〉「應當是圓形的簋，不可能是方形的𣪘」之臆測〔註5〕。唐高二氏但據許書簠篆「黍稷圓器也」之訓，而不論其下續云「医古文簠，从匚从夫」語。鄭玄說簠為方器，而傳世〈叔邦父簠〉、〈弭仲簠〉，〈季宮父簠〉、〈陳逆簠〉亦皆為方器，其與出土實物医匡器類無有不合。是知宋人所定方形斗狀器為經傳所見簠簋之簠，蓋確實可信，許說簠為黍稷圓器為非，亦無可疑。劉翔於〈簠器略說〉一文，已辨高說之非。筆者亦嘗就說文簠之古文作医、簠器自名中各異體字之音讀、文獻簠簋連文、實物出土之組合相配，與簠為方器諸端，撰成〈簠簋為黍稷圓器說質疑〉一文，以為簠医一器，簋簠異實，唐高二氏之說，蓋有未盡然也。

朱鳳瀚於《古代中國青銅器》一書中，對簠器一節之論述，頗為詳盡。有云：

> 當然亦存在許所說圓簠并非此長方形器（按謂医類），即文獻中名曰簠的器，有方圓兩種形制的可能，方器盛稻梁，圓器盛黍稷。〔註6〕

按朱氏此說，旨在調合鄭許二家簠器方圓之異，不足為據。蓋據《說文》所載古文與彝銘从夫諸字互證，文獻、彝銘所載簠医器用相同，以及文獻簠簋連言，與出土簠簋相配一致三端言之，經傳所載簠簋之簠，與出土實物曰医曰

〔註5〕見〈𣪘簠考辨〉，《文物》，1982年第六期，頁73。
〔註6〕見《古代中國青銅器》，頁83，南開大學出版社。

匡等器，並無殊異，殆即鄭玄所謂「方曰簠，稻粱器也」。許說簠為圓器，如無新資料可以為佐證，則其說之非，蓋亦可以論定矣。

近讀陳芳妹〈晉侯𤋮鋪——兼論銅鋪的出現及其禮制意義〉一文，其中所舉《儀禮》經注例，似無可以為許氏簠為黍稷圓器之佐證者。其言曰：

> 《儀禮·公食大夫禮》，為賓設正饌，賓祭正饌用黍稷，為賓設加饌及祭加饌以稻粱。除此之外，並有手執稻粱盛器加入禮器行列之記載：賓在祭稻粱後，將食饌之前，「左擁簠粱，右執涪以降」，右手執豆盛涪，左手則擁盛粱的鋪。鄭注以擁為把，事實上右手既以執豆，左手必也只能執鋪，才能由堂上降至階下。這種盛粱的鋪，除這類圈足的鋪制外，非其它粢盛器所能勝任，因此在賓卒食後，禮終賓退時，能再度「取粱與醬以降」。而在「大夫相食之禮」時，《儀禮》經文又明言「賓執粱與涪，之西序端」。鋪用以盛粱，用以手執，不只經文明載，就考古實例，自銘器用及形制特點來說皆極吻合。鄭玄的鋪（按當作簠非圓器之鋪）為方器及宋以來以禮書的「簠」指稱方形器的說法，無疑是不妥當的。並再度有力地證實許慎簠為圓器的說法。本文依呂大臨《考古圖》用「鋪」字，事實「鋪」與禮書的「簠」是一致的。總之，青銅鋪制的出現，應該是粢盛青銅器禮制在西周中期以後繁複化的結果，是封建體制中的貴族階層發生質變，帶動青銅禮制的改變。此後青銅粢盛器已有容量較小，可以高舉，甚或可以盈握的粢盛器了。〔註7〕

陳氏大作，對劉翔何以無法支持高明之觀點，並未有所駁辨，僅以「劉翔以為許慎以簠為圓器之非，仍保持簠為方器的說法」〔註8〕，一語輕輕帶過。按簠簋方圓，許鄭之說不同。唐高篤守許說，似以為簠為黍稷圓器，不可移易，但何以斷定許說固是而鄭說為非？陳氏據唐高之說，而不論其說是否可以採信，亦無視於其他學者簠非圓器之置疑〔註9〕。再者陳氏自以為找

〔註7〕 〈晉侯𤋮鋪——兼論銅鋪的出現及其禮制意義〉，《故宮學術季刊》，第十七卷第四期，頁80至81。

〔註8〕 見〈晉侯𤋮鋪——兼論銅鋪的出現及其禮制意義〉，《故宮學術季刊》，第十七卷第四期，頁75。

〔註9〕 馬承源《中國青銅器》以簠簠為二器，朱鳳瀚《古代中國青銅器》雖有「至於以此器型（謂簠）為《說文》之簠，音同字合，且器形特徵亦大致相符，不無道理」之言，但亦以為「惟此種器型是否即典籍所載之簠，尚需再考」。故仍以簠簠為二器，將簠附屬於豆。許道勝〈中國先秦青銅自銘匾及其相關問題〉

到確實證據，足以證明似豆之簠（簋）器，其設計原用手執。其實陳氏所舉例證，蓋誤易鄭玄禮注，非漢儒有此說也。

《儀禮‧公食大夫禮》賓食饌三飯節，云「左擁簠粱，右執湆，以降」，鄭注云：「擁，抱也。」按鄭康成此注，唐宋以下無異本。敖繼公《儀禮集說》云：

> 擁之者示其重也。云簠粱見其器也，凡稻粱皆以簠。〔註10〕

乾隆十三年敕撰《欽定儀禮義疏》云：

> 擁之以臂抱之而著於膺旁也。〔註11〕

吳廷華《儀禮章句》云：

> 擁，抱也。不言執簠者，簠似鼎，舉必兩手。此右手將執湆，故第
> 以左手擁之。登中有柄，故可執。〔註12〕

綜上數家申釋，可知粱簠言擁者，蓋示其重，故擁以臂抱之。陳氏徵引不察，以抱把形近，致誤易抱為把，而依以為說，乃有「鄭注以擁為把，事實上右手既以執豆，左手必也只能執鋪了，才能由堂上降至階下。這種盛粱的鋪，除了這類圈足的鋪制外，非其它粢盛器所能勝任，因此在賓卒食後，禮終賓退時，能再度『取粱與醬以降』。而在『大夫相食之禮』時，《儀禮》經文又明言『賓執粱與湆，之西序端』。鋪用以盛粱，用以手執，不只經文明載，就考古實例，自銘器用及形制特點來說皆極吻合」，「鄭玄的鋪（按當作簋）為方器及宋以來以禮書的『簋』指稱方形器的說法，無疑是不妥當的。並再度有力地證實許慎簋為圓器的說法」之論。陳氏據以申證之資料，其誤顯然，所論自不足為據。

鄭憲仁師承陳說，撰〈豆形器的自名問題〉，明知陳文誤易鄭玄《儀禮》注文，以求合其論點〔註 13〕。但鄭君不僅不能辨鏡其疏失，而對劉翔有〈簠

一文，亦以簠屬豆類。
〔註10〕 敖繼公《儀禮集說》，卷九頁一八，「左擁簠粱，右執湆以降」下注，《通志堂經解》本，大通書局。
〔註11〕 《欽定儀禮義疏》，卷二○頁一二，「左擁簠粱，右執湆以降」下注，《四庫全書》本。
〔註12〕 吳廷華《儀禮章句》，卷九頁五，「左擁簠粱，右執湆以降」下注，《皇清經解》本，復興書局。
〔註13〕 今（2002）年五月間，大陸雜誌已接受鄭文，且俟其修改。某日，鄭來電談起該文，且云簋為圓器，其師陳芳妹在《儀禮》中已找到鄭注手執簋器之例證。越一日，復電語余曰：「鄭玄禮注無此說。」

器略說〉一文，似亦未嘗聞知。故對簠簋異器，簠方簋圓，鄭說是而許說非之諸質疑，略無合理之駁正，乃斷然曰：

> 綜合以上看法，以簠（鋪）為簋，字形音韻方面皆能通說，於器形上亦無不可。這一說法由唐蘭先生提出，經高明先生與陳芳妹先生的論證，實可匡正舊說，對簠這器在古禮系統中找到原有的位置。〔註14〕

按簋之古文作医，〈叔邦父簋〉簋字作𣪊，〈弭仲簋〉簋字作𨥫，〈季宮父簋〉簋字作𢎾，〈陳逆簋〉簋字作笑，此已見前述。從其字形音韻以及各器形制，更足以證明鄭玄以簋為方器，蓋信而有徵，而宋人之說為不謬。陳祥道曰：「天下之物固有同名而異實，〈聘禮・記〉曰：『四秉曰筥，十筥曰稷』，秉把也，與十藪之秉不同。筥穧也，與半斛之筥不同。」〔註15〕陳說蓋有以也。文獻所載匡（筐）筥之匡（筐），與出土匡器，其名雖同，其實則異。宋人以形似匜，蓋作犠首形者為觥，但其與《詩》屢言之兕觥絕非一器。明乎此，則簋為方器，簠為圓器，其字音雖同，而二器不必為一。諸家蓋泥於許書簋為圓器，故有是說，非確論也。其次，鄭君對某些參考資料，似乎從未過目，輒憑私意以更易他人論點。在其大作中，有言：「主張簠（鋪）為簋的尚有許道勝、周聰俊諸位先生先後皆撰文論述。」檢諸許氏〈中國先秦青銅自銘匜及其相關問題〉一文，實未發現有此論點，而筆者所撰〈簠簋為黍稷圓器說質疑〉一文，亦未嘗有此說法。鄭君素稱嚴謹好學，似此文之疏失與草率，實不當有之，願引以為戒。蓋以鄭文晚出，恐其以訛傳訛，因不憚煩而辨之於此，亦因以自警焉。

附 記

本文原載《第十四屆中國文字學全國學術研討會論文集》，二〇〇三年中山大學中文系編。

<hr>

〔註14〕見〈豆形器的自名問題〉，《大陸雜誌》，第 104 卷第六期，頁七。
〔註15〕見《禮書》卷一〇四頁九筥條下。

附　錄

禋祀實柴槱燎考

【本文提要】

　　古之燎祭為祭天之祀典，亦曰柴（經傳作柴），曰槱，其名雖異而實則同。蓋皆聚薪燔之，使煙氣上升而達於天也。惟徵諸載籍，燎亦用於宗廟，不限於祭天。且此三祀之外，又有禋祀之目，其施用亦兼及自然神與人鬼。《周禮・大宗伯》以禋祀屬昊天上帝，以實柴屬日月星辰，以槱燎屬司中司命飌師雨師，而宗廟皆不與焉。

　　徵諸殷周古文，知載籍所記禋槱柴燎，其沿承之跡昭然明白。就殷商卜辭而言，燎祭所施之範圍，兼及內外神祇，不限於天神也。其用牲或牛或羊或豕，亦有其他牲類，甚至亦用羌人，蓋無定則。西周古文及《尚書》所記，有燎有禋，其例雖然不多，但或用於自然神祇，或用於宗廟，亦顯然可知。至《周禮》一書，禋燎柴三祀，乃專屬天神，推其時代，或已降及春秋之際。《禮記》所見柴祭，其祭祀之對象亦然。由禋燎柴三祀，《周禮》依類別而言之，是知其禮之隆殺必有不同。其殊異，似以孫詒讓《周禮正義》說，較近實情。至若祭天降神以及燔玉之事，雖經無明文，而世儒皆以為然。羅泌、金鶚極辨之，或可採信。

一、前　言

　　古有祭天之禮，其專有之祀典或曰尞。《說文》火部尞篆下云「柴祭天也」是也，蓋取燔柴燎祀之意。後世謂之郊者，蓋以行於郊而得名，《禮記・

郊特牲》云「於郊故謂之郊」是也。其祀亦曰柴,《說文》示部柴篆下云「燒柴尞祭天也」,《爾雅・釋天》云「祭天曰燔柴」是也。亦謂之槱,《說文》木部槱篆下云:「積木燎之也。禷,柴祭天神,或从示」。據此,則尞也,柴也,槱也,其名異而實同,蓋皆聚薪燔之,使煙氣上升而達於天也。惟徵諸載籍,燎亦用於宗廟,不限於祭天也。且此三祀之外,又有「禷祀」之目,其施用亦兼及自然神與人鬼。而《周禮・大宗伯》則以禷祀屬昊天上帝,以實柴屬日月星辰,以槱燎屬司中司命飌師雨師,則已以禷柴燎三祀,專屬之自然神祇,而宗廟不與焉。其禮之隆殺,似亦有所殊異。蓋以禮經無專篇,其制難詳。惟近百年來,先秦文物資料相繼出土,殷契周彝,以及周原甲骨,所見燎事,其例不少,而禷祀亦有可徵。是皆有可資探討燎祭原委,以補經傳之闕佚者。因檢卜辭彝銘,經傳載記,以及歷代師儒之說,以撰成是篇。

二、周燎溯源

卜辭有燎字,作米、米、米等形,或省小點作米,亦或从火作米若米。羅振玉於《增訂殷虛書契考釋》卷中第十六葉上,首釋其字形云:

《說文解字》「尞,柴祭天也。从昚,昚古文慎字,祭天所以慎也」。今此字實從木在火上,木上諸點象火燄上騰之狀。卜辭又有大史尞、卿事尞,尞字一作米,一作米,毛公鼎大史尞、卿事尞,尞字作米,均从米从火,許君云从昚者非也。漢韓敕碑陰「遼」作遺,史晨後碑作遺,並从木。衛方、魯峻兩碑尞字亦然,是隸書尚存古文遺意矣。

按羅說是矣。甲文尞字原象木柴交積,旁加小點象火燄上騰之狀。下或從火,蓋會燔燒木柴之意。其後字形譌變,遂失其本真。許說从昚者,蓋據篆體為說,故與殷商古文不符。

尞於卜辭,或用為祭名,或為用牲之法,而祭名與用牲之法,亦常常不分。其用為祭名,當即燔柴而祭之義(其例如後所引)。其為用牲之法,蓋即將祭牲置放於積柴上,而引火燔燎之。卜辭云:

　　△ 戊寅卜爭貞秦年于河燎三小宰沈三牛(《合集》10084)

　　△ 貞侑于西母🔲犬燎三羊三豕卯三牛(《合集》14344)

　　△ 辛巳卜🔲貞埋三犬燎五犬五豕卯三牛一月(《合集》16197)

　　△　壬申貞帝禾于夔燎三牛卯三牛（《合集》33278）

　　△　丁酉貞帝禾于岳燎五牢卯五牛（《屯》750）

皆其例。

　　殷有燎祭，除見於卜辭之外，殷墟發掘時，於地層中亦嘗發現殷人燎祭之痕跡。據石璋如於《殷墟建築遺存》一書之敘述，在丙二基址周圍，丙一基址之上，分佈許多柴灰坑。其中一類柴灰坑內，有柴灰，亦有燒過之羊骨，顯然為先挖坑，然後置入羊與柴而燔燒之，因此坑內充滿柴灰與骨炭（參見頁三〇九）。石氏於其序言云：

> 丙組基址只有一個基址比較大，在這一個大基址上，尚有若干小基址，此外也都是些小基址。在這大基址上埋葬有人，也埋葬有獸，但形式與乙組基址完全兩樣。若把大基址從中間分開，則西邊是人，東邊是獸。此外有燒柴的坑，有燒羊的坑，有燒羊與狗的坑，還有燒牛骨的柴灰堆。這些基址的形式都很小，至少有一部份上不可能有房子的建築，頗似壇的形式，那些現象也不是一次埋入的，如果那些基址為壇的話，則這些墓葬與穴窖都是用以祭祀的犧牲。（頁一〇）

又丙組基址中之「丙一」，似為一三層臺階之建築，最下層為現地面下 0.90 公尺，其次為 0.60 公尺，最上即基面為 0.40 公尺（見頁一六六）。凌純聲謂此為一壇之形制，蓋為祭神之所在。至於「丙二」，可能是祭壇上祭臺，臺之四週，「有燒柴的坑，有燒羊的坑，有燒羊與狗的坑，還有燒牛骨的柴灰堆」，此為殷代燎祭之遺物。（見〈卜辭中社之研究〉）。

　　是據殷墟小屯發掘所見殷人建築遺存——神壇基址，參以卜辭寮字之構體，可以推知殷商燎儀，蓋為構柴積薪，置牲於柴上而燔燎之，使其香味隨煙氣上升而達於上天也。此與漢儒經說，正可為相互參證。

　　卜辭燎祭對象，所涉頗為廣泛，茲據姚孝遂《殷墟甲骨刻辭類纂》一書所輯，條列其要者，別為以下十三類：

1. 燎先公先王

　　△　丁巳卜㱿貞燎于王亥十卤卯十牛三毂（《合集》6527 正）

　　△　燎上甲三牛又伐十羌（《合集》162）

2. 燎先妣

△ 貞今癸酉燎于妣己羊（《合集》8783）

△ 甲戌卜燎于妣辛雨（《屯》1120）

3. 燎舊臣

△ 癸未卜㲋燎黃尹一豕一羊卯三牛曹五十牛（《合集》6945）

△ 貞于黃奭燎（《合集》418 正）

4. 燎四方

△ 貞燎于西（《合集》1581 正）

△ ……㲋貞燎于東五犬五羊五……（《合集》14316）

或謂殷人天神系統中，除上帝外，亦有四方之神示，四方神示乃屬之上帝，蓋猶上帝之臣輔也。其云「寮于東」、「寮于西」、「寮于北」者，乃謂燎祭東方之神，燎祭西方之神，燎祭北方之神也。陳夢家則以為「燎于西」、「燎于東」、「帝于西」、「帝于北」等四方之神，實為四方地主之神，並舉〈甫田〉「以社以方」、〈雲漢〉「方社不莫」、〈大田〉「來方禋祀」以為說。謂即《周禮·大宗伯》「以貍沈祭四方」之四方，與社稷山川統為地示一類（見《綜述》頁五八五）。又卜辭方帝之方，陳氏以為其與後世「方祀」、「望祀」相當，即各以其方向祭祀四方之帝，且引〈小宗伯〉「兆五帝於四郊」為說（見《綜述》頁五七八）。如其說，則「方帝」與「燎于西」屬地示一類者有別。按據先儒之說，五帝與四方分屬天神地示二系統，陳說殊可置信。

5. 燎風

△ 辛未卜燎風不用亦雨（《佚》227）

△ 燎帝史風一牛（《合集》14226）

6. 燎雲

△ 貞燎于四云（《合集》13401）

△ 癸酉卜有燎于六云五豕卯五羊（《屯》1062）

7. 燎雨

△ 庚子卜燎雨（《安明》2508）

△ 燎于云雨（《屯南》770）

8. 燎雪

　　△ 其燎于雪有大雨（《英》2366）

　　△ 燎于雪（《庫》1533）

9. 燎土

　　△ 貞燎于土三小牢卯一牛沈十牛（《合集》779 正）

　　△ 乙丑卜有燎于土羌宜小牢（《合集》32118）

10. 燎河

　　△ 癸卯卜㱿燎河一牛又三羌卯三牛（《合集》1027 正）

　　△ 丁巳卜其燎于河牢沈𡊆（《合集》32161）

11. 燎岳

　　△ 丙戌卜古貞燎于岳（《合集》10594）

　　△ 癸卯卜貞燎于岳三牢（《合集》14435）

12. 燎東母

　　△ 己酉卜㱿貞燎于東母九牛（《合集》143337 正）

　　△ 貞燎于東母三豕…（《合集》14340）

卜辭「東母」、「西母」（卜辭云：「壬申卜，貞侑于東母西母若」，見《合集》14335），亦為祭祀對象。陳夢家《殷虛卜辭綜述》以為東母、西母大約是指日月之神，又引〈禮記・祭義〉「祭日於東，祭月於西」，《史記・封禪書》漢寬舒議「祭日以牛，祭月以羊彘特」以為證（見頁五七四）。宋鎮豪《夏商社會生活史》以為「不如視東母、西母為商人心目中司生命之神，殆由先妣衍出，分主四方」，「燎祭東母、西母，大概是求其保佑商族子孫的繁衍」，且引《詩・殷武》「商邑翼翼，四方之極……壽考且寧，以保我后生」為證（並見頁四七六）。按陳說似較為可從，然證據猶嫌薄弱，殆不足以為定論。

13. 燎蛊

　　△ 燎于蛊一豚（《合集》14395 正）

　　△ 壬辰卜翌甲午燎于蛊羊有豕（《合集》14703）

　　《說文》「蚰，蟲之總名也，从二虫」，陳邦福據段注《說文》云「《爾雅・釋魚》蝮虫，今本虫作虺」（虫篆下）、「（虺）今《爾雅》以為虫蝮字」（虺篆下），以為卜辭蚰與虫相假，即湯之左相仲虺（說見《甲骨文字集釋》第十三蚰篆下引）。李孝定以為當是殷先公若舊臣之名；陳夢家則謂「尞于蚰者，燎祀於一切蛇虫之類，上古艸居患蛇，人民於畏懼之餘，惟乞靈於神明，故祭之以去災禍」（見〈古文字中之商周祭祀〉）。按蚰為商人祭祀之對象之一，蓋無可置疑。惟其究為何神，眾說不一，姑別為一類，而置於此焉。

　　卜辭所見燎祭，約如上述。陳夢家撰〈古文字中之商周祭祀〉一文，對於卜辭燎祭，亦嘗作詳細考察，以為卜辭中之燎祭，皆用於天帝及一切有勢之自然權力，與經傳略同。按卜辭所記燎祭之對象，除風雲、雨雪、東母，以及土、四方、山川等自然神祇外，實亦兼及先公、先王、先妣與舊臣，其範圍包括天神地示與人鬼。徵諸載籍，燎祭亦兼自然神祇與人鬼，陳說「皆用於天帝及一切有勢之自然權力」者，似有未安。

　　若夫殷燎用牲，其種類不祇為牛或羊或豕，而以卲、羌人為犧牲者亦多見。且其牲數亦無定則，有殺牲曾達百牛百豕百犬者（《京都》四○六五》），足見其祭典之隆重。

　　卜辭所見「積聚柴薪，置牲於上而燎之，升其煙氣」之祭典，除燎祭之外，說者或以為尚有柴若槱。陳邦福《殷契說存》云：

　　　　《鐵雲藏龜拾遺》第八葉云：「焚㘅有雨。」邦福案：㘅當釋此，
　　　　柴之省。《說文》示部云：「柴，燒柴尞祭天也。」古文作禟，从
　　　　隋省。段注：「柴與柴同此聲，故燒柴祭曰柴。〈釋天〉：『祭天曰
　　　　燔柴』，〈祭法〉曰：『燔柴于泰壇，祭天也』，《孝經說》曰：『封
　　　　于泰山，考績柴尞』，〈郊特牲〉曰：『天子適四方先柴』，注：『所
　　　　到必先燔柴，有事于上帝』」。是卜辭焚柴之禮足與古經籍相參證
　　　　者。（見李孝定《甲骨文字集釋》第二，頁四九五，「此」篆下引）

李孝定、趙誠並從是說（見《甲骨文字集釋》頁四九六、《甲骨文簡明詞典》頁二三七）。按陳釋此讀為柴，說似可通，然卜辭所見燎祭，其下或繫以用牲，而所謂此祭者，絕不見有著牲之例。是卜辭此字，即使疑為祭名（屈萬里亦疑祭名，見《殷虛文字甲編考釋》第二○二頁及第一四九六片釋文），但其與燎祭，固有別異。

　　或以為卜辭叔字，即叔或柴。董作賓謂叔即叔之後起新字（見《殷曆譜》

上編卷三〈祀與年〉頁十三上），嚴一萍則以為殆即柴與祡之初文（見《中國文字》第三卷第十二冊頁一三四五）。按叔於卜辭用為祭名，甲骨學者無異辭。董氏賓之後起新字說，李孝定於《甲骨文字集釋》已辨其非，而嚴說叔為柴或祡之初文，據卜辭所見辭例，其與燎祭絕不相類，祭祀之對象亦有別，此說恐未必然。

　　或以為卜辭取字假借為槱，《說文》木部云：「槱，積火燎之也，从木从火，酉聲。《詩》曰『薪之槱之』，《周禮》『以槱燎祠司中司命』。禋，柴祭天神，或从示。」〔註1〕郭沫若《殷契萃編》曰：

　　　　「癸酉卜，其取苗，雨？」取殆椒省。「椒，木薪也」（《說文》），音義俱與槱近。（頁九下二十八片考釋）

陳夢家於《卜辭綜述》亦云：

　　　　卜辭或用取為祭名，取是槱的假借。……《明續》四三一尞𡊄與取𡊄並舉，知尞取都是祭名，雖相類而有所異：《珠》三「取𡊄迺尞」，可知先取後尞，所以〈大宗伯〉謂之槱燎。（頁三五五）

于省吾雖謂取與槱之通假並無驗證，但仍以為卜辭取字用為祭名，應讀作叔而通作槱，且云：

　　　　甲骨文的燎祭次數超過取祭許多倍，前引陳說已指出取與燎有先後之別，並且取祭不言用牲，而燎祭則多言用牲，是其大別。（見《甲骨文字釋林·釋取》頁一五九至一六〇）

　　按卜辭取字或用為祭名，說者無異辭，惟其是否即文獻所載之槱，似有可疑。彭明瀚嘗為〈卜辭取祭考〉一文，以為《說文》椒訓木薪，未有祭祀之義，文獻中亦不見以「椒」為祭名之用法，且椒槱二字音雖近，但訓詁上亦找不到通用之例。且取祭所祭之對象，均為先王，又以唐、祖乙為主要對象，與戰前出征儀式舉行之告祭對象幾乎完全相同。因謂取祭乃是出征前向祖先神舉行之一種祭祀，其用牲方式為羽牲。即不以郭陳之說為然也〔註2〕。就卜辭所見，取祭所祭之對象，與燎祭之兼自然神及人鬼迥異，且取祭不言用牲，而燎祭多言用牲，此亦有不同。不論取祭是否如彭說，但其不當為文獻之槱，蓋有可信。

〔註1〕　許訓「積火燎之」者，積火不詞，唐寫本木部殘帙作「積木」，是矣。段玉裁依《玉篇》、《五經文字》改「積火」為「積木」，與唐本闇合。

〔註2〕　詳見《殷都學刊》一九九五年第二期，頁一〇、二八。

三、兩周古文所見之燎與禋

兩周彝銘除因襲殷人有燎祭外，又有禋祭之名，而周原出土甲骨，亦有燎祭之記錄。茲分燎、禋二端而列述於后。

（一）燎

西周彝銘，記錄燎祭者，有〈宰白甗段〉與〈小盂鼎〉二器：

△ 〈宰白甗段〉：「隹王伐逨魚，徰伐淖黑，至，燎于宗周，錫宰白甗貝十朋。」（《金文總集》2724）

此器製作時代，柯昌濟之《韡華閣集古錄跋尾》以為西周初葉，《殷周金文集成》定於西周早期。逨魚，于省吾謂即《尚書‧禹貢》之萊夷。徰，楊樹達謂用為經傳之遂字。宰白甗，蓋為從王征伐有功之將領。銘辭乃記王伐逨魚、淖黑，歸而燎祭告於周廟，且賞賜有功者也。

△ 〈小盂鼎〉：「（令盂）以人戜（馘）入門，獻西旅，□□入燎周廟。」（《金文總集》1329）

此器製作時代，說者多以為康王時。陳夢家云「以人戜（馘）入門，獻西旅」，此謂盂以人馘入南門，獻之於西旅。此西旅當是南門內周廟室前一位置（說見〈西周銅器斷代（四）〉）。「入燎周廟」，此句前二字不清，大約是授馘後在廟中舉行燎祭。

按〈小盂鼎〉，雖然銘辭鏽泐摩滅多處，但猶得窺其大概。大意則為盂受王命，討伐鬼方，歸告成功，而記其獻捷、燎祭於周廟之事。徵諸文獻資料，亦有類似記載。《逸周書‧世俘篇》記武王克殷時獻俘之禮云：

庚戌，武王朝至燎于周，⋯⋯武王乃夾于南門，用俘皆施佩衣衣，先馘入；武王在祀，大師負商王紂縣首白旂、妻二首赤旂，乃以先馘入燎于周廟。⋯⋯乙卯，武王乃以庶國祀馘于周廟，⋯⋯告于周廟。

據〈小盂鼎〉，則知〈世俘篇〉所載，殆有可信。甲骨文中常有燎若干牛羊，乃至羌人之刻辭。故知朱右曾《逸周書集訓校釋》謂「入燎于廟，燎旂非燎首也」者，其說蓋有非然也。

莊述祖《尚書記》云：「宗廟亦言燎者，朝事也。〈祭義〉曰：『建設朝事，燔燎羶薌，見以蕭光，以報氣也。』」顧頡剛撰〈逸周書世俘篇校注寫定與評論〉一文，據莊說合以卜辭燎字構形，而謂「其事則燔牲於火，雜以

蕭蒿」（《文史》第二輯頁一八）。按周禮之取膟膋燔燎與焫蕭合羶薌，王國維亦以為此乃商燎之具體而微者（說見〈洛誥解〉），其說似是而實有未安。蓋周禮宗廟祭享之燔燎，乃其祭儀中之一節，此參諸孔穎達《禮記・禮運》疏所述天子諸侯宗廟祭享儀節大要，以及任啟運之《肆獻祼饋食禮纂》，昭然明白。且朝事燔燎，乃取膟膋（牲血與腸間脂），合以蕭蒿燔之，與夫「積柴實牲體，燔燎而升煙」者，殆有殊異也。惟周禮廟饗，其朝事燔燎，蓋取燎祭之形式而為祭儀之一節，或可推知。

周原甲骨亦有燎祭之記錄：

△ 其𢼸（微）、楚，乃厥（厥）尞，師氐（氐）舟（𦨶）尞（H11.4）

△ □邗，尞于河（H11.30）

微、楚皆古方國名。舟，即𦨶字，《說文》𦨶篆下云「船行不安也」，即行船不穩之義。辭文蓋謂微、楚舉行燎祭（天神），軍旅船隻行駛不穩，亦燎於河神，以求保佑。說詳徐錫臺《周原甲骨綜述》。周原甲骨之時代，高明〈略論周原甲骨骨文的族屬〉一文，謂上自紂王與周文王同一時代所遺留，其下限晚不過西周。

（二）禋

周彝記錄有關禋祀者，有西周之〈墻盤〉。其銘云：

亞祖祖辛，𠩁毓子孫，繁（繁）猶（髮）多孷（釐），櫅角𢅲（熾）光，義其𥙵（禋）祀。（《金文總集》6792）

春秋末年亦有兩件銅器，記有禋祀：

△ 〈哀成叔鼎〉：「是隹哀成叔之鼎，永用𡨄祀。」（《金文總集》1274）

△ 〈蔡侯𤔲尊〉：「禋享是台。」（《金文總集》4887）

〈墻盤〉為共王時器。《說文》示部：「禋，絜祀也。一曰精意以享為禋。从示，垔聲。𥙵，籀文从宀。」銘文从火作𥙵，與籀文小異。精意者絜也，以享者祀也，兩義一也。鄭注《尚書・堯典》「禋于六宗」，云：「禋，煙也。取其氣達升報於陽也。」按《說文》火部煙篆下云：「煙，火氣也。……𡨄籀文从宀。」煙之籀文作𡨄，與〈哀成叔鼎〉𡨄祀之𡨄寫法完全相同，可為鄭氏立說之佐證。《詩・生民》孔疏引袁準云：「凡祭祀無不絜，而不可謂皆

精。然則精意以享，宜施燔燎，精誠以假煙氣之升，以達其誠也。」是知禮祭亦積柴燎之也。

據〈墻盤〉銘辭觀之，則人鬼亦有禋祀，與《書‧洛誥》云「禋于文王、武王」符合。

綜上所述，知兩周古文所見燎祭，其辭例雖然不多，但其祭祀對象，仍承殷禮，包括自然神祇與先祖二端。再就〈量白區殷〉、〈小盂鼎〉二銘，與〈世俘篇〉而言，燎祭之用於宗廟者，悉為告捷獻俘之後行之，以殷契簡約，無以證周人斯乃因襲殷制也。若夫禋祀者，則殷契無見焉。

四、文獻資料所見之燎禋柴

殷契有燎祭，周金有燎禋二祭，而文獻資料所見，除燎祭禋祭外，又有柴祭之名。此三祭也，其名雖有殊異，而皆積柴燔燎，說者所同。以其所施對象有別，是其間亦必有同中有異者存焉，此可以推知也。今就所見，臚列如后：

（一）燎（槱附）

1. 燎祀司中、司命、飄師、雨師

△ 《周禮‧春官‧大宗伯》：「以禋祀祀昊天上帝，以實柴祀日月星辰，以槱燎祀司中、司命、飄師、雨師。」

鄭注：「禋之言煙，周人尚臭，煙，氣之臭聞者。槱，積也。詩曰：『芃芃棫樸，薪之槱之。』三祀皆積柴實牲體焉，或有玉帛，燔燎而升煙，所以報陽也。鄭司農云：『實柴，實牛柴上也。風師箕也，雨師畢也。』玄謂昊天上帝，冬至於圜丘所祀天皇上帝。星謂五緯，辰謂日月所會十二次。司中、司命，文昌第五第四星。祀五帝亦用實柴之禮云。」

賈疏云：「此司中司命等言槱燎，則亦用禋也。於日月言實柴，至昊天上帝言禋祀，則三祀互相備矣。但先實柴，次實牲，後取煙，事列於卑祀，義全於昊天，作文之意也。但云或有不用玉帛者。〈肆師〉職云：『立大祀，用玉帛牲牷，立次祀用牲幣，立小祀用牲。』彼雖摠據天地宗廟諸神，今以天神言之，則二大小次祀皆有也。以〈肆師〉言

之，禋祀中有玉帛牲牷三事，實柴中則無玉，唯有牲幣，
槱燎中但止有牲，故鄭云實牲體焉。據三祀有其玉帛，惟
昊天具之，實柴則有帛無玉。是玉帛於三祀之內，或有或
無，故鄭云或耳。」

2、燎祀先王

△　《逸周書‧世俘篇》：「庚戌，武王朝至燎于周。……武王乃
夾于南門，用俘皆施佩衣衣，先馘入；武王在祀，大師負商
王紂縣首白旂、妻二首赤旂，乃以先馘入燎于周廟。」

△　《尚書‧武成》：「惟四月，既旁生霸，粵六日庚戌，武王燎
于周廟。」（見《漢書‧律歷志》引）

　　槱燎連文而為祭天之名，止見《周禮‧大宗伯》。其單言槱者，經傳無
徵。是槱之為祭名，實不能釋人之疑也。〈大宗伯〉禋祀、實柴、槱燎相對
為文，槱燎之槱，不妨為積薪、積柴義，蓋以燎祭乃積柴燔燎，故《周禮》
槱燎連文。《詩‧大雅‧棫樸》：「薪之槱之」，毛傳：「槱，積也。山木茂盛，
萬民得而薪之」，鄭箋：「豫斫以為薪，至祭皇天上帝及三辰，則聚積以燎之。」
孔穎達疏其義曰：「薪必乾乃用之，故云豫斫。〈月令〉：『季冬，乃命收秩薪
柴，以供郊廟及百祀之薪燎』，則一歲所須槱燎炊爨之薪，皆於季冬收之，
以擬明年之用，是豫斫也。至祭皇天上帝及三辰則聚積燎之，解槱之意也。
知此為祭天者，以下云『奉璋峩峩』，是祭時之事，則此亦祭事。「槱之」與
〈大宗伯〉「槱燎」文同，故知為祭天也。」按毛傳但謂積薪，鄭、孔始涉
及燔燎祭天，與毛義違異。鄭所以然者，蓋牽於二章奉璋之說。實則奉璋助
祭與積薪事不同，歐陽修《詩本義》已言之。林義光以為積薪之喻與祀天無
涉，其言曰：

> 槱，讀為揂，《說文》「揂，聚也」，此詩毛傳云：「槱，積也。山木
> 茂盛，萬民得而薪之，賢人眾多，國家得用蕃興。」毛以棫樸喻賢
> 人眾多，其訓槱為積者，即揂字之義。言積而不言燎，與槱燎本義
> 無涉也。下文左右趣之，與積薪取喻合。許鄭皆據槱燎為說（《說
> 文》槱篆說解已見前引），則文義未安。汪龍《毛詩異義》云：「若
> 言祀天，不當僅舉一槱燎，即舉槱燎，不必言棫樸，亦不必言芃芃
> 也」，所論亦當。（《詩經通解》卷二十三頁九）

日人竹添光鴻亦以為《詩》之薪樕，與〈大宗伯〉之楢燎不同。其言曰：

> 歐陽氏云「詩言芃芃然棫樕茂盛，採之以備薪樕，以喻文王養育賢
> 材茂美，官之以充列位」，即毛義也。鄭不為興，以薪樕為聚積以燎
> 之祀天，左右趣之為諸臣相助積薪。然首章若言祀天，不當僅舉一
> 楢燎，即舉楢燎，不必言棫樕，言棫樕亦不必言芃芃也。鄭特以濟
> 濟辟王，左右趣之，與下章濟濟辟王，左右奉璋文同，下章言祭，
> 此章亦當為祭，而〈大宗伯〉又有楢燎之文，故易傳為是解耳。《正
> 義》因謂薪之樕之，是燎祭積薪之名，非謂萬民皆當楢燎。然〈旱
> 麓〉「瑟彼柞棫，民所燎矣」，亦祇以民之燎薪為興。《詩》之薪樕，
> 但謂積木供燎，與《周官》「以楢燎祀司中司命」之楢燎不同。（見
> 《毛詩會箋》頁一六七四）

按《通解》、《會箋》之辨薪樕，與《周禮》之楢燎不同，其說至確。「薪之樕
之」既與楢燎之義無涉，則許、鄭據楢燎為說，其義之未安，則固甚明。是
知據〈棫樕〉以樕為積薪燔柴以祀天者，恐不足置信也。

（二）禋

1. 禋祀昊天上帝

△《周禮·春官·大宗伯》：「以禋祀祀昊天上帝，以實柴祀日
月星辰，以楢燎祀司中、司命、飌師、雨師。」

2. 禋祀五帝

△《周禮·秋官·大司寇》：「大祭祀，奉犬牲。若禋祀五帝，
則戒之日，蒞誓百官，戒于百族。」

△《周禮·秋官·小司寇》：「小祭祀，奉犬牲。凡禋祀五帝，
實鑊水，納亨亦如之。」

鄭注〈小宗伯〉「兆五帝於四郊」云：「五帝，蒼曰靈威仰，
大昊食焉；赤曰赤熛怒，炎帝食焉；黃曰含樞紐，黃帝食焉；
白曰白招拒，少昊食焉；黑曰汁光紀，顓頊食焉。」

按五帝之祀見於《周禮》，而五帝之名則無見。鄭注惑於緯書，創為六天
之說，而五帝遂與昊天上帝並尊，又一一為之名。〈月令〉孔疏引賈逵、馬融、
蔡邕謂迎氣即祭大皞及句芒等，王肅本其說，遂謂五帝即五人帝。二說不同。

金鶚以為五帝為五行之精，佐昊天化育，其尊則亞於昊天。凡祀五帝，即祭〈月令〉大皞、炎帝、黃帝、少皞、顓頊五天帝，而以伏羲、神農、軒轅、金天、高陽五人帝為配（見《求古錄禮說》卷十三「五帝五祀考」條）。孫詒讓《周禮正義》以為「五帝即五人帝，無所謂五天帝，與古不合，必不足據。《後漢書・明帝紀》李注引《五經通義》始有靈威仰等之號，並與鄭說同，蓋皆本天官緯為說，實非古制」，而以金說為致塙（詳見〈小宗伯〉疏）。周一田先生撰有《春秋吉禮考辨》一書，於五方神示，在殷周之際，猶專屬於天神之系統內，有詳細論述。茲錄其說於后，以資參考：

> 五行之說見於《周書・洪範》，五帝之祀見於《周禮》，而終無五帝之名。屈萬里謂〈洪範〉著成時代，約當戰國初年，其言五行所代表之物事尚約而不奢（見《尚書釋義》）。至秦月令，始以五帝與五行相配，始以人王之帝分擔至高無上天之「帝」之職掌，於是帝之觀念始趨混雜。及漢方士之言興，讖緯之書出，言天帝而有蒼帝靈威仰等怪誕名目之巧立。……證以〈月令〉始五人帝配五行，則天神與人鬼系統之相混當在周秦之際。既然，則五方之神示，於殷周之際，猶專屬於天神系統之內也。……周公制禮多因舊則，則所謂五方之神者，當亦與殷無大異。推原其初始，疑先民之心目中，上有天帝，下有地祇，天地之間，則東南西北中五方，乃想像而有五方位之主神在焉。入周以後，雖上帝與五帝之祭各殊，然亦不害其在天神系統之內。……經籍帝單言「上帝」者指其天神之主宰，云「五帝」則是特指五方之神也。（頁十七至十九）

3. 禮祀六宗

　△ 《尚書・堯典》：「肆類于上帝，禋于六宗，望于山川，遍于群神。」

　馬融云：「禋，精意以享也。天地四時也。」

　鄭玄云：「禋，煙也，取其氣達升報於陽也。六宗禋，與祭天同名，則六者皆天神，謂星、辰、司中、司命、風伯、雨師也。」

　王肅云：「禋，絜祀也。六宗，四時、寒暑、日、月、星、水旱也。」

按六宗之說，自漢以來紛然不一。秦蕙田《五禮通考》匯集諸儒解說不同，凡一十六條，而以孔安國所據為不刊。按偽孔傳據〈祭法〉以四時、寒暑、日、月、星、水旱當之，說與王肅同。惟六宗之義，有其數無其名，先儒各以意說。孫詒讓謂「周本無六宗之祭，而後文以玉作六器，以禮天地四方，實即古六宗之遺典。諸家聚訟，並未得其義」（〈大宗伯〉疏），其說或然。

4、禋祀四方

> △ 《毛詩‧小雅‧大田》：「來方禋祀，以其騂黑，與其黍稷，以享以祀，以介景福。」鄭箋：「禋祀四方之神祈報。」
>
> 《禮記‧曲禮》「天子祭四方」，鄭注云：「祭四方謂祭五官之神於四郊也。句芒在東，祝融、后土在南，蓐收在西，玄冥在北。《詩》云『來方禋祀』。方祀者，各祭其方之官而已。」

四方之祭，散見於《周禮》及《禮記》，惟其所祭為何神，鄭說亦不一。鄭注〈大宗伯〉「以玉作六器，以禮天地四方」，則以為五帝；注「以貍辜祭四方百物」，則以為蜡祭四方百物之神；注〈舞師〉「教羽舞帥而舞四方之祭祀」，則以為四望之神；注〈曲禮〉「天子祭四方」，則以為五官之神；注〈祭法〉「四坎壇祭四方也」，則以為山林川谷邱陵之神也。即鄭氏一家，已參錯如此。秦蕙田云：「〈大宗伯〉血祭祭五岳，貍辜祭四方，是四方與四望不同也；〈曲禮〉祭四方之下，即曰祭山川而貍沈，與貍辜亦異，兵舞與羽舞又異，是四方與山川不同也；《周禮》祀五帝，三月繫牲，十日誓戒，其義與祀天相等，四方則與百物連言，是四方與五帝不同也。」詳見（《五禮通考》卷五十五頁一「四方」條下）。明何楷《詩經世本古義》以為四方之解，以鄭說五官之神為允（見《五禮通考》四方條下引），秦蕙田亦以為然。所謂五官之神者，即五祀是矣。五祀祭於四郊，故又謂之四方（見孫詒讓〈大宗伯〉疏）。金鶚云：「五行，氣行於天，質具於地，故在天有五帝，在地亦有五神。五神分列五方，佐地以造化萬物，天子祀之，謂之五祀。〈月令〉云春神句芒，夏神祝融，中央后土，秋神蓐收，冬神玄冥，即五祀之神也。《左傳》重為句芒，該為蓐收，脩及熙為玄冥，犁為祝融，句龍為后土。此五官有功於世，故配食於五神。若〈月令〉句芒等，則非人神也。鄭注以為

五人神，誤矣。對文天曰神，地曰示，散文示亦曰神。故〈月令〉五者皆曰神，《左傳》以五祀與社稷並稱，是地示，非天神也。鄭注謂五祀者，五官之神，因引重、該等解之。然此乃人神，安得列於社稷五嶽之中而血祭之也？抑又誤矣。五祀亦當兆於四郊，其壇與五帝同，而其制小而且卑，皆可推而知矣。」（見〈五帝五祀考〉）金說五祀為地示，即〈月令〉句芒、祝融等五神；又謂《左傳》顓頊四叔及句龍等，皆人神之配食於五示者，其說是矣。

5. 禋祀先王

△ 《尚書‧洛誥》：「伻來毖殷，乃命寧予；以秬鬯二卣，曰：
『明禋，拜手稽首休享。』予不敢宿，則禋于文王、武王。」

△ 《尚書‧洛誥》：「戊辰，王在新邑，烝，祭歲：文王騂牛一，
武王騂牛一。王命作冊逸祝冊，惟告周公其後。王賓，殺、
禋，咸格，王入太室祼。王命周公後，作冊逸誥，在十有二
月，惟周公誕保文武受命，惟七年。」

按升煙以祭，謂之禋祀，蓋對實柴槱燎言之。《爾雅‧釋詁》：「禋，祭也。」《說文》示部：「禋，絜祀也，一曰精意以享曰禋。」按精意以享，其說出自馬融（見《經典釋文》引），而實本《國語‧周語》內史過之語，而許氏用之。《尚書‧堯典》「禋于六宗」，《釋文》：「王（肅）云絜祀也，馬（融）云精意以享也。」孔疏引《國語》曰：「精意以享，禋也。」又引孫炎曰：「禋，絜敬之祭也。」且申之曰：「禋是精誠絜敬之名。」杜注《左傳》「而況能禋祀許乎」（隱公十一年），則云「絜齊以享謂之禋。」是精意以享與絜祀非異義。王筠《說文釋例》謂「《國語》在前，許君蓋即述之，後人易以王子雍說，而校者並錄之」，證以《藝文類聚》卷三十八及《初學記》卷十三引《說文》皆作「精意以享為禋」，而無絜祀之語，則王說蓋是矣。《詩‧大雅‧生民》孔疏引袁準云：「禋者，煙氣煙熅也。天之體遠不得就，聖人思盡其心，而不知所由，故因煙氣之上以致其誠，《外傳》曰『精意以享禋』，此之謂也。難者曰：『禋于文王也？』曰：『夫名有轉相因者，《周禮》云禋祀上帝，辨其本言煙熅之體也。《書》曰禋于文武者，取其辨精意以享也。先儒云凡絜祀曰煙，若絜祀為禋，不宜別六宗與山川也。凡祭祀無不絜，而不可謂皆精。然則精意以享，宜施燔燎，精誠以假煙氣之

升，以達其誠故也。』」按袁說是也。《詩·大田》云「來方禋祀」，鄭箋云「禋祀四方之神祈報」，是地祇可稱禋，《書·洛誥》云「禋于文王、武王」，是人鬼亦有禋祀矣。其名雖同，而禮節或有殊異焉。

（三）柴

1. 柴祀上帝（天）

△ 《尚書·堯典》：「歲二月，東巡守，至于岱宗，柴；望秩于山川，肆覲東后。」

　馬融曰：「祭時，積柴加牲其上而燔之。」

　孔疏：「《郊特牲》云：『天子適四方，先柴』，是燔柴為祭天告至也。」

△ 《儀禮·覲禮》：「祭天，燔柴；祭山、丘陵，升；祭川，沈；祭地，瘞。」

△ 《禮記·王制》：「天子五年一巡守：歲二月，東巡守至于岱宗，柴而望祀山川。」

　鄭注：「柴，祭天告至也。」孔疏：「謂燔柴以祭上天而告至，其祭天之後，乃望祀山川。所祭之天則蒼帝靈威仰。」

△ 《禮記·郊特牲》：「天子適四方，先柴。」

　鄭注：「所到必先燔柴，有事於上帝也。《書》曰：『歲二月，東巡守，至于岱宗，柴。』」孔疏云：「天子適四方先柴者，謂巡守至方嶽，先燔柴以告天，是尊天故也。」

△ 《禮記·大傳》：「牧之野，武王之大事也。既事而退，柴於上帝，祈於社，設奠於牧室。」

△ 《禮記·祭法》：「燔柴於泰壇，祭天也；瘞埋於泰折，祭地也；用騂犢。」

　孔疏：「燔柴於泰壇者，謂積薪於壇上，而取玉及牲置柴上燔之，使氣達於天也。」

△ 《爾雅·釋天》：「祭天曰燔柴，祭地曰瘞薶，祭山曰庪縣，祭川曰浮沈，祭星曰布，祭風曰磔。」

2. 柴祀日月星辰

　　△　《周禮・春官・大宗伯》:「以禋祀祀昊天上帝,以實柴祀日
　　　　月星辰,以槱燎祀司中、司命、飌師、雨師。」

　　柴,《說文》作祡。《說文》木部云「柴,小木散材」,是柴乃祭天所燔之物,原非祭名也。《禮記・祭法》云:「燔柴於泰壇,祭天也」,《爾雅・釋天》云:「祭天曰燔柴」,皆謂其事,亦即許說之所出。陸德明《經典釋文》引馬融曰:「祭時積柴加牲其上而燔之」,因燔柴祭天,遂命此祭曰祡,祭名之字當從示。《說文》示部祡篆下云:「燒柴尞祭天也」(按大徐本原作「燒祡燓燎以祭天神」,據段注改),引《書》「至于岱宗,祡」,經文主巡狩祭天而言,故許引作祡為正字,作柴者假借也。或謂柴為本字本義,後因其屬祭禮而易示旁。果如其說,則祭名之柴,其初始蓋亦借「小木散材」之柴為之,而後造本字祡也。

　　文獻所見燎禋柴資料,大抵如上所述。按燎禋柴三祀,諸書所記祭祀對象,未盡相同。而以《周禮》所言者,其時代疑為最晚。〈大宗伯〉於昊天上帝言禋祀,日月星辰言實柴,司中、司命、風師、雨師言槱燎,五帝與昊天上帝同用禋祀,大小司寇兩職亦有明文。是《周禮》禋柴燎三祀,所祭之神容有不同,而悉為天神,至於宗廟祭享則不與焉。此與西周古文以及《書》、《逸周書》所記宗廟或亦用燎用禋者有殊。蓋由殷人之燎祭,而衍變為周人之燎禋二祀,其所施對象猶兼天神與人鬼。至若燎禋柴三祀專屬天神,而不及宗廟,疑已進入春秋矣。夫柴祭雖見於〈堯典〉,惟斯篇蓋為戰國時人述古之作,屈萬里《尚書集釋》已詳言之。蓋《周禮》晚出,其所載未必盡合先王之制;而《禮記》一書,乃所以解經所未明,補經所未備,漢儒以為「七十子後學者所記」,而至小戴始匯輯成書,其間或滲入秦漢間人述禮之文,亦未必符合西周禮制也。

五、燎禋柴三祀異同及其相關問題

(一)燎禋柴三祀異同

　　鄭注〈大宗伯〉云:「禋之言煙,周人尚臭,煙,氣之臭聞者」,注〈羊人〉云:「積,積柴,禋祀、槱燎、實柴」,是鄭氏以燎禋柴通為積柴也。又《儀禮・覲禮》及《爾雅・釋天》並云「祭天燔柴」,《禮記・大傳》云

「柴于上帝」,《說文》祡訓燒柴尞祭天,尞訓柴祭天,是燒柴而祭謂之祡,亦可以謂之尞,禋祀可以言柴,亦可以言尞,名異而實同也。是故學者或以為以典籍諸記載相較,諸異名但為行文以之便,無實質上之特別差異,俱為積柴實牲,燔燎而升煙耳。但〈大宗伯〉既以禋祀祀昊天上帝,以實柴祀日月星辰,以槱燎祀司中、司命、風師、雨師,是此三祀,其禮固當有異。鄭注云:

> 三祀皆積柴實牲體焉,或有玉帛,燔燎而升煙,所以報陽也。

賈公彥疏其義曰:

> 此司中、司命等言槱燎,則亦用禋也。於日月言實柴,至昊天上帝言禋祀,則三祀互相備矣。但先實柴,次實牲,後取煙,事列於卑祀,義全於昊天,作文之意也。但云或有不用玉帛者。〈肆師〉職云:「立大祀,用玉帛牲牷,立次祀用牲幣,立小祀用牲。」彼雖摠據天地宗廟諸神,今以天神言之,則二大小次祀皆有也。以〈肆師〉言之,禋祀中有玉帛牲牷三事,實柴中則無玉,唯有牲幣,槱燎中但止有牲,故鄭云實牲體焉。據三祀有其玉帛,惟昊天具之,實柴則有帛無玉。是玉帛於三祀之內,或有或無,故鄭云或耳。

按賈氏依據〈肆師〉玉帛牲幣之有無,作為三等祀之差別,用以說明禋祀、實柴、槱燎之別異。以為禋祀中有玉帛牲牷三事,實柴中則無玉,唯有牲幣,槱燎中則止有牲而已。但據〈典瑞〉所記,日月星辰、四望山川用玉,固有明文。依王與之《周禮訂義》引崔靈恩說,司中、司命、飌師、雨師亦有禮神之玉(見卷二十九頁五),則亦不得為小祀。是知賈說殆有未允也。卜辭云:

> △ 甲申卜爭貞燎于王亥其玉(《合》一四七三五正)
>
> △ 燎于渢三牢貍三牢一朋(《南輔》二〇)
>
> △ 王其冓朋于祖乙燎三牢(《京》四〇〇一)

據〈肆師〉鄭注,大祀又有宗廟,小祀亦有山川,而燎于渢用一朋,則殷人祭河,亦有禮神之玉,並不限於天地宗廟等大祀也。雖云禮有因革,然漢儒經說,亦未必皆可信。此一說也。

王與之《周禮訂義》引崔靈恩云:

三牲俱足，以禋為名稱；若少其一，則但云實柴；若少其三，則以
積薪為名。（孫詒讓《周禮正義》卷三十三引）

崔說燎禋柴之別，蓋以牲牢之多少而異其名稱。此二說也。

金鶚《求古錄禮說·燔柴瘞埋考》云：

〈大宗伯〉於昊天上帝言禋祀，日月星辰言實柴，司中、司命、風
師、雨師言槱燎，皆類敘而別言之，其禮必各異。禋之言煙，又為
精意以享，故知其但以幣帛加柴上而燔之，不貴多品，又取其氣之
絜清也。實柴，謂以牲體加於柴上，祭日月非全燔，當取其體之貴
者燔之。《爾雅·釋天》云「祭星曰布」，謂以牲體分析而布於柴上，
以象星辰之布列。日月星辰亦燔幣，然所以異於禋祀者，在牲不在
幣也。槱燎則有柴有牲無幣，而用柴獨多。此祀天神之等級也。（卷
十四頁一〇）

金說禋祀惟以幣帛加柴上而燔之，實柴則以牲幣，槱燎則有柴有牲無幣，而
用柴獨多。此三說也。

孫詒讓《周禮正義》於諸說亦嘗有徵引，以為郊天及日月諸天神之祀，
禮經無專篇。此職三禮之別，鄭、賈所釋，並未詳析，無可推校。而崔氏所
云，正與禮反。蓋昊天上帝本用特牲，而〈小司徒〉云「凡小祭祀奉牛牲」，
則王國大小祭祀皆用大牢，故崔說亦不足為據。遂別為之說云：

竊以意求之，禋祀者，蓋以升煙為義；實柴者，蓋以實牲體為義；
槱燎者，蓋以焚燎為義。禮各不同，而禮盛者得下兼，其柴則一。
故鄭〈羊人〉注以此三祀通為積柴〔註3〕。又〈覲禮〉及《爾雅·
釋天》並云「祭天燔柴」，〈大傳〉云「柴于上帝」，〈祭法〉云「燔
柴于泰壇」，《說文》示部云「祡，燒柴焚燎以祭天神」，又火部尞
亦訓為柴祭天，是禋祀亦可以言柴，亦可以言燎也。（見大宗伯疏）

按孫說三祀名義，頗具卓識。惟實柴一名，止見《周禮》，不見其他經籍。
〈尚書〉言柴，《儀禮》言燔柴，而《禮記》或言柴，或言燔柴，蓋謂積聚柴
薪而燔燎之，故《說文》字從示作祡，而云「燒柴尞祭天也」。是實柴也者，

〔註3〕孫氏《正義》云：「故鄭〈小子〉注以此三祀通為積柴」，今所見版本並同。
按〈小子〉鄭注無此說，『小子』當為『羊人』之誤。《周禮·羊人》：「凡沈
辜、侯禳、釁、積，共其羊牲」，鄭注云：「玄謂積，積柴，禋祀、槱燎、實
柴。」據改。

蓋亦不妨以積柴為之義也。賈公彥〈大宗伯〉有云：「但先實柴，次實牲，後取煙」，實柴為一事，實牲為一事，實柴之義或即此。如此詮釋，則名「柴」者，其義可說。禋柴燎三者，禮雖各異，而其燎牲則一焉。

又崔靈恩、皇侃說，祭天燔柴及牲之節，在正祭之前（見前引），而《國語・周語》云「郊禘之事，則有全烝」，孫氏《周禮正義》據此以為禋祀正祭之前，有燎柴升煙而無燔牲。但在升煙歆神之後，復有實柴之禮，實柴則有燔牲。其言曰：

> 升煙之節，蓋無燔牲。但祭天升煙歆神之後，疑當復有實柴之禮。實柴則有燔牲，故《韓詩內傳》有「升柴加牲」之文。《書・舜典》：「至于岱宗，柴」，《釋文》引馬融曰：「柴祭時，積柴加牲其上而燔之。」是禋祀亦兼實柴之證也。蓋祭天升氣之後，有薦血，〈禮器〉、〈郊特牲〉所謂「郊血大饗腥」是也。薦血之時，蓋殺牲而不解，是之謂全烝。既薦血，又薦腥，則牲已解為七體，〈禮運〉注所謂「豚解而腥之」也。於是復有實柴之禮，於七體中取其貴者，加於柴上而燔之，猶廟享薦孰之前有焫蕭之節也。蓋升煙之初無燔牲，故薦血得有全烝；薦腥之後已豚解，故實柴得燔牲體。但所燔者乃七體中之一體，何邵公以為盡取七體而燎之，蓋所聞之誤。至實柴主於實牲體，槱燎與實柴禮蓋隆殺小異，然亦有燔牲。但二者既不用全烝，則無升煙之節。（見〈大宗伯〉疏）

按孫氏以為禋祀於正祭之前，有升煙之節。升氣之後，既薦血，又薦腥，於是復有實柴之禮，而於七體中取其貴者，加於柴上而燔之。至於實柴與槱燎禮蓋隆殺小異，惟有燔牲，而無升煙之節，此其與禋祀之殊異也。

（二）燔柴升煙非降神

燔柴升煙，或以為饗神，或以為降神，說者亦有不同。崔靈恩曰：「其祭之法，先以牲體置於薪上而燔之，以升煙於天以降神。」（王與之《周禮訂義》卷二十九引）。唐永徽中許敬宗言「祭祀之禮，必先降神。祭天燔燎，祭地瘞血，皆貴氣臭，用以降神」（《通典》卷四十三載許敬宗等奏語）。秦蕙田《五禮通考》卷五亦謂「祭必先求神，祀天之禮，燔柴為重」。崔許秦三家，蓋皆以燔柴當祭天祭初之一節，乃所以降神也，故有是說。但觀察殷周古文所記燎祭情形，知其說殆非事實也。

　　按周禮之法，廟饗先求諸陰，故祭莫重於祼。祼者所以求神也。所以然者，蓋祖先祭祀，所以合鬼與神，彷彿生人而祭之。是故古人廟饗，求神為先。此先王制禮，緣乎人情者是也。至於天地大神，至尊不祼。不祼者，不用降神也。《周禮‧小宰》「凡祭祀，祼將之事」，鄭注賈疏已言之（說詳拙著《祼禮考辨》外神不祼一節）。先儒或蔽於人鬼有灌鬯求神之事，遂以為祭天亦然，此不知禮有不同也。金鶚《求古錄禮說》有祭天不降神之論，說蓋是矣。茲錄其說於后云。

> 若天神地示英靈昭著，在人耳目，非若人鬼之歸於杳茫者比，則何
> 必先求神而後享之？……是則燔柴瘞埋與血祭，正所以享神，而非
> 所以求神也。求神之說，經無明文，鄭注三禮亦無之，先儒特以人
> 鬼為例，不知其禮有不同也。天神在上，故燔柴以上達於天，地示
> 在下，故瘞埋以下達於地，使之實歆其氣味也。人位乎天地之間，
> 死而為鬼，魂升天而魄降地，不專在上，亦不專在下，燔瘞所以兩
> 無所用也。祭人鬼以灌鬯焫蕭求其神，祭天神地示以燔柴瘞埋享其
> 神，皆有精義存。（卷十三〈祭天神地示不求神說〉）

（三）祭天燔玉及用牲問題

　　古者祭天燔燎，祀地瘞埋，鄭玄謂燔柴皆有牲體玉帛，後儒悉從之。崔靈恩曰：

> （其圜丘之祭）其初先燔柴及牲玉於丘訖，次乃掃丘下而設正祭，
> 若夏正及五郊，初則燔柴及牲玉於壇，故〈祭法〉云「燔柴於泰壇
> 祭天也」，次則於壇下掃地而設正祭，故〈禮器〉云「至敬不壇掃地
> 而祭」是也。（《禮記‧郊特牲》孔疏引）

皇侃亦曰：

> 祭日之旦，王立丘之東南，西嚮。燔柴及牲玉於丘上，升壇以降神，
> 故《韓詩內傳》云「天子奉玉升柴，加於牲上」，《詩》又云「圭璧
> 既卒」，是燔牲玉也。（同上）

崔、皇二家之說圜丘之祭，以為祭天有燔牲玉之事，即依鄭義而推定也。燔牲則無異說，而燔玉則或有不以為然者。羅泌《路史》即以為祭天無所謂燔玉。其言曰：

> 祭天燔燎，祀地瘞埋，蓋牲幣爾。古郊祀蒼璧禮天，黃琮禮地，

四圭有邸以祀天，而兩圭有邸以祀地，未聞燔瘞之玉也。……以皆燔耶，則玉不受火。……案六經緣祭祀而言玉者多矣，無所謂燔瘞之玉也。唯韓嬰詩傳始有天子奉玉升柴加於牲之說，而崔靈恩遂引詩之「圭璧既卒」以實之為燔玉，且謂〈肆師〉立大祀用玉帛牲牷為論燎玉之差降，而鄭注〈大宗伯〉職亦遂以為或有玉帛而升煙。……〈肆師〉所用玉帛，特禮神之用，而非論燎玉之差降，〈雲漢〉所言亦禮神之玉爾。（秦蕙田《五禮通考》卷五頁六引）

金鶚於〈燔柴瘞埋考〉亦持此論，云：

祭天地之禮，燔瘞惟有幣帛無玉，古人祭用玉帛禮神，猶朝覲執玉帛以為摯，帛受而玉必還，是知禮神之玉不燔矣。且玉亦豈可燔之物？燔燎取其升煙，玉不受火，燔之無謂，徒損一寶。

按玉無煙臭，是無燔燎之理。羅、金二家說，蓋亦近於實情。但以時湮代遠，諸經又未見載，是不免為人所疑。

關於燔柴使用之犧牲，就卜辭所見，最常用者有牛羊豕犬等，而人牲亦多見，多為羌人或卻。至其牲數，則多寡無定。至於周人祭祀天神，據典籍所載，其用牲似已有定制。天神，唯圜丘、五郊、明堂用犢，餘日月星辰以下皆用大牢，其祈禱則用少牢。〈郊特牲〉孔疏引崔靈恩說，謂日月用犢；又引皇侃說，謂日月合祭用犢，分祭用少牢；孔氏又謂日月以下常祀用羊，王親祭用牛。蓋以經無明文，說者參酌推敲，而各出己意，乃紛然如此。是殊難決其從違也。

六、結　語

周人禋柴燎三祀，乃承殷燎而來，其跡較然可循。就殷商卜辭而言，燎祭所施之範圍，兼及內外神祇，不限於天神也。其用牲或牛或羊或豕，亦有其他牲類，甚至亦用羌人，蓋無定則。西周古文及《尚書》所記，有燎有禋，其例雖然不多，但或用於自然神祇，或用於宗廟，蓋亦昭然可知。至《周禮》一書，禋燎柴三祀，乃專屬天神，推其時代，或已降及春秋之際矣。《禮記》所見柴祭，其祭祀對象亦然。由於禋燎柴三祀，《周禮》依類而別言之，是知禮必有不同。其殊異，似以孫氏《周禮正義》說，較近實情。至若祭天降神以及燔玉之事，雖經無明文，而世儒皆以為然。羅泌、金鶚極辨之，或可採信焉。

附　記

一、本文初稿原題〈殷周燎祭考〉，嘗提一九九六年四月「第七屆中國文字學全國學術研討會」發表，後經再次修改增訂，且易為本題，而刊載於《國立編譯館館刊》第二十九卷第一期，二〇〇〇年六月出版。

二、本文獲得國科會八十七學年度甲種研究獎助，謹此誌謝。

春秋之秋取象於蝗蟲說質疑

〔本文提要〕

　　卜辭之龜，其為何物，說者不一，而以為借作季節之秋者，大抵無異辭。夫古人之於物類，凡兩形相似，多施於同一之名，或逐彼物之稱以名此物，蓋不嫌同辭也。蟋蟀之與螽蝗，後人別為二蟲，其名謂稱呼不容相混，惟殷人或無此細別，同謂之龜耳。且一物有一物之名，其命名取義也，蓋必有其深意焉。春秋之秋，取象於其時最著之物，檢諸載籍，固有可徵。若謂取象於螽蝗，不獨與載籍所記違異，而與螽蝗之生長節候，亦有未盡契合。

一、前　言

　　卜辭龜、龜、龜諸字，或釋為蟋蟀，或釋為蝗蟲，或釋為他物，說者雖有不同，而以為借作春秋之秋，則大抵無異辭。顧一物必有一物之名，而名各有其義。或謂春秋之秋乃取象於蝗蟲，其於命名取義，殊覺有未盡然者。因取學者對此字之說解，以及傳世文獻資料，以辨明春秋之秋，蓋取象於其時最著之物，以及其相關問題。尚祈博雅君子，有以教焉。

二、學者對於卜辭龜字之詮釋

　　甲骨文多見龜、龜、龜、龜、龜、龜諸形之字，葉玉森釋作蟬，謂即夏之假借。其言曰：

> 古人造春夏秋冬四時之字，疑並取象於某時最著之物，……卜辭並
> 狀綾首翼足，與蟬畢肖，疑卜辭假蟬為夏，蟬乃最著之夏蟲，聞其

聲即知為夏矣。〔註1〕

唐蘭釋作蟗，謂字象龜屬動物，殆即《說文》之蠅。其言曰：

> 卜辭叚借為秋。……以字形言之，此蟗者本象龜形而具兩角。……
> 《廣雅‧釋魚》「有角曰齟龍」，齟正當作蟗，蓋龜黽易亂。《萬象
> 名義》廿五龜部有蟗字，「奇椊反，虬也，龍無角也」。天治本《新
> 撰字鏡》同。蓋《原本玉篇》當有此字，今本龜部則已為俗人刪
> 之矣。《龍龕手鑑》誤入艸部，然其字作蟗，則猶未甚誤也。……
> 其本義當為龜屬而具兩角者，其物今不可知。然余頗疑其即《說
> 文》之「蠅」也。《說文》：「蠅，鼊屬，頭有兩角。出遼東。」又：
> 「鼊，水蟲也。薉貉之民食之。」按所謂水蟲者，如鼊是也。其
> 非龜黽蠅鼊之屬可知。蠅頭有兩角，而蟗字之首亦具兩角，兩者間
> 關係似頗密切也。卜辭曰「今蟗」、「來蟗」，又曰「今鼊」，蟗及鼊並
> 當讀為穐（按《說文》作穐），即「今秋」與「來秋」也。〔註2〕

其後郭沫若、陳夢家雖採唐說，以為卜辭叚借為春秋字，然解說字形則有不同。
郭氏於《殷契粹編》考釋云：

> 案字形實象昆虫之有觸角者，即蟋蟀之類。以秋季鳴，其聲啾啾然。
> 故古人造字，文以象其形，聲以肖其音，更借以名其所鳴之節季曰
> 秋。蟋蟀，古幽州人謂之趨織，今北京人謂之趨趨。蟋蟀、趨織、
> 趨趨，均啾啾之轉變也，而其實即蟗字。〔註3〕

陳氏於〈商代的神話與巫術〉一文云：

> 《名醫別錄》「蝦蟇，一名蟾蜍，一名龗」，龗之音與秋同，而龗者
> 實即卜辭之蟗，蟗于卜辭叚作春秋之秋，其字正象龗或蝦蟇之形。
> 《廣雅‧釋魚》「有角曰齟龍」，《說文》曰「蠅，鼊屬，頭有兩角，
> 出遼東」，齟蠅皆即蟗字，从黽不誤。卜辭蟗字有角，而蝦蟇亦有
> 角，《太平御覽》引《玄中記》「蟾諸頭生角」……蟾蜍即蝦蟇也。
> 〔註4〕

日人島邦男之《殷墟卜辭研究》，以為蟗是蝗蟲。其言曰：

〔註1〕 李孝定，《甲骨文字集釋》，卷十三，頁三九三九引《殷契鈎沈》。中研院史語所。
〔註2〕 唐蘭，《殷虛文字記》，頁六至頁九。學海出版社。
〔註3〕 郭沫若，《殷契粹編》考釋，頁二。大通書局。
〔註4〕 陳夢家，〈商代的神話與巫術〉，《燕京學報》第二○期頁五一九。東方文化書
　　　 局影印。

　　　　　　　　　＊有定息之義，所以「＊＊」與「＊雨」「＊風」一樣，當為祈求定

　　　　　　　　　息災害的意思。因此「＊」必然是招致災禍的東西。觀其字形，則

　　　　　　　　　近於蝗，……所以「＊＊」就是祈求停息蝗禍之辭，「告＊」則是告

　　　　　　　　　飛蝗來至之辭。〔註5〕

自島邦男釋＊為蝗蟲之後，郭若愚、溫少峰與袁庭棟諸人釋＊為螽，謂即蝗

蟲，殆即本此〔註6〕。彭邦炯更據卜辭記錄，撰成〈商人卜螽說〉一文，以

探討殷商時代蝗蟲災害之嚴重與頻繁〔註7〕。而姚孝遂於《甲骨文字詁林》＊

篆下按語，雖兼存象蟋蟀之形與象蝗蟲之形二說，但又云「蝗至秋時為害最

烈，故可引申為春秋之秋，『＊』字仍當以取象於蝗蟲即『螽』為是」〔註8〕，

則姚以＊為蝗蟲之象形，亦較然可知也。

三、蟋蟀蝗蟲共名秋

　　據甲文＊、＊、＊、＊、＊諸字形言之，首有觸鬚，背或突出其翼形，

均與龜屬或蝦蟆在形體上迥然有別，知唐蘭、陳夢家之說，殆未可信也。葉

玉森謂「卜辭並狀綏首翼足，與蟬畢肖」，按卜辭諸字首有觸鬚，而蟬則無。

是葉說亦有非然也。郭沫若云：「字形實象昆虫之有觸角者，即蟋蟀之類」，

其說蓋是也。至若島邦男以及郭若愚、溫少峰、袁庭棟等人並釋作螽蝗，據

形課義，其說亦不可易。易言之，甲文＊＊＊諸字，並象蟋蟀蝗蟲二物之

形，雖二者異物，但為一類，共用「秋」名，蓋無疑也。

　　按古人因物立名，每依形色區分，凡形色近似者，則多施以同一之名，

蓋不嫌同辭也。知者，《說文》鳥部鷖訓「鷖鶿，鳳屬神鳥」，又云「江中有

鷖鶿，似鳧而大，赤目」，則此言江中鷖鶿，當是別一物，非鳳屬神鳥可知。

按江中鷖鶿，司馬相如〈上林賦〉作屬玉，左思〈吳都賦〉作鸒瑪，郭璞云：

「似鴨而大，長頸赤目，紫紺色者。」〔註9〕又虫部蠃訓「螺蠃」，又云「一

曰虎蝓」，按《說文》蠣下云「蠣蠃，蒲盧，細要土蜂也。蠣，或从果作蜾」

（虫部），是細要土蜂名蠃。《爾雅·釋魚》「蚹蠃，蠕蝓」，郭注云「即蝸牛

也」〔註10〕，則蝸牛亦名蠃。而蝸下云蝸蠃也，蝸蠃與蜾蠃音同（蝸蜾二字，

〔註5〕島邦男撰，溫天河、李壽林譯，《殷墟卜辭研究》，頁二○四。鼎文書局。

〔註6〕詳見《甲骨文字詁林》，第二冊，頁一八三○＊篆下引。北京中華書局。

〔註7〕彭邦炯，〈商人卜螽說〉，《農業考古》1983 年第二期。

〔註8〕詳見《甲骨文字詁林》，第二冊，頁一八三五至一八三六。

〔註9〕見《文選》，卷八，頁四，〈上林賦〉李善注引。藝文印書館。

〔註10〕見《爾雅義疏》下之四，頁一二。藝文印書館。

古音並屬見紐段氏第十七部）。又艸部蘆訓蘆菔，又云「一曰薺根」，按蘆菔，今之蘿蔔也。薺根曰蘆者，蓋指薺苨而言，其根與人參及長形蘆菔相似，故魏文帝云「薺苨亂人參」〔註11〕。凡此皆以羽色相似，或形狀相類而取名不殊。蓋以古人之於物類，凡形體相似，則其呼名乃無多別。故字音雖同，則物類或有殊異，但其形狀，則大抵不甚相遠。是故凡雅俗古今之名，其殊物而同名者，音義亦往往相關。王國維《爾雅草木蟲魚鳥獸釋例》、劉師培《物名溯源》、《物名溯源續補》論述詳矣。蘱名鼟蕫（見《爾雅‧釋草》），虹名蝃蝀（見《爾雅‧釋天》），其音相近，而蘱為長葉之草（郭注云其葉似蒲而細），虹形似帶。葵名蘆萉（見《爾雅‧釋草》），蚍名蠦蜰（見《爾雅‧釋蟲》），其音相同，而蘆萉根大而圓，蚍形亦橢圓似葵。蝸牛名蝸蠃，細腰土蜂名蜾蠃，其稱並名為蠃者，以二物皆形圓也。凡此者，字或少異而其音不殊，或命名共用一字而無別，即緣物之得名，或以形狀區分，其形類似，則即施以同一之名也。其或有迻彼物之稱名此物者，如茨名蒺藜（見《爾雅‧釋草》），卿蛆亦名蒺藜（見《爾雅‧釋蟲》），均以多刺得名，然以蒺藜名卿蛆，蒺藜為假借字，此據字形可知也。若夫蝸牛名蜾蠃，細腰土蜂亦名蜾蠃；蘆萉曰蘆，薺根亦曰蘆，其稱容或有先後之別，今無可考，然皆以形似，乃殊物而共名者，則亦無可致疑也。

　　夫蚹蝓，一名蝸蠃，亦即蝸牛也。所以稱蝸牛者，蓋以其有小角，故以牛名。又曰虓蝓者，郝懿行《爾雅義疏》云：「虓，虎之有角者，蝸牛有角，故得虓名，俗加虫為蚹耳」〔註12〕，是矣。考諸《本草經》，活（蛞）蝓，一名陸螽〔註13〕，崔豹《古今注》云：「蝸牛，陸螺也。」〔註14〕然《本草經》既有蛞蝓，而《名醫別錄》復出「蝸牛」條，陶弘景注《本草》云「蛞蝓無殼」，注《別錄》云「蝸牛生山中及人家，頭形如蛞蝓，但背負殼耳。」〔註15〕崔豹亦曰：「蝸牛形如蚹蝓，殼如小螺，熱則自懸於葉下。」〔註16〕據此，則蝸牛與蚹蝓又似非一物〔註17〕。但經典二物不別，通謂之蠃也。故

〔註11〕見《本草綱目》卷十二，頁一五，「薺苨」條下引。鼎文書局。
〔註12〕見《爾雅義疏》下之四，頁一二。藝文印書館。
〔註13〕《本草經》，卷二，頁三一。《四庫備要》本，中華書局。
〔註14〕崔豹，《古今注》，卷中，頁八。《增訂漢魏叢書》本，大化書局。
〔註15〕見《本草綱目》卷四二，頁一二、一四引。
〔註16〕崔豹，《古今注》，卷中頁八。《增訂漢魏叢書》本，大化書局。
〔註17〕按韓保昇《蜀本草》以蛞蝓、蚹蝓、蝸牛為一物，與大若蝸牛而無殼者殊異；李時珍《本草綱目》則以無殼者曰蛞蝓，有殼者曰蚹蝓曰蝸牛，說又不同。

〈鼈人〉「共盧嬴蚳以授醢人」，〈醢人〉「其實葵菹嬴醢」，〈士冠禮〉「嬴醢」，鄭注並以嬴為螔蝓，而注《尚書大傳》「鉅定嬴」，則云：「嬴，蝸牛也」〔註18〕。是可知古呼嬴之背負殼者曰嬴，無殼者亦曰嬴，不似後人語言分別呼之也。李時珍於《本草綱目》蛞蝓條下曰：「蓋一類二種，名謂稱呼相通。或以為一物，或以為二物者，皆失深考。」〔註19〕李說「一類二種，名謂稱呼相通」，蓋為不易之論。王念孫《廣雅疏證》亦云：「蝸牛有殼者，四角而小，色近白；無殼者，兩角而大，色近黑；其實則一類耳。」〔註20〕後人別水生可食者為螺（螺古謂之嬴），陸生不可食者為蝸牛，意古人無有此別〔註21〕。

　　殷人名蟋蟀為秋，蝗蟲亦為秋，斯猶古人稱嬴之類，不論有殼無殼，水生陸生，皆謂之嬴之比，不似後人分別之細微。按許書蝗螽互訓，《漢書・五行志》云：「介蟲孽者，謂小蟲有甲飛揚之類，陽氣所生也，於《春秋》為螽，今謂之蝗，皆其類也」〔註22〕，是螽蝗為古今語。且螽為蟲之大名，其類繁多，區而別之，則各有主名。《爾雅》並列五螽：曰𧒂螽，曰草螽，曰蟿螽，曰螽螽，曰土螽，前三種見於《詩》〔註23〕，後二種則經文不載。《本草綱目》卷四十一𧒂螽條下，李時珍曰：「𧒂螽，在草上者曰草螽，在土中者曰土螽，似草螽而大者曰螽斯，似螽斯而細長者曰螽螽。《爾雅》云：『𧒂螽，蠜也；草螽，負蠜也；蟿螽，蚣蝑也；螽螽，蝎蚸也；土螽，蠰谿也』，數種皆類蝗而大小不一，長角修股，善跳有青黑斑數色，亦能害稼，五月動股作聲，至冬入土穴中。蝗亦螽類，大而方首，首有王字，沴氣所生，蔽天而飛，性畏金，北人炒食之。」據此，可知《爾雅》五螽，實亦一類數種，而蝗亦螽類也。若夫蟋蟀，《爾雅》謂之蛬，《方言》或謂之蜻蛚，亦謂之蛬孫，《廣雅》又謂之趨織〔註24〕，今所在有之。陸璣《毛詩草木鳥獸魚蟲疏》云：

〔註18〕《尚書大傳》，卷一，頁一〇。《古經解彙函》本，中新書局。
〔註19〕見《本草綱目》卷，卷四二，頁一四。
〔註20〕《廣雅疏證》，卷一〇下，頁一四一五。鼎文書局。
〔註21〕詳見拙作《說文一曰研究》「蘆」「鶯」「嬴」三篆下，台灣師範大學國研所集刊第二十三號，頁四一至四五。
〔註22〕《漢書補注》，卷二七中之上，頁一六。盧受堂校刊本，藝文印書館。
〔註23〕𧒂螽，見於〈召南・草蟲〉。草螽，即草蟲，亦見〈草蟲〉。蟿螽，即螽斯，見於〈周南・螽斯〉。螽斯，斯螽（見〈七月〉），毛傳並云蚣蝑也。《爾雅・釋蟲》云「蟿螽，蚣蝑」，是蟿螽、螽斯、蚣蝑，蓋一物也。
〔註24〕《爾雅・釋蟲》：「蟋蟀，蛬。」《方言》卷十一：「蜻蛚，楚謂之蟋蟀，或之蛬，南楚之間謂之蛬孫。」《廣雅・釋蟲》：「蟴，趨織，蛬孫，蜻蛚也。」

> 蟋蟀，似蝗而小，正黑有光澤如漆，有角翅，一名蛬，一名蜻蛚，
> 楚人謂之王孫，幽州人謂之趣織，督促之言也。里語曰「趣織鳴，
> 懶婦驚」是也。〔註25〕

按由陸疏，可知蟋蟀殆為螽醜，與蝗亦屬同類。依據昆蟲學者之研究，蟋蟀、蝗蟲與螽斯同類，並屬直翅目，但不同科。蝗蟲之成蟲者，通常皆能發音，但聲音無螽斯之悅耳，亦無蟋蟀之幽雅。且蝗蟲以翅腳相摩擦而發聲，蟋蟀與螽斯則是兩翅摩擦而發聲，此亦不同。三者種類頗夥，而多為農作物之害蟲。其曰蝱，曰螽，曰蝗，曰蝱（《說文》虫部蝱，悉蝱也），蓋皆蟲之大名也。蟋蟀之外形、動作既類似蝗蟲，則殷人視蟋蟀、蝗蟲為一類，不若後世之細分，而賦予同一之字形與呼名，是亦不足為異矣。

四、春秋之秋非取象於蝗蟲

卜辭秌字，既象蟋蟀形，亦象螽蝗形，蓋為「異實而同形」，已論述如上。若夫春秋之秋，是取象於蟋蟀，抑為蝗蟲，則又有深入探討之必要。

卜辭有「乎秋」、「告秋」、「帝秋」、「秋至」、「秋再」、「秋雋」諸文例，島邦男謂乎有「定息」之義，「乎秋」與「乎雨」、「乎風」辭例相同，當為祈求定息災害，而「告秋」則是告以蟲禍〔註26〕。彭邦炯、溫少峰、袁庭棟亦持此說。又卜辭有蝱下從火之秌字，郭若愚據其字形，以為殷人已採用燒火滅蝗〔註27〕，說蓋是矣。按《詩·小雅·大田》云「去其螟螣，及其蟊賊，無害我田穉。田祖有神，秉畀炎火」，陸德明《經典釋文》曰：「《爾雅》云『蟲食苗心曰螟，食葉曰螣，食節賊，食根蟊』，隨所食為名。郭云『皆蝗類也。』」〔註28〕此為設火誘殺蝗蟲法之最早記錄。孫作雲以為〈大田〉約為周宣王朝詩〔註29〕。《唐書·姚崇傳》亦載姚崇據《詩》「秉彼蟊賊，付畀炎火」，用此焚瘞之法，以治蝗蟲，果獲奇效〔註30〕。朱熹《詩集傳》云：「姚崇遣使捕蝗，引此為證，夜中設火，火邊掘坑，且焚且瘞，蓋古之

〔註25〕《毛詩草木鳥獸魚蟲疏》，卷下頁五。《古經解彙函》本，中新書局。

〔註26〕島邦男撰，溫天河、李壽林譯，《殷墟卜辭研究》，頁二〇四，頁二七三。

〔註27〕詳見《甲骨文字詁林》，第二冊，頁一八三一蝱篆下引。

〔註28〕《經典釋文·毛詩音義中》，頁三〇。《通志堂經解》本，大通書局。

〔註29〕孫作雲，《詩經與周代社會研究》，頁三八四。北京中華書局。

〔註30〕此據《新唐書·姚崇傳》（見卷一百二十四），《舊唐書》則作「秉彼蟊賊，以付炎火」（見卷九十六）。

遺法如此。」〔註31〕此可見殷周時以火滅蝗，蓋確有其事。是以彭邦炯、溫少峰、袁庭棟、姚孝遂等皆以為春秋之秋，其取義與蝗蟲有關。

　　彭氏於〈商人卜龜說〉一文云：

> 甲骨文中的龜形字，當是《說文》的秋字，原本沒有禾旁。龜字下
> 加火成為甲骨文用作時間的龜（秋）字，原意是用火驅殺蝗蟲。以
> 火燒殺蝗蟲，發出啾啾鳴叫之聲，是不足為怪的。……秋字成為穀
> 熟季節之意，也當是以煙火驅殺了危害禾苗的龜蝗，從而保住了禾
> 苗才有穀熟可收而引伸出來的意思。……只有煙火驅殺了吃禾的蝗
> 蟲，才與穀熟收穫相關。……甲骨文的秋字本為以煙火驅殺蝗蟲，
> 即龜。然而卜辭有時也借下無火的龜為秋，這樣兩者易混，故後來
> 又有加禾旁的穐，這就是《說文》講的籀文秋字所本。〔註32〕

彭氏以為季節之秋，乃假借火燒蝗蟲之龜，而亦借下無火之龜為之。按穀物種植之季節月份不同，其成熟時間亦有殊異，要之其收成或在夏季，至遲不逾秋季。誠如彭說，則以煙火驅殺龜蝗，春夏秋三季皆當有之，何以獨借龜蝗之秋以為秋季之名，而不借以名蝗蟲為害最烈之夏季？是彭說蓋不能無疑也。

　　《甲骨文字詁林》秋篆下引溫、袁之說云：

> 甲文有龜字，字象火燒蝗蟲之形，《說文》寫為龜，訓「灼龜不兆也，
> 讀若焦」。可知此字之本義為火燒蝗蟲，使之焦死。此字在卜辭中借
> 作季節之名，即「穐」，今寫作「秋」。但是，如果滅蝗之事，不是
> 經常舉行，就不可能造出這個龜字，更不可能以其焦黃之色為特徵
> 而借為穐字。所以郭若愚在〈釋龜〉中認為「龜字似乎告訴我們，
> 他們已採用燒火滅蝗的辦法」。〔註33〕

溫、袁之說春秋之秋，於卜辭本借火燒蝗蟲之龜為之，與彭說同，惟其取義則有小異。細繹溫、袁之意，似以為火燒蝗蟲，體色焦黃，與秋季草林衰萎枯黃，其色相似，因取其火燒變焦黃之色為特徵，而借以為季節之秋。按此說殊嫌迂曲難通。

　　若夫姚說「蝗至秋時為害最烈，故可引申為春秋之秋」者（見前），稽之載籍所記蝗害，是亦猶有待商榷也。檢諸《春秋》經傳所記龜事，凡十有一

〔註31〕《詩集傳》，頁一〇七。中新書局。
〔註32〕彭邦炯，〈商人卜龜說〉，《農業考古》1983年第二期，頁三一〇、三一一。
〔註33〕詳見《甲骨文字詁林》，第二冊，頁一八三一龜篆下引。中華書局。

見：桓五年秋螽，僖十五年八月螽，文三年秋雨螽于宋，八年冬十月螽，宣六年八月螽，十三年秋螽，十五年秋螽，襄七年八月螽，哀十二年十二月螽，十三年九月螽，十二月螽。其言在秋者四，在八月者三，在九月十月者各一，在十二月者二。《春秋》書螽即蝗也，《漢書‧五行志》已言之矣。按周世諸侯，行用夏正、周正不一。或謂魯禮關乎自然因素者用夏正，關乎政治因素者用周正。夫螽蝗害稼，殆為自然因素，然若謂春秋所記螽事乃用夏正，則與歷代蝗害發生之月份，似未盡切合。《漢書‧五行志中之下》於引哀公十三年所載螽事後，而稱劉歆之說曰：「周十二月，夏十月也。火星既伏，蟄蟲皆畢，天之見變，因物類之宜，不得以螽，是歲再失閏矣。周九月，夏七月，故傳曰『火猶西流，司曆過也』」〔註34〕，劉氏謂「周十二月，夏十月；周九月，夏七月」，以為《春秋》所記螽事乃用周正，其說是矣。是《春秋》所記螽事，在八月者三，在九月者一，皆當夏正之六月與七月，而周之秋季，則當夏之五、六、七月。是知姚說秋時為烈，殆有未安也。

　　次就歷代蝗災所發生之時間以證之，據陳夢雷《古今圖書集成‧庶徵典》第一百七十九卷至一百八十一卷蝗災部，所彙集自漢魏以迄元明之蝗災記錄〔註35〕，可知蝗蟲為害，春季即已有之，而由夏正四月開始快速上升，五月次數益增，至六月為最高點，而七月便大幅減少，八月則驟然下降，九月蝗災雖有，而已與春天三月相差無幾。此與《春秋》所載，以夏正六月發生次數最多者相符合。茲將〈蝗災部〉所輯載有月份者（其曰螟曰蟲，曰蝻曰蝝，曰螣曰蟊，曰蚄蚍者不與焉），統計表列如下：

月份 次數 朝代	一	二	三	四	五	六	閏六月	七	八	九	十	十一	十二
漢			4	6	5	6		3	1	2			1
魏								1					
晉				3	3			2	2				
南朝宋北魏北齊北周					4	3		2	3	1	1		
隋						1							
唐					1	5		4	2				

〔註34〕《漢書補注》，卷二七中之下，頁一九。
〔註35〕參見《古今圖書集成》，第六冊頁一八三三至一八五九。鼎文書局。

後唐後晉後周				2	1	4		1	1				
宋遼金			5	9	19	30		21	14	5			
元		2	2	13	20	33	1	27	15	4	2	1	4
明	3	2		8	8	14		11	5	2	1		
合計	3	4	11	42	57	99	1	72	43	14	4	1	5

由上表所列，知夏季總計發生一百九十九次，而六月即佔一半〔註36〕。所以然者，蓋以蝗蟲之生長、發育與生存，均與氣溫、濕度有密切關係。其繁殖，一般需要高溫、低濕之條件。是以蝗災之發生，每與乾旱有關。此所以蝗禍以夏季為多且烈也。姚氏謂春秋之秋取象於蝗蟲，以蝗至秋時為害最烈也。其說之有待商榷者，蓋亦灼然明矣。

台灣大學許進雄教授云：

> 目前的材料，商代只見春秋兩季。四季的順序，後代的習慣一般是春夏秋冬。但在商代或秦以前，有些是以冬春夏秋為序。故秦以十月為歲首，即以冬季為一年之始的習慣。秦與商都是源自東方崇拜鳥圖騰的文化。商代的兩季，春季很可能包括冬春，秋季包括夏秋。可能為了細分季節，乃以跳舞祈雨的夏字代表夏季，從秋季析出。以樹葉凋零的冬字代表冬季，從春季析出。但是古代既然有可能以秋季包括夏季的習慣，就不能說「秋」不能以蝗蟲代表其季節。」

〔註37〕

許教授此論，所持理由似頗充足，但細繹其言，實亦猶有可斟酌者也。

按據古籍所見，夏商周三代之用曆有異，三者主要之區別乃在歲首月建之不同。夏以建寅為正，殷以建丑為正，周以建子為正（張汝舟以為西周至春秋前期，是承用建丑為正之殷曆，而建子為正之周曆，乃春秋後期才出現）。由於三種曆制歲首之月建不同，四時因亦隨之變動。戰國秦漢間，有所謂三正論，以為夏正建寅，殷正建丑，周正建子，乃王者代興，各有改

〔註36〕陸人驥嘗撰〈中國歷代蝗災的初步研究〉一文，根據開明版《二十五史》中所載蝗災記錄，統計出載有月份者之次數為：二月四次，三月八次，四月二十八次，五月三十八次，六月七十六次，七月六十一次，八月二十八次，九月八次，十月三次，十一月一次，十二月五次，閏六月一次，閏七月一次。（《農業考古》，一九八六年第一期）

〔註37〕本文初稿嘗提1997年3月「近代中國學術研討會」發表，時許教授為本文特別討論人，有書面講評稿。

易，以示受命於天。實則斯說多為政治作用，固不足以據也。張聞玉〈古代天文曆法淺釋〉一文，已有駁辨，茲不贅述。逮秦兼天下，自以為獲水德，乃以建亥之月（夏曆十月）為歲首，色尚黑，實亦有紹繼前朝，秉天所命之意。顯然即受三正論之影響。漢初用曆，沿襲秦制，至漢武帝元封七年，改用太初曆，以建寅之月為歲首。百年之間用曆再變如此，但亦不能據此以論定漢初之四時順序為「冬春夏秋」，而武帝元封七年後之四時順序為「春夏秋冬」。此不待辨而明也。實則時令節候，品庶物產，大時不齊，而生殺榮枯自有秩序者，則是無可改易。就天道自然之循環言，夏正建寅為歲首者，蓋近得其正。此武帝所以改用太初曆，以建寅之月為歲首也。是所謂歲首月建之不同者，以今觀之，祇是曆日制度使用之不同而已，與冬季是否包於春季，固無關涉。此其一也。

殷商與西周前期，一年但分春秋二時，其後曆法日趨詳密，至西周後期，遂由春秋分化出夏冬，此為一般學者所認同。至於殷商秋季包括夏秋之說，於今所見資料，蓋無確證。卜辭云：

1. 壬子…貞今♀受年九月（《前》4.6.6）

2. 戊寅卜爭貞今春眾有工十月（《外》452）

3. ……春令般……商十三月（《簠人》52）

4. ……亥王……貞自今春至……翌人方不大出王囨日吉在二月（《合集》37852）

5. 庚午卜內♀乎步八月（《丙》86）

卜辭以「今春」與「來春」對稱，今春近似於指今年，來春指明年。「今秋」「來秋」，亦同。此亦為一般研究甲骨學者所認同。然檢諸卜辭，有稱「今春」而繫以某月者，學者或據以探討殷曆之真相。李民編《殷商社會生活史》，即據前三辭，稱春而紀月份者，有九、十、十三等月，因以為殷商「當時的春季很可能相當於今天的冬、春二季」。又以卜辭稱「今秋」，未見有繫以某月之例，故李民等又據此而推論，「既然商代春包括今天的冬春二季，那麼秋就指今日的夏秋二季」〔註38〕。按殷商春季是否相當今之冬春二季，若斯之辭例外，別無旁證可據。

薄樹人編《中國天文學史》，亦據上引諸辭，且舉

〔註38〕詳見《殷商社會生活史》，頁二六八、二六九。河南人民出社。

今冬，秷 三月（《屯南》620 加 2991，《前》4.5.3）

今冬……七月（《乙》8818）（按冬皆當作龜，即秋，薄書誤釋）

二辭以論殷曆。其言曰：

> 殷曆尚只並行二時，即冬季和春季。……殷曆冬季為首季，約當後
> 世的冬春兩季，統賅五個太陰月；春季為末季，約當後世的夏秋兩
> 季，並不含後世春季，統賅七個太陰月。春冬二季交於夏曆十一月，
> 冬春二季交於夏曆四月。〔註39〕

據薄氏等人之說，殷曆冬季，包括三、四、五、六、七月，約當夏曆十一月
後半，十二、一、二、三月及四月前半；春季包括八、九、十、十一、十二、
一、二，約當夏曆四月後半、五、六、七、八、九、十月及十一月前半。茲
將其殷曆二時與夏曆相較表列之於後，以顯其差異。

	一月	二月	三月	四月	五月	六月	七月	八月	九月	十月	十一月	十二月
夏曆	一月	二月	三月	四月	五月	六月	七月	八月	九月	十月	十一月	十二月
殷曆	月	五月	六月	七月	八月	九月	十月	十一月	十二月	一月	二月	三月	四月
殷曆 冬季												
春季												
殷代農季												

按甲骨文冬字作 若 ，但均作終字用。薄氏等人以龜為冬，謂秋字
晚至戰國才出現，其說之非，固不待辨矣。至其殷曆春季包括七個太陰月，
廣及今日夏秋冬三季之說，蓋據上諸辭以推測之，固猶待於徵實以明之也。

董作賓嘗參與台中仁愛鄉瑞岩民族學調查，其於報告中，詳述泰耶魯族
之時間觀念，有云：

〔註39〕薄樹人編，《中國天文學史》，頁四六至四八。文津出版社。

以播種、收穫一次為一年；一年分為夏、冬兩季；都以植物為標
準。……一年也分兩大季，就是夏季和冬季。夏季稱為 Abagan，意
思是發芽的時候，是從草木生新葉時開始；冬季稱為 Kamisan，意
思是落葉的時候，是從樹木落葉時開始。這比起古曆來，可以說夏
季包括著春，冬季包括著秋的。〔註40〕

按每一民族之時間觀念，雖未必盡同，然宇宙萬物，春生、夏長、秋收、冬
藏，各民族所見，蓋不甚相遠。董氏謂「這比起古曆來，可以說夏季包括著
春，冬季包括著秋」，則董氏認為古人春季包括夏，秋季包括冬，蓋亦可以確
知。夫以董氏在甲骨學上之成就，及其對殷曆鑽研之深，其說蓋必有所見焉。

又趙誠解釋卜辭春字，有云：

從卜辭卜問「來春不其受年」（《粹》八八一）來看，商代的春季包
括農作物夏收這一段時期在內，很可能其春季就是夏收為中心。

解釋秋字，有云：

商代的秋季雖然包括現在的秋冬二季，但以大秋收穫季節為中心。
如卜辭所說的「今秋多雨」（《人》一九八八），絕不會是指嚴冬。卜
辭的「今秋」和「來秋」，情況和「今春」「來春」相仿。〔註41〕

是趙氏以為殷商一年分春秋二季，春季包括夏，秋季包括冬，與董說同。此
其二也。

又據卜辭所見，雖然只有春秋兩季，但殷人四時之觀念實已有之，而其
排列正以「春、夏、秋、冬」為序。卜辭云：

東方曰析風曰劦

南方曰𡥪風曰凱

西方曰夷風曰彝

（北方曰）伏風曰役（《合集》14294）

胡厚宣嘗撰〈甲骨文四方風名考證〉一文，論述甲骨文四方之名及風名，與
《山海經》、《尚書·堯典》、《夏小正》、《左傳》、《國語》諸古籍有關風名之
記載，多相契合〔註42〕。其後楊樹達撰〈甲骨文中之四方風名與神名〉，更

〔註40〕《平廬文存·時間觀念》，卷一，頁一〇七、一〇八。藝文印書館。
〔註41〕並見《甲骨文簡明詞典》，頁二六六。北京中華書局。
〔註42〕《甲骨學商史論叢初集》，第二冊。文友堂書店。

進而申論此四方之名乃為神名，職司草木，分主四時，而配於四方，惟甲文未明記四時耳〔註43〕。而陳夢家《殷虛卜辭綜述》復以為「四方風名，乃風神之名，猶後世稱風神為飛廉或屏翳」，「四方之風應為四方之神的使者」〔註44〕。李學勤更以為四方風刻辭之存在，正是商代有四時之最好證據。其於〈商代的四方風與四時〉一文中云：

> 不管析、因、彝、伏具體怎樣解釋，由伏即伏藏一點看，總是和四時分不開的。〈堯典〉明確講到四時，〈大荒經〉提及日月長短，也意味著四時。古代人民正是從農業生產的需要出發，建立了當時的天文曆象之學，認識了四時和年歲，并知道四方風的季候性質。長期以來，大家因為在卜辭裡沒有發現「夏」、「冬」字樣，認為當時只有春、秋兩季。這一見解，在有關中國科技史的著作中也很通行。實際上，四方風刻辭的存在，正是商代有四時的最好證據。析、因、彝、伏四名本身，便蘊涵著四時的觀念。〔註45〕

綜合諸家之說，可知卜辭四方之名與四方風名，本即寓有方位、地域及春夏秋冬四時之意義。是以殷虛卜辭中，雖未明記有四時，但殷人早以四時（春、夏、秋、冬）分配於四方（東、南、西、北），四方風為四時之候徵，殆可不言而喻也。據此可以推知，殷人四時之觀念，其順序蓋非冬、春、夏、秋，亦可以明矣。此其三也。

　　若夫許教授謂「商代春季包括冬春，秋季包括夏秋。為了細分季節，乃以跳舞祈雨的夏字代表夏季，從秋季析出。以樹葉凋零的冬字代表冬季，從春季析出。」細繹其意，似亦有可商者也。按卜辭雩禮多見，其字或作無（舞之初文）、或作𩁹、或作𩃱，皆為求雨之祭也〔註46〕。惜其辭不記月份，難得其祈雨時間。周雩則分常雩、旱雩二種。常雩者，雩有定時，歲必常行也。《左傳》桓公五年云「龍見而雩」，杜注云：「龍見，建巳之月，蒼龍宿之體，昏見東方」，是矣。龍見於建巳之月，在夏為四月，在周為六月也。旱雩者，因旱而祭，禮無定時也。是周人以龍見之雩為正雩，雖不旱亦舉其祭。然旱事無常，除夏季外，餘春、秋兩季容亦有旱暵，既有旱，則即當舉雩，不論

〔註43〕詳見《積微居甲文說》卷下，頁五二至五七。大通書局。
〔註44〕詳見陳夢家《殷虛卜辭綜述》，頁二四一、頁五八九。中華書局。
〔註45〕《李學勤集》，頁一○七至一○八。黑龍江教育出版社。
〔註46〕詳見陳夢家《殷虛卜辭綜述》，頁五九九「求雨之祭」一節。

其為何時也〔註47〕。據《春秋經》所載雩事，凡二十有一，其中書七月雩者二，八月雩者四，九月雩者七，祇書秋而不言月者七，祇書冬者一，似旱雩之舉多在周七、八、九月。周之七、八、九月，當夏之五、六、七月，若周之孟冬、仲冬，則於夏猶屬秋時。至於春秋周之春及周之四、五月，雖無雩文，然亦不可據此而云絕無也。是知設若周人以「跳舞祈雨的夏字代表夏季」，當據「龍見而雩」，最為妥切。蓋以其依時而行，必有定時也。是所謂「商代秋季包括夏秋，為了細分季節，乃以跳舞祈雨的夏字代表夏季」，蓋不如說「商代春季包括春夏，為了細分季節，乃以跳舞祈雨的夏字代表夏季，從春季析出」（亦即春季自「龍見而雩」，分化為夏季）〔註48〕，為得其實也。

又卜辭冬作 、 等形，葉玉森《殷契枝譚》云：「卜辭 字，象枝垂葉落，或餘一二敗葉碩果之形」〔註49〕，孫海波《古文聲系》云：「 象冬至萬木皆支枯葉落時，存一二碩果下垂之形。」〔註50〕說者謂冬字原形為「樹葉凋零」，蓋本此。按卜辭 字，其構形取義，說者不一。郭沫若謂冬為「終，牛棘」（《爾雅·釋木》）之終之本字，高鴻縉謂即始終之終，象結繩有終端形，張瑄謂象理物完結，以繩索縣掛形〔註51〕。或據許書為說，謂契文 ，下垂者為紡專，象絑絲形，姚孝遂、趙誠等即持此說〔註52〕。《說文》冬篆下云：「四時盡也。从仌从夊。夊，古文終字。 ，古文

〔註47〕詳見周一田先生《春秋吉禮考辨》雩禮一章。嘉新水泥文化基金會出版。

〔註48〕案夏，禹樂舞也。其歌舞聲榮盛大，故名之為夏。《禮記·月令》「仲夏之月……大雩帝，用盛樂」，鄭注：「雩，吁嗟求雨之祭也（按以吁音近雩，故稱旱祭為雩祭）。雩帝謂為壇南郊之旁，雩五精之帝，配以先帝也。自鞀、鞞至柷、敔皆作，曰盛樂。凡他雩，用歌舞而已。」孔疏云：「按〈女巫〉云『旱暵則舞雩』，是用歌舞，正雩則非唯歌舞，兼有餘樂」，可證夏季正雩歌舞盛大，故以夏名之，因以為季節之稱。說詳戴君仁〈釋夏〉（《中國文字》第十三冊頁一）。（按〈月令〉鄭注引《春秋傳》曰：「龍見而雩」，云「雩之正，當以四月。」孔疏：「引《春秋傳》『龍見而雩』，明正雩在四月，不在五月也。」是鄭、孔二氏皆以〈月令〉之記有誤。）

〔註49〕李孝定，《甲骨文字集釋》，卷十一，頁三四一九冬篆下引。

〔註50〕孫海波，《古文聲系》，卷上，冬部，頁一四二。古亭書屋。

〔註51〕郭說見《金文叢考》〈金文所無考〉，頁三一。明倫出版社。高說見《中國字例》第二篇象形，頁二三五。三民書局。張說見《中文常用三千字形義釋》，頁八八。泰順書局。

〔註52〕姚說見《甲骨文字詁林》，第四冊，頁三一三三「冬」篆按語下。趙說見《甲骨文簡明詞典》，頁三二五。

冬从日。」又終篆下云：「終，絿絲也。从糸冬聲。 𠇬 ，古文終。」張舜
徽《說文解字約注》終篆下，於許義之申述，頗為詳明，茲錄以備參：

> 古人治絲斁，則聚束而縣之，此象縣絲之形也。金文作 𠇬 ，則象兩
> 端末有結形，蓋防其散亂也。絲已縣則治絲之事初斁，故引申為一
> 切終止之稱。許訓絿絲者，絿謂結聚之也。〔註53〕

許云𠇬古文終字，是以 𠇬 為終之古文也。金文冬則作 𠇬 。說者皆以為甲
文之 𦥑 、 𠆢 乃終之古文，金文作 𠇬 ，已稍改變，《說文》古文作 𠇬 ，又
為金文 𠇬 之譌變。段注謂「有 𠇬 而後有冬，而後有終，此造字之先後也」，
其說是矣。

　　按殷契 𦥑 字，其初形本義，蓋難得其究竟，故學者各逞所見，以致紛歧
若此。 𦥑 象樹葉凋零之說，殆亦不過是「一家之言」，未必可視為定論也。郭
沫若指葉氏釋冬為徒逞臆說〔註54〕，實亦非過分之辭。夫古文冬用為終，學
者無異辭，而冬之訓釋為終，又屢見傳注，並與殷契周彝所見相合。且夫宇
宙萬物，由生長而茂盛，而衰萎而零落，古今所同。四方之配四時，卜辭已
見其端倪，而自然生殺榮枯之序，實亦寓其中。冬為四時之末，據自然循環
而言，蓋無庸贅言也。是古人借冬以為四時盡之名，以殿春夏秋之後，其命
名取義也，殆非無深意焉。此其四也。

　　綜上四端，知春秋之秋取象蝗蟲，雖似以「蝗蟲出沒於夏秋之際，而商
代秋季包括夏季，故用蝗蟲代表秋季很合適」，所持理由為有據，然殷商秋
季包括夏之說，既有可疑，則所謂用蝗蟲代表秋季很合適，殆亦不足以據信
矣。

　　徵之《詩經》，〈蟋蟀〉詩云：「蟋蟀在堂，歲其莫矣。……蟋蟀在堂，
歲其逝矣。……蟋蟀在堂，役車其休。……」又〈七月〉詩云：「五月斯螽
動股，六月莎雞振羽，七月在野，八月在宇，九月在戶，十月蟋蟀入我牀下。」
〈七月〉鄭箋云：「自七月在野，至十月入我牀下，皆謂蟋蟀也。言此三物
之如此，著將寒有漸，非卒來也。」蟋蟀七月在野盛鳴，在野對在堂之辭。
「八月在宇」，言蟋蟀避涼而就人簷下。「九月在戶」，言蟋蟀肅霜而入戶內。
「十月蟋蟀入我牀下」，言蟋蟀愈近於人而知大寒至矣。蓋候蟲紀時，上古

〔註53〕張舜徽，《說文解字約注》，卷二五終篆下。木鐸出版社。
〔註54〕見《金文叢考》〈金文所無考〉，頁三一。

之常習也。毛傳云：「九月在堂」，九月蟋蟀入在於堂，以附近於人，則寒氣漸至，而歲將暮矣。按蟋蟀為候蟲，以夏生而秋始鳴〔註55〕，故馬縞《中華古今注》云「一名秋吟蛬」〔註56〕。《太平御覽》卷九四九蟋蟀條下引《春秋說題辭》云：「趣織，為言趣織也，織興事遽，故趣織鳴，女作兼。」古詩「促織鳴東壁」，李善注引《春秋考異郵》云：「立秋趣織鳴」，宋均注曰：「趣織，蟋蟀也，立秋，女功急，故趣之。」〔註57〕蓋蟋蟀鳴，正織之候，故以戒婦功。《太平御覽》又引《易通卦驗》云：「立秋，蜻蚓鳴，白露下，蜻蚓上堂。」桓寬《鹽鐵論·論菑篇》云：「涼風至，殺氣動；蜻蚓鳴，衣裘成。」〔註58〕袁宏《後漢書》云：「崔駰上書曰『竊聞春陽發而倉庚鳴，秋風厲而蟋蟀吟，蓋氣使之然也。』」〔註59〕〈七月〉為西周初年詩，毛傳以下無異辭。此詩用曆，說者雖有不同〔註60〕，但蟋蟀為夏生秋始鳴之候蟲，固無可疑。是就文獻資料言，西周初年已用「蟋蟀」作為標識季節之昆蟲。其與蝗蟲多生長於春夏秋三季者，蓋有不同。殷人一年既分春秋兩季，秋季又可能包括冬季，則以蝗蟲代表秋季，實不如取象蟋蟀之說，為近於情實也。蓋以蟋蟀得寒則鳴，為秋時最著之物，聞其聲而知其節候。是故古之人因借以名其所鳴之節季曰秋焉。

五、結　語

　　古人名物，凡兩形相似，即施於同一之名，或迻彼物之稱名此物。蟋蟀之與蝗蟲，後人則分別呼之，或曰蟨曰蛬，或曰螽曰蝗，意殷人無此細別，同謂之蠿耳。雖然，其命名也，容或有先後之別，惟不可深考矣。蓋一物有一物之名，其命名取義，亦必有深意焉。春秋之秋，取象於其時最著之物，證之載記，亦皆信而有徵。若謂取象蝗蟲，不獨與載籍所記違異，而與蝗蟲之生長節候，亦未盡契合也。

〔註55〕見羅願《爾雅翼》，卷二五，頁三。《四庫全書》本，商務印書館。

〔註56〕馬縞，《中華古今注》，卷下頁一一。《四庫全書》本，商務印書館。

〔註57〕見《文選》，卷二九，頁四，古詩「明月皎夜光」，李善注引。

〔註58〕《鹽鐵論》，卷一一，頁八。《增訂漢魏叢書》本，大化書局。

〔註59〕見《太平御覽》，卷九百四十九，頁五引。明倫出版社。

〔註60〕詩言四月、五月、六月、七月、八月、九月、十月，自鄭玄以降，說者多以夏曆紀數。近代學者張汝舟撰〈談豳風七月的用曆〉一文，以為〈七月〉詩乃用建丑為正之殷曆，詳見《二毋室古代天文曆法論叢》頁一九八至二〇四。

附　記

一、本文初稿嘗提一九九七年三月「近代中國學術研討會」發表，後經再次修
　　改，而刊載於《國立編譯館館刊》第三十卷第一、二期合刊本，二〇〇一
　　年十二月出版。

二、本文獲得國科會八十六年學年度甲種研究獎助，謹此誌謝。